思索
사색은 나라를 생각하고(思) 나를 찾자(索)라는 뜻이다

빛 힘 숨

십자가 부활 승천

김흥호 사상 전집 · 성경강해 1

빛 힘 숨

십자가 부활 승천

요한복음 강해

제4권

요한 12~16장

1994년 9~12월

김흥호

사색

빛 힘 숨

복음은 기쁜 소식이다.
기쁜 소식이란 내가 죄에 죽고
하나님의 아들로 태어나서
영원한 생명을 얻는다는 것이다.

죄에 죽는 것이 십자가요
하나님의 아들이 되는 것이 부활이요
영원히 사는 것이 승천이다.

하나님을 아는 것이 죄에 죽는 십자가요
그리스도를 아는 것이 하나님의 아들인 부활이요
성령을 아는 것이 영원을 사는 승천이다.
하나님은 십자가요, 그리스도는 부활이요, 성령은 영생이다.

내가 그리스도와 함께 십자가에 못 박혀 죽었으니
이제는 내가 사는 것이 아니라
그리스도가 내 안에 산다(갈 2:20).
내가 십자가에 못 박혀 죽어 죄가 사라지고
그리스도가 내 안에 살아 부활했으니
하나님의 아들이 된 것이다.
그리하여 성령의 도움으로 살아서도 살고
죽어서도 사니(요 11:25) 영원한 생명이다.

죄가 없어지는 것이 십자가요
하나님의 아들 되는 것이 부활이요
영원을 사는 것이 승천이다.

하나님의 빛(십자가)으로 죄가 사라지고
그리스도의 힘(부활)으로 하나님의 아들이 되고
성령의 숨(승천)으로 영원히 살게 된다.
이것을 빛, 힘, 숨이라고 한다.

본질직관, 하나님을 만남으로 죄가 사라지고(십자가)

근본경험, 그리스도를 만남으로 하나님의 아들이 된다(부활).

인간구원, 성령을 만남으로 영원한 생명이 된다(승천).

본질직관: 빛

근본경험: 힘

인간구원: 숨

빛 힘 숨: 십자가 부활 승천

2010년 9월 10일

머리말

바울은 율법이 아니고 믿음이라고 강조한다. 자력自力이 아니고 타력他力이라는 것이다.

바울은 율법을 무시하는 기독교인을 반역자로 생각하여 그들을 벌주기로 하고 스데반을 때려죽일 때 앞장을 선다.

그리고 기독교인의 중심 안디옥으로 내려가다가 다메섹에서 그리스도를 만난다. 본질직관本質直觀이다. 사흘 동안 눈을 잃었던 바울은 아나니아의 도움으로 눈을 뜨고 근본경험을 하게 된다. 그리스도의 노예가 되어 빛을 얻고, 사도가 되어 힘을 얻고, 복음 전도자가 되어 숨(생명)을 얻게 된다.

이리하여 바울은 믿음으로 살게 된다. 믿음이란 순 타력을 뜻한다. 내가 이제 그리스도와 함께 십자가에 못 박혀 죽었으니 내가 사는 것은 내 안에 부활한 그리스도를 믿는 믿음으로 살게 된다(갈 2:20)는 것이다. 자기 힘이 아니고 순전히 그리스도의 힘으로 살게 된다. 바울은 이것을 믿음이라 하고, 우리는 그것을 근본경험이라고 한다. 누구든지 그리스도 안에 있으면 새로운 피조물이라. 이전 것은 지나가고 새것이 되었다(고후 5:17). 요한은 이것을 중생重生이라고 하고, 요한복음 11장 25절에는 부활이라고 한다.

계란이 어미닭 품안에서 깨어나 병아리가 되어 눈을 뜨고(요 1:1), 일어서고(요 1:14), 날아간다(요 1:18). 요한은 어미닭을 만나(본질직관) 눈을 뜨고 일어서고 날아가는 것을 근본경험이라고 한다. 바울이나 요한이나 모두 4차원의 세계다. 그런 의미에서 요한은 바울의 후계자임에 틀림이 없다.

동양에서는 4차원의 세계를 각覺 눈을 뜨고, 도道 일어서고, 인仁 날아간다고 한다. 화엄華嚴에서는 "일도출생사一道出生死 일체무애인一切無碍人"이라고 한다. 요는 '생멸멸이生滅滅而 적멸위락寂滅爲樂'이 되어야 한다.

물속에 머리를 집어넣으면 붕 뜬다. 그러면 어디나 갈 수 있다. 요는 붕 뜨는 것이다. 생멸이 없어지는 것이다. 요새는 이것을 현존재라고 한다. 달처럼 하늘에 떠오르는 것이다. 달처럼 3

일 만에 부활하고, 보름 만에 생명(만월滿月)이 되어야 한다.

결국 동양 종교와 기독교의 차이는 자력自力과 타력他力의 차이다. 바울은 그리스도를 만나고, 요한은 어미닭을 만나야 병아리가 된다. 동양은 고행을 통하고, 기독교는 믿음을 통한다. 자력과 타력의 차이다. 고행은 들어가기는 쉬우나 깨닫기가 어렵고, 믿음은 들어가기가 어려운데 깨닫기는 쉽다.

때는 인간들의 탐욕으로 지구가 멸망에 빠져들어 가고 있다. 열내에 눈이 오고, 남극에는 얼음이 녹아가고 있다. 인류는 하나가 되어 지구를 살려내야 한다. 자아를 넘어서 무아無我가 되었다가 대아大我가 되어야 한다. 자력과 타력이 하나가 되어야 인류를 살리고 지구를 살려낼 수 있다. 그래야 사람도 살고, 자연도 산다.

오늘도 달은 햇빛을 받아 지구를 밝히고 있다. 이것을 요한은 길이요(월月), 진리요(태양太陽), 생명(지구地球)이라고 한다. 회광반조廻光返照요 4차원四次元의 세계다.

2010년 2월 25일

김흥호

요한복음 강해 서문

요한복음은 유영모 선생님께서 참 좋아하신 복음이다. 본래 마태복음은 유대 사람, 마가복음은 희랍 사람, 누가복음은 로마 사람, 요한복음은 동양 사람을 위해서 써졌다고 한다. 요한복음이 동양 사람을 위해서 써졌다는 것은 동양은 믿음을 강조할 만큼 신관神觀이 발달되지 않았다는 것을 말한다. 동양에는 하나님이 모세에게 나타났다든가, 예수에게 나타났다든가 그런 것이 없다.

공자는 오십에 지천명知天命이라 하고, 석가도 법의 등불을 강조한다. 모두 지知를 깨친 사람들이다.

요한은 17장에 하나님을 알고 그리스도를 아는 것이 영원한 생명이라고 한다. 나는 하나님을 아는 것을 본질직관本質直觀이라 하고, 그리스도를 아는 것을 근본경험根本經驗이라고 한다. 본질직관은 4차원에 들어가는 길이요, 근본경험은 4차원을 체득하는 모습이다.

본질직관을 통해서 시간이 제단際斷 되고, 근본경험을 통해서 공간이 충만 된다. 시간이 무한하고 공간이 허무한 것이 아니다. 시간은 제단되어 유한해지고, 공간은 충만하여 실존이 된다. 끝없는 윤회는 끊어지고(생멸멸이生滅滅而), 깨달음의 기쁨은 충만하게 된다(적멸위락寂滅爲樂).

노자도 본질직관을 주장하고(상무욕이관기묘常無欲而觀其妙), 장자도 근본경험을 주장한다(대종사大宗師, 덕충부德充符, 소요유逍遙遊). 통일과 독립과 자유다.

바울은 본질직관을 새 사람이 되는 것이라고 하며(고후 5:17) 직관 전과 후는 시간제단으로 상상할 수도 없이 달라진다고 하였다. 죄인이 의인이 되고 만 것이다. 그리고 시간제단 후에는 공간충만이 찾아온다. 하나님을 알게 되고, 그리스도를 알게 되고, 성령을 알게 된다.

공자는 30에 하나님을 알게 되고(30입三十立), 40에 그리스도를 알게 되고(40이불혹四十而不惑), 50에 성령을 알게 되어(50이지천명五十而知天命), 60에는 귀가 뚫리고, 70에는 마음대로 해도 진리를 벗어나지 않는 종심소욕불유구從心所慾不踰矩의 자유인이 된다. 이리하여 공자는 인격이 통일되고 독립하고 자유를 얻어 진짜 인격자(인仁)가 된다.

공자, 석가, 노자는 2,500년 전에 4차원을 산 사람들이다. 모두 고행을 통한 사람들이다. 지를 통한 4차원의 길은 험난한 천난만고千難萬苦의 길이다. 대중들이 가기에는 너무도 좁다. 그래서 하나님께서는 유대인을 시켜서 기적의 넓은 길을 마련하였다. 그들은 맨발로 홍해를 건너가고, 하나님의 아들 그리스도는 십자가의 고난을 혼자 지고 속죄의 길을 걸어갔다. 누구든지 저를 믿으면 멸망하지 않고 영생을 얻는다(요 3:16)고 한다. 그러면서 요한복음 17장 3절에는 하나님을 알고 그리스도를 아는 것이 영원한 생명이라고 지혜의 고행 길도 남겨 두었다.

유영모 선생께서는 요한 17장을 다 따로 외우셨다. 몇 번이고 몇 번이고 따로 외우면서 스스로 고행 길을 걸어가셨다. 그는 인천도 걸어가고, 개성도 걸어가고, 서울 안에서는 차를 타지 않으셨다. 보름동안 단식하고도 YMCA까지 걸어 오셨다. 단식인전생심소斷食人前生心消하기 위해서다. 그런데 유영모 선생께도 하나님의 사랑이 나타났다. 그가 52세 되는 정월 초이틀에 하나님의 계시를 받게 된다. 그는 기쁨에 넘쳐 38년 만에 믿음에 들어간 이의 노래를 부르게 되었다. 그는 공자나 노자나 석가보다도 그리스도를 더 따르게 되었다. 그리스도만이 주님임을 주장하게 된 것이다. 45년간 YMCA에서의 그의 성경 강의는 기쁨에 찬 것이었다. 그는 둥실둥실 춤을 추면서 강의한 때도 있었다.

선생님 밑에서 6년을 보낸 나에게도 하나님께서 나타나신 때가 있었다. 35세 3월 17일 오전 9시 5분이다. 나는 초의식 속에서 하나님의 말씀을 듣게 되었다.

단단무위자연성 斷斷無爲自然聲
즉심여구토성불 卽心如龜兎成佛
삼위부활영일체 三位復活靈一體
천원시방중용인 天圓地方中庸仁

나도 하나님의 아들임을 알게 되었다. 네 번이나 사경死境을 헤매던 몸도 다시 건강을 회복하게 되었다. 나알(지知) 알나(유癒). 건강한 정신과 건강한 육신을 갖게 되었다. 그 후 50년 한없이 행복한 시대가 계속된다. 기쁨(학이시습지學而時習之 불역열호不亦說乎)과 즐거움(유붕자원방래有朋自遠方來 불역낙호不亦樂乎)의 하루살이다. 시간제단時間際斷이요 공간충만空間充滿이다. 시간은 하루로 끊어지고, 마음은 말씀으로 가득 찬다. 오십년 동안 허이불굴虛而不屈 동이유출動而遊出, 말을 전하는 것이 아니다. 기쁨을 전하는 것이다.

바울이, 내가 내 피로 관제를 드릴지라도 나는 기뻐하고 기뻐한다(빌 2:17)고 하듯이 복음은 기쁨이 되고 만다. 태초에 기쁨이 있었다. 기쁨이 육신이 되어 우리 가운데 거하니 우리가 그 영광을 보니 독생자의 영광이요, 은혜와 진리가 충만하다(요 1:14).

믿음이란 기쁨을 사는 것이다. 그러기 위해서는 건강한 정신과 건강한 육신(롬 8:11)을 가져야 한다. 건강한 정신은 시간제단이요, 건강한 육신은 공간충만이다. 하나님을 아는 것이 시간제단(고후 5:17)이요, 새로운 피조물이요, 그리스도를 아는 것이 공간충만이다. 내가 사는 것이 아니라 그리스도가 내 안에 산다(갈 2:20). 그리스도만 아니라 하나님도 성령도 내 안에 산다.

하나님의 도움으로 나는 우주관, 세계관, 인생관을 얻게 되었고, 그리스도의 도움으로 일식一食 일좌一坐 일인一仁 일언一言을 통하여 탐진치위貪瞋痴僞의 죄의 뿌리를 뽑아내게 되었다. 그리고 성령의 도움으로 『사색』 144호까지 끝내게 되었다. '빛 힘 숨(통일 독립 자유)'을 살게 되는 것이 근본경험이다. 본질직관은 하나님을 아는 것이고, 근본경험은 그리스도를 아는 것이다. 그것이 영원한 생명에 들어가는 길이다.

양명은 차심광명此心光明 역부하언亦復何言이라 하고, 그리스도는 그때 의인들은 아버지나라에서 해와 같이 빛나리라(마 13:43)고 한다. 모두 영원한 생명을 노래한 것이다. 본질직관과 근본경험은 4차원의 핵심이다. 광속으로 달려야 본질직관이요, 시간공간이 곱해져야 근본경험이다. 우주 밖에서 일어나는 일들이 우리 마음속에서 일어나게 된다. 그것이 영원한 생명이다. 영원한 생명은 먼데 있는 것이 아니다. 내 안에 있다. 건강한 정신과 건강한 육신이다. 나알알나, 나를 알면(정신) 앓다 낫는다(육체). 하나님을 아는 것이 건강한 정신이요, 그리스도를 아는 것이 건강한 육체이다. 하나님을 아는 것이 본질직관이고, 그리스도를 아는 것이 근본경험이다. 내가 있어서 경험이 있는 것이 아니라 경험이 있어서 내가 있다는 것이다. 본질직관 근본경험 때문에 유영모도 있게 되고, 나도 있게 된다.

이 나는 욕심을 벗어나고, 죄를 벗어나고, 죽음을 벗어났기에 영원한 생명이라고 한다. 물론 육체가 안 죽는다는 것은 아니다. 육체는 시간제단이니 때가 되면 죽는다. 그러나 우리의 영체는 공간충만이니 생멸生滅을 벗어나서 적멸위락寂滅爲樂이다. 눈을 감았을 때는 세상이 지옥이었는데 눈을 뜨니(적멸) 세상이 천국이란 말이다. 진리를 깨달으니, 말씀이 육신이 되니, 진리를 체득하니, 기쁨이 충만하다는 것이다. 눈을 뜨니 천국이다. 눈을 감으면 지옥이다. 요한은 계시록을 쓸 만큼 눈뜬 사람이었던 것 같다.

요한복음에서, 하나님을 알고 그리스도를 안다(17:3), 빛이 있을 동안 빛을 믿어라, 그리하면 빛의 아들이 될 것이다(12:36), 나를 본 자는 아버지를 보았다(본질직관)(14:9), 나는 길이요 진리요 생명이다(근본경험)(14:6), 살리는 것은 영이니 내가 너희에게 이른 말이 영이요 생명이다(6:63), 내 살을 먹고 내 피를 마시는 자는 영원히 살리라(6:54)의 구절들은 모두 4차원의 세계다. 시간이 절단되고, 공간이 충만한 세계다.

기독교에서는 성만찬이 예수의 살을 먹고, 예수의 피를 마시는 것이라 생각하고 가톨릭에서는 미사를 드린다고 한다. 그러나 선禪에서는 일식일좌 고행을 통해서 진리를 깨달으려고 한다. 선에서는 일식일좌를 진리를 깨닫는 길로 생각한다. 기독교에서는 내 살과 내 피를 예수의 살과 피로 해석하여 십자가의 공로로 구원받는다고 생각하지만 선에서는 자기 살과 자기 피를 먹음으로 진리를 깨닫고 생명을 얻으려고 한다. 요는 살을 먹고 피를 마시는 것이 진리와 생명이란 말이다.

하나님은 영이시니 신령과 진리로 예배해야 한다고 한다(요 4:24). 예배는 하나님의 말씀(진리)을 깨달아서 나오는 기쁨을 전하는 것이고, 교인들은 기쁨을 받아 즐거움에 넘치는 것이 예배다. 그것이 신령과 진정으로 드리는 예배다. 신령은 기쁨이고, 진정은 즐거움이다. 성만찬도 떡 한 조각, 포도주 한 모금이 아니다. 기쁨(진리)과 즐거움(생명)의 충만이다. 이것이 하나님을 알고 그리스도를 아는 것이다.

하나님이 일하시니 나도 일한다(요 5:17). 기쁨을 전하는 것이 우리의 일이다. 태초에 기쁨이 계셨다(요 1:1). 기쁨이 육신이 되어 우리 가운데 계셨다(요 1:14). 기쁨의 독생자가 하나님의 기쁨을 나타내셨다(요 1:18). 요한복음은 기쁨의 복음이요, 특히 동양 사람이 알기 쉬운 복음이요, 기쁜 소식이다.

2010년 6월 1일

차 례

부록 2

일러두기

1. 요한복음 강해 『빛 힘 숨: 십자가 부활 승천』은 5권의 책으로 나누어져 있으며, 21장 81절로 구성되어 있다. 21장은 요한복음의 21장이며, 81절은 81회의 강의를 말한다.

2. 이 요한복음 강해는 김흥호 선생님께서 1993년 3월 7일부터 1995년 6월 25일까지 이화여대 대학교회 연경반에서 매주 일요일 강의하신 것으로 총 2년 반, 다섯 학기 동안 81회에 걸쳐 강의하신 것이다. 학기 별로 나누어 책 5권으로 만들었다.

3. 책의 제목과 부제는 김흥호 선생님께서 지으셨고 표지의 제목도 직접 써 주셨다. 머리말 앞에 책 제목 "빛 힘 숨"에 대한 저자의 해설이 있다.

4. 연경반에서 김흥호 선생님의 성경강해는 동양고전을 먼저 한 시간 강의 하신 후에 약 10분 휴식을 갖고, 그다음에 시작되었다. 이때 하신 동양고전 강의는 왕양명의 『전습록』이었다.

5. 성경 강의는 먼저 찬송가를 부르고, 김흥호 선생님께서 기도를 하셨다. 그 기도문을 각 강의의 앞 페이지에 두었다. 끝날 때는 주기도문으로 마쳤는데 책에서는 생략하였다.

6. 당시 강의에서 성경 교재로는 고병려의 『요한 문학』(약주/신약성서 시리즈, 종울림 신학 총서 4, 서울: 종로서적, 1987)에 있는 요한복음 번역을 사용하셨다. 그러나 이 강의를 녹취 편집하는 과정에서 성경 교재를 생명의 말씀사의 『성경전서』(개역개정판 2001년 대한성서공회의 판본)로 대체하였다. 그러나 강의 중에 나온 고병려의 번역은 그대로 두었다. 그러한 부분들은 각주로써 표시하였다.

7. 이 글은 원래 강의한 것을 녹취하여 만든 원고로서 구어체 문장들로 이루어져 있다. 선생님께서 고유하게 쓰시는 어투나, 용어 등은 선생님의 말씀을 생생하게 느낄 수 있도록 되도록 고치지 않았다. 따라서 문장의 흐름에 따라 이해를 돕기 위해 쉼표를 예외적으로 많이 사용하게 되었다.

8. 성경을 비롯하여 경전의 제목에는 제목을 표시하는 꺾음 괄호 등을 사용하지 않았다.

9. 인물이나 저서에 관한 소개, 성경의 구절이 필요한 경우에는 편집자의 주로써 보충하였다.

10. 본서의 편집양식은 사색출판사에서 출간된 김흥호 선생님의 『주역 강해』, 『화엄경 강해』 등의 양식을 따랐다.

11. 요한복음 강해의 녹음은 배태승 선생과 고 이충국 선생에 의한 것이다.

12. 요한복음 1장에서 15장까지의 녹취와 문장 정리는 고 이충국 선생이 하였고, 당시에 변정자 선생이 부분적으로 도와주었다.

13. 16장부터 21장까지의 녹음 테이프는 김희수 목사로부터 받아서 나머지 원고를 완성하게 되었다. 16장부터 21장까지의 녹취는 김종래 선생이 해주었다.

14. 전체 편집과 교열 및 각 장, 절의 제목을 지은 것은 이경희, 임우식 편집자가 했고, 인쇄 교정은 임경숙 선생이 도와주었다.

제 12 장

나 알 알 나

기 도

감사하신 하나님,
두 달 동안 저희들이 서로 흩어져 있다가
오늘 다시 한 자리에 모여서 당신의 말씀을 생각하는
한 시간을 가질 수 있도록 해주신 데 대해서
진심으로 감사를 드립니다.

우리는 당신이 기쁨이라는 것을 믿고 있습니다.
당신에게 도달하면 저희들이 기쁨을
얻게 된다는 것을 알고 있습니다.
우리가 당신에게 도달하기 위해서는
우리의 생각을 통해서
당신께 도달한다고 믿고 있습니다.

우리가 생각을 더욱 깊게 할 수 있게 하시고
당신의 말씀을 믿고 깨달아서 당신의 기쁨을
가질 수 있는 그런 삶을 허락하여 주시옵소서.

이번 한 학기도 당신이 저희들과 함께 하여 주시고
저희들의 부족한 면을 당신께서 보충하여 주시고
당신의 크신 은혜와 사랑 속에서
이 한 학기를 살아가는 저희들이 될 수 있도록
당신께서 도와주시옵소서.
이 모든 말씀
예수님의 공로 받들어 기도하옵나이다.
아멘.

48. 죽음에의 존재

1994년 9월 4일

요한 12:1~11

유월절 엿새 전에
예수께서 베다니에 이르시니

유대 나라의 국회에서 예수를 잡아 죽이기로 한 것이 유월절 엿새 전이었다라고 요한복음에는 나와 있다. 다른 복음에는 이틀 전이라고 나와 있다. 예수께서는 자신이 죽게 될 것이라는 것을 알고 베다니로 돌아 온 것이다.

이곳은 예수께서 죽은 자 가운데서 살리신
나사로가 있는 곳이라.

이 베다니는 나사로가 부활한 곳으로 마르다, 마리아 자매들이 사는 곳이다. 예루살렘으로부터는 약 오 리 거리에 있는 촌락이다.

거기서 예수를 위하여 잔치할 새 마르다는 일을 하고,
나사로는 예수와 함께 앉은 자 중에 있더라.

예수께서 나사로를 다시 살렸으므로 크게 환대를 받게 된 것이다. 마르다가 음식을 만들고 나사로는 예수와 함께 식탁에 앉아서 환담을 나누고 있었다.

마리아는 지극히 비싼 향유
곧 순전한 나드 한 근을 가져다가
예수의 발에 붓고
자기 머리털로 그의 발을 닦으니
향유 냄새가 집에 가득하더라.

나드 향유는 히말라야 산에서 나는 어떤 식물에서 뽑은 향유로, 그 당시 히말라야가 있는 인도에서 수입되는 향유이니까 값도 비싸고 귀한 향유임을 알 수 있다. 그러니까 마리아 집안으로서는 최고의 감사를 표시하는 것이다. 또 머리카락으로 발에 바른 향유를 닦아냈다는 것은 역시 정성스러움을 표시하는 최고의 방법이라고 생각할 수 있다.

제자 중 하나로서 예수를 잡아 줄 가룟 유다가 말하되

이 향유를 어찌하여 삼백 데나리온에 팔아
가난한 자들에게 주지 아니하였느냐 하니

여기에 나오는 유다가 예수를 팔아먹는 가룟 유다이다. 300 데나리온은 지금 돈으로 환산하면 적게는 1,500만 원에서 많게는 3,000만 원 가량이나 되는 돈이다. 그러니까 3,000만 원짜리 향유라면 보통 흔하지 않은 최고의 향유임을 알 수 있다. 이런 향유를 바친다는 것은 곧 자기의 생명을 바친다는 그런 뜻임을 보여주는 것이라고 할 수 있다. 자기 오빠를 부활시켜 준 데 대해 너무 감사해서 이런 정성으로 표현하는 것이다.

이렇게 말함은 가난한 자들을 생각함이 아니요,
그는 도둑이라 돈궤를 맡고,
거기 넣는 것을 훔쳐 감이러라.

유다가 회계의 임무를 맡고 있던 제자이므로 들어오는 돈을 다루다 보니 다소 넉넉하게 돈을 썼을 것이다.

예수께서 이르시되 그를 가만 두어
나의 장례할 날을 위하여 그것을 간직하게 하라.
가난한 자들은 항상 너희와 함께 있거니와
나는 항상 있지 아니하리라 하시니라.
유대인의 큰 무리가 예수께서 여기 계신 줄을 알고 오니
이는 예수만 보기 위함이 아니요,
죽은 자 가운데서 살리신 나사로도 보려 함이러라.

대제사장들이 나사로까지 죽이려고 모의하니
나사로 때문에 많은 유대인이 가서 예수를 믿음이러라.

예수의 생각으로는 자신이 곧 죽을 것이라는 것을 알고 자기에게 미리 향유를 바르는 것이다, 라고 말하는 것이다. 가톨릭에서는 지금도 사람이 죽게 되면 도유식塗油式이라고 하여 기름을 바르는 예식을 행하는데 잘은 모르지만 썩지 않게 일종의 방부처리가 아닐까라는 생각이 든다. 그곳 사람들은 죽었다가 다시 살아난다는 생각을 가졌으니까 썩지 않게 방부처리를 해서 피라밋 속에 집어넣어 미라가 되게 한다. 좋은 향유를 발라 방부처리를 하여 오랜 동안 썩지 않게 하는 것이다.

미국에 가보면 지금도 장례식 할 때 죽은 사람의 피를 제거하고 포르말린을 집어넣어 썩지 않는 방부처리를 해, 마치 산사람처럼 보이도록 만들어 놓는 것을 볼 수 있는데, 그렇게 장례를 도맡아 하는 전문 직업이 있어 죽은 사람에게 향유도 바르고 얼굴에 화장을 한 뒤 열어둔 관속에 뉘어 두어, 장례가 끝날 때까지 문상 온 사람들이 직접 시신을 볼 수 있게 해놓는다. 관도 화려하고 썩지 않는 재질을 써서 장례가 끝나면 꼭 밀봉하여 어떤 유명한 사람은 교회 지하에 갖다 묻는 경우도 있고, 또 집에 무덤을 방처럼 꾸며두고 집에다 갖다 두는 경우도 있다고 한다. 그러니까 우리처럼 죽으면 썩어 없어진다고 생각하는 것이 아니라 그 사람들은 될 수 있으면 오랫 동안 썩지 않도록 처리하여 둔다.

예수께서는 자신의 죽음을 위해서 미리 준비해 둔 것임을 말하고 있는데, 우리도 옛날에는 집에 미리 관이나 수의를 준비해 두는 경우가 많았다. 언제라도 죽을 것을 대비해 준비를 해 두는 것이다. 우리가 물질적으로 죽을 준비를 해 두는 것도 중요하지만 정신적으로도 죽을 준비를 하는 것이 중요하다. 우리가 이렇게 모여 성경을 배우는 것도 죽을 준비를 하는 것이다.

우리 모임에 늘 나오던 백영자 선생이라는 분이 있는데, 지난 학기까지도 여기를 나왔었는데 7월 29일 세상을 떠났다고 한다. 나는 그저 멀리서 강의에 잠석하는 것만 보았지 가까이서 대화를 해본 적도 없다. 내가 기억하는 것은 함석헌 선생의 집회에도 나갔던 분이라는 것뿐이다. 그 뒤 우리 모임에 오랫 동안 나왔는데 65세를 일기로 돌아가셨다고 한다. 그분은 10년 동안 폐를 앓았는데 요양소에서도 지내고 폐를 절제해내는 수술도 받았다고 한다. 본래 독신으로 지낸 분으로 호수돈 여고를 나와 선한 사마리아 사람을 본받아서 교회와 고아원에서 봉사를 하고, 역촌동에 있는 폐병환자들의 요양원에서도 봉사를 하였는데 94년 4월 모든 것을 정리하고 대전에 있는 애육원이라는 고아원에서 봉사하다가 2달여 만에 쓰러져 65세의 나이로 세상을 떠났다. 추모의 글에 보면 깨진 질그릇 같은 몸으로 옹근 질그릇의 값을 하다가 세상을 떠났다고 되어 있는데 형편없이 허약한 몸이지마는 건강한 사람도 할 수 없는 봉사와 착한 일을 하다가 세상을 떠났다. 그러니까 평상시에 죽을 준비를 많이 하고 간 사람이다. 나는 그날 대학교회에서 설교했던 날인데 설교를 끝내고 그분의 소식을 알게 되어 장례식에도 가보지 못했다.

이제 나도 언제 갈지 모른다. 요전 학기에는 붓글씨 쓰는 모임에서 회식을 한 적이 있었는데 갑자기 혈압이 46까지 내려가는 바람에 엠브란스까지 부르는 일이 생겼었다. 다행이 일행 중 의사가 있어 돌보아 주어 큰 문제없이 회복되었지만 또 그런 일이 언제 생길지 모르겠다.

그런데 다행히도 우리는 났다 죽는 것이 아니라 왔다 간다는 것을 믿는 사람들이니까, 나도 하늘에서 왔다가 하늘로 다시 간다고 믿는다. 아마 백영자 선생의 죽음도 같을 것이다. 내가 기억하기로는 우리 모임에 10년 이상 나온 것으로 생각되는데 그렇게 계속 여기 나올 수 있었던 것은, 무엇인가 내 믿음하고 통하는 것이 있어서 나온 것이라 생각된다. 백영자 선생도 났다 죽는 것이 아니라 왔다 가는 것이라고 생각하고 있었을 것이다. 나도 또한 백영자 선생이 왔다 간 것으로 믿고 있다. 물론 질그릇의 몸은 났다 죽은 것이지만 고아원이나 요양원에서 섬기던 그 마음은 왔다 가는 마음이지, 났다 죽는 마음이 아니다. 그래서 그분께서 하늘나라에 가서 하나님께서 새로 주신 몸, 우리 기독교에서는 그것을 영체라고 하는데, 그 영체를 다시 입게 될 것이다.

베드로 전서 3장 18절에 나오듯이 "육체로는 죽임을 당하시고 영으로는 살리심을 받으셨으니"라고 했는데, 우리는 죽었다가 다시 살아서 영체를 입게 된다는 말이다.

예수님께서는 부활하면 어떻게 되는가에 대한 사두개인들의 질문에 답하기를 하늘에 있는 천사들과 같이 된다고 하였다. 천사들이 곧 영체라는 말이다. 그러니까 죽게 되면 좀 더 자유로운 새 옷을 입고, 아름답고 기쁨에 충만한 생활을 할 것이라고 생각하는 것이다. 그래서 믿음을 가진 사람들은 죽음이란 것을 언제나 기쁘게 감사하고 그저 아멘 하고 받아들이게 되지, 슬플 이유가 하나도 없는 것이다.

아까도 인간의 본질이 기쁨이라는 것을 배웠는데 우리가 죽은 후에는 인간의 본체로 돌아간다. 인간의 본체로 돌아가면 그것이 기쁨인 것이다. 물론 죽음을 당하면 서운하고 슬프기도 하지만 죽는 사람으로 말하면 그 날이 하늘나라로 올라가는 날이지, 땅속으로 들어가는 날은 아닌 것이다. 그것이 우리가 믿음을 갖고 산다는 것이지, 그런 믿음이 없다면 사는 의미가 없다. 그러한 믿음을 확실히 갖고서 우리가 죽으면 새로운 영체를 입고 천사들과 같이 되어 새로운 일을 맡아서 할 것이다, 라고 생각하는 것이다. 우리가 이 세상에 온 것도 일하러 온 것이지 놀러 온 것이 아닌 것과 같다.

오늘 얘기했던 백영자 선생께서 착한 사마리아 사람이 되어 고아원과 요양원에서 많은 봉사를 하다가 간 것처럼 하늘나라에 가서도 하나님께서 "착하고 신실한 종아, 네가 세상에서 열심히 좋은 일을 했으니 여기에서 다시 새로운 일을 주노라" 하고 또 보람된 일을 하게 될 것이다. 이 세상에서 고생했으니 저 세상에 가면 안식할 것이다, 라는 것을 나는 믿지 않는다.

하늘나라에 가서도 또 일하게 될 것이다. 이런 사상은 파스칼의 생각인데 파스칼은 "이 세상에서 일을 했으니까 하늘에 가면 더 큰일을 할 것이다"라고 했다. 그러니까 일 속에서 기쁨을 찾아야 한다. 일하는 데서 기쁨을 찾지 못하는 사람이 진리에서 기쁨을 찾는다는 것은 있을 수 없는 것이다.

내가 여기 와서 성경강의 하는 것도 기쁘니까 할 수 있는 것이다. 기쁘지도 않은데 억지로 성경강의를 할 수 있겠는가. 여러분들이 여기 나오는 것도 기쁘니까 나오는 것이다.

여기 어떤 사람은 두 시간 걸리는 곳에서 오는 사람도 있다. 또 어떤 사람은 진주에서 비행기를 타고 오는 사람도 있다고 한다. 나도 몰랐는데 전번에 남원에 갔을 때 들은 이야기다. 남원에서 닷새 동안 성경집회를 인도하게 되었는데, 아침 다섯 시에 시작하여 두 시간을 강의하고 오후 두 시부터 시작하여 네 시까지 두 시간을 강의했는데 마침 그곳에 참석한 사람이 바로 이곳 모임에 늘 나오는 사람이었다. 그래서 그분을 만나서 어떻게 남원까지 오게 되었는가 하고 얘기를 나누다가 그분 말이 아무개란 분은 매주일 진주에서 비행기를 타고 서울까지 강의 들으러 올라온다고 했다. 나는 그분이 누구인지 잘 모른다. 전에는 대전에서 올라오는 분도 있었고 또 대구에서 올라오는 분도 있었다. 그러니까 여기서 두 시간 강의 들으러 진주에서부터 비행기를 타고 온다는 것을 생각하면 내가 정말 열심히 하지 않을 수 없다는 생각이 든다.

하여튼 우리는 언제나 죽음을 준비할 수 있어야 하겠다. 일본에서 칼을 잘 쓰는 사람을 무사(사무라이)라고 하는데, 무사도라는 것의 핵심은 무엇인가 하면 "죽는 것이라고 하는 것을 깨닫는 것이다"라 하여 이것이 소위 무사도의 경전인 『엽은葉隱』이라는 책의 맨 첫 장 첫 구절에 나오는 말이다. 그 사람들은 언제 어디에서 칼이 나와서 죽을지 모르는 사람들이다. 그래서 항상 아침에 옷을 단정히 하고 밖에 나갔다. 왜냐하면 목이 달아나 죽더라도 깨끗한 죽음을 맞이하기 위해서이다. 그러니까 그 사람들은 매일 죽는 것이다. 아침에 나갈 때 이미 죽기를 각오하고 나서는 것이다. 이것이 무사의 도道이다. 좀 더 심하게 말하면 나는 이미 어제 죽었다라고 생각하는 것이다.

유영모 선생께서는 언제나 어제 이미 죽고, 오늘은 덤으로 사는 것이다, 라고 생각했다. 오늘의 삶은 내 삶이 아니라 덤으로 사는 것이니까 하나님을 위해서 살아야겠다, 라고 생각했다. 그것이 유영모 선생의 삶이었다. 그래서 선생님은 언제나 죽어서 사는 사람이었다. 이것을 하이데거의 말로 하면 "죽음에의 존재"이다. 다 같은 뜻이다. 중국의 선승 가운데 조주라는 스님이 말하기를 "도라고 하는 것이 무엇인가. 죽어서 사는 것이 도다"라고 했다. 죽어서 사는 것이 무엇인가 하면, 자기라고 하는 것이 없이 사는 것이다. 그것이 무아無我의 삶이다.

죽으면 나라고 하는 것이 없어진다. 무아를 가지고 살아가는 것이다. 그러니까 우리도 죽는 연습을 많이 해야 한다. 진리를 깨달았다는 말은 내가 죽었다는 말이다.

어느 날 내가 진리를 깨달았다는 말은 그날 내가 죽었다는 말이다. 그다음에 사는 것은 내가 사는 것이 아니라, 그리스도가 사는 것이다. 그렇게 살면 아무 때 죽어도 죽는 것과 나하고는 아무런 상관이 없게 된다. 벌써 나는 죽었기 때문에 더 죽을 것이 없는 것이다.

그래서 오늘 여기 나온 구절에서 "장례의 날을 준비하기 위해서 향유를 간직해 둔" 마리아를 예수께서 두둔하는 것이다. 마리아는 향유를 부어서 죽음을 준비했지만 우리는 진리의 기름을 부어야 한다. 진리를 깨닫는 것, 그것이 죽음의 준비이다. 진리를 깨달으면 언제 죽어도 문제가 없다.

기 도

감사하신 하나님,
오늘 우리 형제자매들이 한 자리에 모여서
하나님의 크신 사랑을 생각하는
이 시간을 가질 수 있게 해주신 데 대해서
진심으로 감사를 드립니다.

오늘도 하나님께서
이렇게 아름다운 날씨를 주시고
우리에게 밝은 햇빛을 주셔서
우리가 이 밝은 빛을 가지고 한없는 기쁨을
느낄 수 있는 그러한 정서를 허락해주신 데 대해서
진심으로 감사를 드립니다.

오늘 이 시간도
저희들이 하나님의 말씀을 통해서
하나님의 한없으신 사랑을 느낄 수 있는
아름다운 시간이 될 수 있도록
하나님께서 도와주시고
우리 불쌍한 국민들을 용서하여 주시고
하나님의 크신 사랑으로 얼싸안아 주셔서
우리가 하나님의 사랑 속에서
아름다운 삶을 살 수 있는
저희들이 될 수 있도록 인도하여 주시옵소서.

예수님 공로 받들어 기도하옵나이다.
아멘.

49. 진리의 왕

1994년 9월 11일

요한 12:12~19

전번 시간에 예수께서 사형선고를 받게 되었다는 것을 공부했다. 그래서 베다니에서 죽음을 준비하였다는 것을 말하였다. 그런데 오늘은 예루살렘에 입성한다는 내용이다. 마치 개선장군이 입성하는 그런 기분이다.

그 이튿날에는 명절에 온 큰 무리가
예수께서 예루살렘으로 오신다는 것을 듣고,

여기서 명절은 유월절 축제로서 한 주일을 계속하는 축제였다.

종려나무 가지를 가지고 맞으러 나가 외치되

호산나 찬송하리로다.
주의 이름으로 오시는 이,
곧 이스라엘의 왕이시여 하더라.

종려나무는 LA 같은 데에서도 많이 볼 수 있는 나무인데 주로 더운 지방에 많이 분포되어 있는 나무다. 이 사람들에게는 이 나무가 승리를 나타내는 나무로 쓰여졌다. 그러니까 이 나무를 손에 들고 예수를 맞는다는 것은 예수를 개선장군처럼 맞이한다는 말이다. "호산나"는 하나님이 구원하셨다는 뜻으로 우리말로 말하면 '만세' 라는 말이다. 이기게 된 것이 하나님의 힘으로 이기게 되었다는 뜻으로 호산나를 부르는 것이다.

"주님의 이름으로 오시는 이"는 하나님이 보내서 오신 분이란 뜻이다. "이스라엘의 왕이시여"는 예수께서 그저 보통 사람이 아니고 이스라엘의 왕이라는 말이다. 예수께서 십자가에 달리실 때에도 이스라엘의 왕이라는 표식을 십자가에 써 놓았다. 이스라엘의 뜻이 무엇인지 나는 잘 모르지만 아랍 사람들의 이슬람이란 말은 '하나님께 절대복종' 이란 뜻이라고 한다. 이슬람교란 말이 그런 말이다.

그런데 이스라엘 그러면 '엘' 은 하나님이란 말이니까 비슷한 뜻인지 모르겠다. 만일 같은 말이라면 이스라엘도 '하나님께 절대 복종' 이란 뜻이 되는 것이다. 이 이스라엘이란 말은 언제 생겼나 하면 창세기를 보면 32장에 아브라함의 아들이 이삭이고, 이삭의 아들이 둘 있는데 에서와 야곱이다.

이 야곱이란 이름은 서양 사람들이 유대인을 얕잡아보고 부르는 이름인데, 마치 일본 사람들이 한국 사람을 조센징으로 부르는 것이나 마찬가지다. 이 야곱을 나쁜 이름으로 부르는 이유는 자기 아버지를 속이고, 자기형의 재산을 다 빼앗아 먹은 놈이라는 것이다. 그러니까 간교한 사기꾼이란 뜻으로 유대인을 나쁘게 말할 때 야곱이라고 한다. 그런데 야곱의 본래 뜻은 '하나님께서 지킨다'는 뜻이라고 한다. 그러나 나쁜 유대인들, 예를 들면 샤이록처럼 돈만 아는 지독한 장사꾼이나 사기꾼을 일컬어 야곱이라 부르는 것이다.

창세기에 보면 야곱이 처음에는 자기의 장인 라반에게 속임을 당했으나 나중에는 야곱이 장인을 속이고 두 딸인 라헬과 레아와 재산을 다 갖고, 자기의 고향인 가나안 땅을 향해 도망치게 된다.

야곱이 가나안 땅에 가까이 와 자기와 사이가 나쁜 형인, 에서의 마음을 달래기 위해 자기 재산의 반을 나누어 미리 선물을 보내고 가족과 재산을 먼저 보낸 뒤 혼자 뒤떨어져 있게 되었을 때 어떤 사람이 나타나 밤새도록 씨름을 하게 된다. 그런데 그 사람이 야곱을 이길 수 없어 야곱의 엉덩뼈를 쳐서 환도뼈를 다치게 했다는 말이 나온다.

그런데도 계속 야곱이 끈질기게 달라 붙어 놓지 않고, 그 사람이 하나님께서 보낸 사람인 것을 눈치 채고는 자신에게 축복해 줄 것을 계속 떼쓰게 된다. 결국 그분께서 야곱의 이름을 묻고는 "너는 하나님과 겨루어 냈고, 사람과도 겨루어 이긴 사람이다. 그러니 다시는 야곱이라 하지 말고, 이스라엘이라고 하여라" 하고 축복을 해주었다는 이야기가 나온다. 그래서 야곱의 이름이 이스라엘이 되고, 여기서 이스라엘이란 명칭이 처음으로 나타나게 된다.

누가복음 18장에도 보면 예수께서 제자들에게 비유로서 말하기를 "어떤 과부가 억울한 일을 당하여 재판관을 찾아가 재판해주기를 끈질기게 졸라 대므로 재판관이 결국 그 과부의 청을 들어주었다"는 내용이 있는데 이런 것을 보면 유대인들의 끈질긴 성격이 잘 나타나 있다. 이런 끈질긴 성격을 가진 사람이 야곱의 족속이다. 한번 달라 붙으면 거머리처럼 절대 포기하지 않는 것이다.

지금도 미국에 가면 큰 부자들은 유대인들이 많다. 뉴욕 맨하탄의 큰 건물은 대개가 유대인 소유라는 말이 있다. 한국 교포들이 그곳에서 장사하면서 가장 어려운 것은 유대인들이 자꾸 집세를 올려서 돈 벌어서는 집세 내기에 바쁘다고 한다. 하여튼 유대인들의 끈질긴 것은 유명한데 그 끈질김으로 하나님까지 겨루어 내어 결국 이스라엘이라고 이름 불리게 되었다는 것이다.

이 야곱의 아들이 12형제였는데 그 가운데 하나가 요셉이란 이름을 가졌고, 또 하나는 유다라는 이름을 가진 아들도 있었다. 나중에 유대 나라가 둘로 갈라질 때 남쪽은 유다라 하고, 북쪽은 이스라엘로 부르게 되는데 아버지와 아들의 이름을 따서 부르게 된 것이다. 지금은 보통 유대 민족으로 불리지만 국가적으로는 이스라엘이라고 불리는 것이 이 사람들의 자랑거리이다. 왜냐하면 끈질기게 하나님께 달라 붙는 사람들이기 때문이다. 이천여 년을 그렇게 나라 없는 설움을 당하고, 2차 대전 때는 히틀러에게 600만의 학살을 당하면서도 그 사람들은 하나님을 원망한 적이 없다. 계속 하나님을 섬기면서 결국은 이스라엘의 독립을 이루어낸 축복 받은 끈질긴 민족으로 볼 수 있다. 우리처럼 1948년에 정부를 수립하여 나라이름을 이스라엘로 정한 것이다.

오늘 성경 구절에는 예수를 그 이스라엘의 왕王으로 추켜세워 사람들이 환영하는 것으로 나와 있다. 왜 그렇게 추켜세웠는지 그 이유는 알 수 없다. 진짜 예수의 실력을 정말 대단한 것으로 알아서 이 사람들이 예수를 자기들의 왕으로 삼겠다고 추켜세운 것인지 아니면 다른 뜻이 있어서 그랬는지 통 알 수가 없다.

예수는 한 어린 나귀를 보고 타시니,
이는 기록된 바, 시온 딸아, 두려워하지 말라.

보라, 너의 왕이 나귀 새끼를 타고 오신다 함과 같더라.

이렇게 추켜세우는 것에 응대하여 예수님께서는 그 당시에 많이 있던 말들이나 노새를 잡아타시지 않고, 가장 바보스러운 당나귀, 그것도 어린 나귀를 찾아 얻어 타시고 예루살렘으로 들어가시게 된다. 성서의 스가랴 9장 9절에 나오는 말로 "시온의 딸아, 크게 기뻐할지어다. 예루살렘의 딸아, 즐거이 부를지어다. 보라, 네 왕이 네게 임하나니, 그는 공의로우며 구원을 베풀며 겸손하여서 나귀를 타나니, 나귀의 작은 것, 곧 나귀새끼니라." 그다음 10절에는 "내가 에브라임의 병거와 예루살렘의 말을 끊겠고 전쟁하는 활도 끊으리니 그가 이방사람에게 화평을 전할 것이요, 그의 통치는 바다에서 바다까지 이르고 유브라데 강에서 땅끝까지 이르리라"라고 되어 있는데, 그러니까 그 약한 나귀 새끼를 가지고, 말도 병거도 다 물리친다는 말이다.

이것이 소위 언제나 약한 것을 가지고 강한 것을 이긴다는 사랑을 말하는 것이다. 그래서 장발장[1]에 보면 "사랑이 죽음보다도 강하다"는 말이 나오는데 사랑처럼 약한 것이 없지만 그것이 강할 때는 죽음보다도 더 강하다는 말이다. 그래서 가장 약한 것을 가지고 강한 것을 이기는 것이다. 우리가 잘 아는 간디는 "무저항 저항"이란 말을 했다. 무저항의 저항이란 말이 곧 가장 약한 것을 가지고, 가장 강한 것을 이긴다는 말이다. 이것

1. 빅토르 위고의 소설 『레미제라블』의 주인공

이 또한 기독교의 십자가란 것이다.

이 스가랴 9장 10절의 내용이 여러분들이 잘 아는 산상수훈의 8복과 같은 것이다. 마태복음 5장 3절에 "심령이 가난한 자는 복福이 있나니 천국이 저희 것임이요." 4절에 "애통하는 자는 복이 있나니 저희가 위로를 받을 것임이요." 5절에 "온유한 자는 복이 있나니 저희가 땅을 기업으로 받을 것임이요"라고 되어 있는데 스가랴 9장 10절의 "그의 나라가 바다에서 바다까지 이르고, 유브라데 강에서 땅끝까지 이르리라"는 말이 바로 5절의 "온유한 자, 그 사람이 땅을 차지할 것이다"라는 것으로, 다시 말해서 세계를 지배할 사람이 바로 그 사람이란 말이다. 우리가 그런 것을 조금 알 수 있는 것이, 퓨리턴들이 미국을 차지한 것으로 생각할 수 있는데 퓨리턴들이란 말 그대로 순수하고 온유한 자들을 가리키는 것이다. 그러니까 가장 약한 것을 나타내기 위해서 예수께서 새끼 나귀를 탔다고 볼 수 있다.

> 제자들은 처음에 이 일을 깨닫지 못하였다가
> 예수께서 영광을 얻으신 후에야
> 이것이 예수께 대하여 기록된 것임과
> 사람들이 예수께 이같이 한 것임이 생각났더라.

왜 예수께서 그렇게 했는지 제자들도 처음에는 이해하지 못했다. 그런데 예수께서 십자가에 달리신 후에야 그것을 깨닫게 되었다는 말이다. 십자가, 그것이 패배를 뜻하는 것이 아니라 승리였다. 겉으로 보면 패배 같지만 속으로 보면 승리라는 말이다. 그래서 결국 겉으로는 로마에 진 것 같지만 속으로는 로마에게 이기고 마는 것이다. 425년에 로마의 콘스탄틴 황제가 예수에게 무릎을 꿇게 되는 것이다.

그래서 로마 전체가 기독교 국가가 되고 만다. 이것이 현실적인 사건으로 나타난 것이다. 예수의 제자들은 스가랴 9장 9절의 내용이 예수에 관해서 쓰인 글이며, 그때 벌써 예수께서 세계를 정복한다는 것을 알게 되었다. 왜냐하면 스가랴에 그런 내용이 나와 있기 때문이다.

> 나사로를 무덤에서 불러내어
> 죽은 자 가운데서 살리실 때에
> 함께 있던 무리가 증언한지라.

죽은 나사로가 부활했다는 것을 보고서 사람들은 예수도 앞으로 부활하여 온 세계를 차지하게 될 것이라는 것을 알게 되었다는 말이다. 죽은 나사로도 부활했으니까 예수도 또 부활할 것이라는 것을 사람들은 알고 있었다는 말이다. "의를 위하여 핍박을 받는 자는 복이 있나니 천국이 저희 것임이라"라고 한 마태복음 5장 10절의 내용처럼 정의는 아무리 핍박을 받아도 종당에는 이긴다는 것을 믿고 있었다. 세상에서 제일 강한 것이 무엇인가. 진리처럼 강한 것은 없다. 진리는 언제나 짓밟히는 것처럼 보이지만 진리가 항상 이기게 되는 것이다.

이에 무리가 예수를 맞음은
이 표적 행하심을 들었음이러라.

예수가 나사로를 살렸다는 그 얘기를 듣고서 민중들이 환영하러 나왔다는 말이다. 그 민중들은 예수가 당장에 로마와 싸워서 이길 것이라는 생각은 하지 않았을 것이다. 빌라도와 싸워 이긴다든가 헤롯을 물리쳐 없앤다는, 그런 생각은 하지 않았을 것이다.

예수는 역시 진리의 왕이고, 진리가 천년이 걸리든 만년이 걸리든 종당에는 이긴다는, 그런 신념으로 예수를 환영하는 것이지, 당장 어떻게 해줄 것이란 생각은 하지 않았을 것이다. 그렇게 예수를 정신적인 왕으로 생각하고 민중들이 환영한 것이고, 또 예수도 자신이 말을 타고 싸우는 무력적인 사람이 아니라 어린 나귀를 타고 싸우는 정신적인 사람임을 보여 준 것이다.

그런데 이 정신적인 싸움이 무서운 것이다. 이 정신적인 싸움 때문에 꼼짝 못한 사람이 영국 사람들이다. 간디와의 싸움에서 그랬다. 간디가 고작 한 것이라고는 밥 굶은 것뿐이었다. 간디가 한 달씩 단식하여 이제 이삼일 밖에 못 산다고 했을 때 영국 사람들은 무엇을 생각했나 하면, 간디가 만일 죽어버리면 인도 전역에서 폭동이 일어날 것이고 아무리 영국이 무기를 갖고 있다고 해도 4억 인도인들한테는 당하고 말 것이며, 인도에 나와 있는 영국 사람들은 다 죽고 말게 될 것이다, 라는 것이다. 그것을 영국 사람들이 두려워한 것이다. 그러니까 간디가 굶어서 거의 죽어가게 되면 놓아 줄 수밖에 없었다. 그래서 간디를 영국 사람들이 절대 죽일 수 없었다.

그렇게 간디는 무저항 저항을 계속해 나갔다. 인도인의 자유와 독립을 위해 영국에게 하나씩 하나씩 자꾸 요구해 들어간 것이다. 그래서 결국은 인도를 해방시키게 되는 데까지 이르게 된다. 싸움 한번 없이 나라를 되찾은 위대한 인물이 되었다. 간디야말로 정말 어린 나귀를 타고 영국이라는 나라에 개선장군처럼 입성한 사람이다.

나중에 엘리자베스 여왕이 간디를 만나서 인도의 문제를 해결해 보자고 영국에 불렀을 때에도 간디는 양복 같은 것을 입지 않고 인도 전통의상 차림의 팬츠 한 장 달랑 걸치고 갔다. 그 당시 엘리자베스 여왕을 만나려면 예복을 입고 들어가야 했는데 예복도 입지 않고 벗은 채로 왕궁에 들어가려 했다. 영국 정부가 여왕을 만나기 위해서는 제발 예복을 입으라고 요청했더니 간디가 대답하기를 “우리 4억 인도인에게 다 예복 한 벌씩 해 준다면 내가 예복을 입고 들어가겠다”라고 했다. 영국 정부에서는 도저히 그 조건을 들어줄 수가 없어 할 수 없이 벗은 채로 왕궁으로 들어가게 된다. 여왕은 화려한 궁정 예복으로 차려 입었는데 간디는 벗은 옷차림으로 대면하게 된 것이다. 이것이 마치 말과 어린 나귀의 차이와 같다. 엘리자베스 여왕은 말을 탄 사람이고, 간디는 어린 나귀를 탄 사람이다. 그러나 결국은 간디가 이기는 것이다.

이 20세기에 간디 같은 인물이 나왔다는 것은 대단한 일이 아닐 수 없다. 우리가 간디와 같은 시대에 살았다는 것만으로도 정말 영광스럽기까지 한 것이다.

최근 들어 소련이 망했다는 사실이 나에게는 놀랍고도 기쁜 일이다. 정말 믿어지지 않는 일이다. 소련이 몇 백 년 가면 어떡하나 하고 걱정 했었는데 내 생전에 망하는 것을 보게 된 것이다. 마치 용의 목이 떨어진 것과 같다. 물론 김정일 같은 용의 꼬리가 아직 살아남아서 바들바들 떨고 있지만 그것마저 없어지는 것은 이제 시간문제다. 하여튼 소련이 망했다는 것은 정말 기적과 같은 일이다. 묵시록 12장에 나오는 붉은 용이란 비유가 소련일 것이다. 물론 그 당시에는 로마를 가리키는 것이라고 생각할 수 있다. 내가 이북에 있을 때는 강태홍 목사라는 분이 "옛날에는 로마가 붉은 용이었지만 지금은 소련이 붉은 용이다"라고 몇 번이나 말했다. 그래서 나는 어렸을 때부터 소련 그러면 붉은 용이라는 생각이 자꾸 났다. 그런데 그 붉은 용이 목이 달아 난 것이다. 고르바초프가 그런 일대 전환을 일으킨

셈인데 그는 어렸을 때 세례를 받았다고 한다. 그것이 아마도 원인이 되었는지도 모르겠다. 하여튼 소련이 무너지는 일도 일어났다.

바리새인들이 서로 말하되,
볼지어다. 너희 하는 일이 쓸 데 없다.
보라, 온 세상이 그를 따르는도다 하니라.

바리새교인들이 예수의 그런 뜻을 좀 알았더라면 좋았을 것인데, 이 사람들은 그저 헤롯한테 달라 붙어서 어떻게 해서든지 자신들의 보신에만 급급했던 사람들이었다. 그러니까 그 당시에는 바리새인들보다 못한 사람들인 세리나 죄인들이 예수를 찾았다. 학자나 바리새인들은 예수를 통 모르게 되었다. 좀 안다는 사람들이 모르게 되고, 모르는 사람들이 도리어 알게 되는, 그런 반대의 결과가 생기게 되었다.

하여튼 예수가 이렇게 예루살렘에 입성하게 되는데, 나중에 18장에 가면 빌라도가 "네가 정말 유대인의 왕이냐"라고 물었을 때, 예수께서 대답하기를 "나는 이 세상의 왕이 아니라 진리의 왕이다"라고 했다. 그러자 빌라도가 "진리라는 것이 무엇이냐" 하고 되묻는 이야기가 나온다. 그러니까 예수는 진리의 왕, 다시 말해 진리를 깨달은 사람이고, 그것을 증명하기 위해 세상에 온 사람이란 말이다. 진리가 종당에는 이 세상을 이긴다는 것을 보여주기 위해서 이런 행동과 모습을 보여 주었다고 볼 수 있다. 그렇게 함으로써 사람들과 제자들을 일깨워 주는 것이다.

유영모 선생께서 1956년 4월 26일 죽는다고 미리 말씀하시고 YMCA에서 장례식을 한다고 신문에 부고장을 냈다. 그래서 150여명의 사람들이 모여서 장례식을 했는데, 그때 모인 사람들은 모두 그 장례식을 쇼라고 생각하고 함석헌 선생도 그렇게 알았다고 했는데, 나는 정말 선생님이 죽는 줄로 알았다. 장례식 하루 전날 나는 얼마나 슬픈지 하루 종일 우울하게 보내고, 장례식 날 예식을 돕기 위해 선생님 댁을 찾아갔다. 댁을 찾아 자하문 밖으로 올라가다가 길에서 선생님과 딱 부닥치게 되었다. 그날이 금요일이어서, 선생님께서는 오후 2시에 YMCA 강의가 있는 날이었는데, 그 시간에 맞춰 나오시다가 나와 만나게 된 것이다.

선생님께서 죽은 줄 알고 가던 나는 너무나 놀랍고 의외의 일이라 할 말을 잃고 그 자리에 멍하니 서 있었다. 그와 동시에 "선생님이 죽은 것이 아니라 내가 죽었구나"라는 느낌을 갖게 되었다. 내가 그날 죽은 것이다. 그러니까 사람이 한 번 죽었다는 느낌을 가져 본다는 것, 그것이 중요하다. 이제부터 내가 사는 것은 죽어서 사는 것이다, 라고 생각하는 것이다. 나는 이미 죽었으니까 앞으로의 죽음은 이제 문제가 안 되는 것이다. 그때부터 그런 생각이 들게 되었다. 이제 나는 살아서 사는 것이 아니라 죽어서 사는 것이다. 물론 내가 사는 것이 아니라 그리스도께서 사는 것이다. 그러한 느낌이 나에게 강하게 부닥치게 되었는데, 그것은 그저 생각해서 되는 것이 아니고 그때 죽었다는 그 유영모라는 사람을 만나는 순간에 그런 느낌을 강하게 받았다. 마치 바울이 다메섹 도상에서 예수를 만난 것처럼 내가 만난 유영모도 살아 있는 유영모가 아니라 부활한 유영모라는 느낌을 갖는 것이다. 그 장례식 사건을 통해서 나는 그러한 느낌을 갖고 살게 되는 계기가 되었다. 물론 유영모 선생께서 자신이 미리 그런 일들을 계획적으로 만든 것은 아닐 것이다. 유영모란 사람은 그런 사람도 아니고 정말 진실된 사람이고, 나도 그분이 죽는다는 것을 조금도 의심하지 않았다.

그런 진실과 진실이 부닥치는 데에서 어떤 하나의 계기가 만들어진 것이다. 나는 그때부터 내가 죽었다고 생각한다. 이제는 내가 사는 것이 아니라 그리스도께서 사는 것이다.

하여튼 유영모 선생께서 하신 장례식이, 나는 지금도 그것을 왜 하셨는지 모르지만, 그 사건을 통해서 나에게는 그런 계기가 만들어지게 되었다. 그 장례식이 나에게는 굉장한 사건이 되고 말았다. 그런 느낌을 갖고부터는 그 당시 내가 갖고 있던 공직을 그만 두고, 학교 선생이 되어야겠다는 결심을 하게 되었다. 지금 하고있는 성경반도 유영모 선생께서 하셨으니까 나도 그렇게 해야겠다고 생각하고 시작한 것이다.

유영모 선생의 성경반은 기껏해야 15명 정도가 들으러 왔고, 어떤 때는 대 여섯 명 또 어떤 때는 한 두 명 정도가 고작이었다. 그래서 내가 성경반을 시작하면 그것보다도 더 없을 것이라고 생각했다. 실제로 대신교회에서 성경반을 가르칠 때에 어떤 때는 한 명도 안 올 때도 있었다. 한동안을 두세 명을 앉혀놓고 공부한 적도 있었다. 그래도 끊임없이 계속했다. 그것이 다 유영모 선생님 덕이다. 또 선생님 때문에 계속하는 것이다.

이번 여름도 무척 더웠지만 유영모 선생님의 일지를 해석하기 위해 4,500매의 원고를 써 나갔다. 하루에 100매 씩 45일을 꼬박 써 나간 것이다. 방학을 그렇게 보냈는데 이것도 다 유영모 선생의 그 지극한 진실 때문에 가능한 것이었다.

나는 그날 유영모 선생이 죽지 않을 것이라고는 조금도 생각한 적이 없다. 유영모 선생께서도 그날 죽을 것 같으니까 죽는다고 했을 것이다. 그런데 하나님께서 살려주신 것뿐이다. 유영모란 분이 쇼나 하려고 그렇게 했다고는 생각할 수 없다. 나는 그렇게 생각한다.

어쨌든 그때 유영모의 죽음 때문에 내가 살아나는 경험을 하게 되었다. 언제나 진실은 진실과 부딪쳐야 어떤 계기가 생기게 된다. 그 당시 예수님의 예루살렘 입성도 사람에 따라서는 돈키호테 같다든지 쇼라고 할 수도 있겠지만, 어린 나귀를 타고 들어가는 예수를 보고 정말 진리가 이긴다는 확신을 갖는 사람도 많이 있었을 것이다. 많은 사람이 아니라도 좋다. 단 한 사람이라도 그렇게 느꼈다면 그것으로도 족하다. 또 한 사람도 없었다 하더라도 이것을 보고 이런 기록이라도 남겨 놓았다는 것, 그것 하나만으로도 중요한 의미를 가질 수 있다. 왜냐하면 나중에 후세의 사람들이 그것을 읽으며 마음속에 감동을 받을 수 있기 때문이다.

기 도

오곡백과가 무르익는
아름다운 가을의 계절에
저희들이 기쁜 마음으로
당신 앞에 나와
예배드릴 수 있게 해주신 데 대해
감사를 드립니다.

이 가을을 맞이하여
우리 속에서도 무엇인가
더 성숙한 것이 이루어질 수 있도록
당신께서 도와주시고
우리가 가을 하늘처럼
높은 세계를 엿볼 수 있는
아름다운 심성을 허락하여 주시옵소서.

가을에 흘러가는 물이 한없이 맑듯이
우리의 마음을 맑게 하여 주시고
우리를 통해서 이 나라가
더욱 깨끗하고 맑은 나라가 될 수 있도록
당신께서 도와주시옵소서.

이 모든 말씀
예수님의 이름 받들어 기도하옵나이다.
아멘.

50. 밀알 철학

1994년 9월 18일

요한 12:20~28

명절에 예배하러 올라온 사람 중에
헬라인 몇이 있는데,

여기 이 경축일은 유월절 명절로서 일주일간 계속되는 축제였다. 이 경축일을 맞아 올라온 무리 중에는 유대인이 아닌 희랍 사람도 있었다.

그들이 갈릴리 벳새다 사람 빌립에게 가서 청하여,

빌립은 예수의 12제자 중 한 사람인데, 빌립이란 희랍계통의 이름이다. 여러분들이 잘 아는 알렉산더 대왕의 아버지 이름이 빌립 왕이었는데 마케도니아의 수도도 빌립보라는 곳으로 지금도 그 도시가 남아 있다. 그러니까 예수의 제자들 중에 이 빌립보 같은 희랍계 사람이 있었는지도 모른다. 그래서 이 희랍 사람들이 빌립을 통해 예수를 만나기 위해 청을 넣은 것이다.

> 이르되
> 선생이여, 우리가 예수를 뵈옵고자 하나이다 하니

희랍의 어느 곳에서 온 사람들인지는 모르지만 하여튼 아주 먼 곳에서 예수를 만나기 위해 찾아온 것이다.

> 빌립이 안드레에게 가서 말하고
> 안드레와 빌립이 예수께 가서 여쭈니

빌립이 안드레에게 가 이 사실을 말하였는데, 안드레는 베드로의 동생이다.

> 예수께서 대답하여 이르시되
> 인자가 영광을 얻을 때가 왔도다.

여기서 "영광을 받는다"는 말이 무슨 뜻인지 확실치 않다. 정말 희랍 사람들까지 찾아오니, 그것이 영광이다란 뜻인지 아니면 앞으로 곧 죽을 때가 왔다는 것을 뜻하는 것인지 잘 알 수가 없다.

내가 진실로 진실로 너희에게 이르노니
한 알의 밀이 땅에 떨어져
죽지 아니하면 한 알 그대로 있고,
죽으면 많은 열매를 맺느니라.

불교 그러면 연꽃, 노자에서는 물, 기독교 그러면 밀알을 대표로 말한다고 볼 수 있는데, 요한복음 12장 24절, 25절, 26절이 기독교에서 가장 핵심적인 사상을 나타낸다고 할 수 있다. 이것을 기독교의 핵심이라고 맨 처음 밝힌 사람이 헤겔이다.

헤겔은 기독교의 철학을 밀알 철학이라고 말한다. 헤겔의 제자가 세 사람 있는데 카를 마르크스, 키르케고르 그리고 존 듀이이다. 이중 키르케고르는 헤겔의 사상을 비판하면서 계승한 사람이다. 우리가 주자 사상을 비판하면서 유학을 새롭게 계승한 사람이 양명이듯이 헤겔을 비판하면서 밀고 나간 사람이 키르케고르이다. 그리고 또 한 사람의 제자가 여러분도 잘 아는 공산주의를 주장한 카를 마르크스이고, 나머지 한 사람은 미국의 실용주의 철학자로 유명한 존 듀이이다. 이중 카를 마르크스와 키르케고르는 직접 헤겔에게 공부를 배웠고 존 듀이는 직접 배우지는 않았지만 헤겔의 영향을 많이 받았다. 헤겔은 근세 철학의 시조인데 이 헤겔로부터 나오는 세 가지 현대 철학이 소위 키르케고르의 실존철학, 카를 마르크스의 공산주의 그리고 존 듀이의 실용주의이다.

밀알 철학의 시작은 헤겔이 하게 되는데, 카를 마르크스는 이 헤겔의 유심론을 유물론으로 바꾸었다. 카를 마르크스가 헤겔의 유심론 철학을 유물론 철학으로 바꾸어 가지고 엥겔스와 같이 유물 철학으로 만들어낸 것이다. 그리고는 자기의 철학을 보리 철학이라고 했다. 다시 말해서 헤겔의 철학이 밀 철학이라면 카를 마르크스의 철학은 보리 철학이 되는 것이다.

이것의 차이는 무엇인가 하면 유심론인가 유물론인가의 차이다. 이것이 현대에 와서는 동양과 서양이 서로 마주칠 때 기독교와 불교가 마주치게 되는데 보통 기독교 철학을 밀알 철학이라 하고, 불교 철학을 보리 철학이라고 말하게 된다. 그러니까 밀과 보리의 차이인데, 밀이든지 보리든지 실존이라는 점에서는 다 같은 것이다. 또한 먹는 음식이라는 점에서도 다 같다.

밀을 먹는 지방에서는 밀 철학이 중심이 되고, 보리를 먹는 지방에서는 보리 철학이 중심이 된다. 둘 다 실존이면서 보리란 말도 진리란 말이고, 밀이란 말도 진리란 말이다. 밀이란 기독교에서는 예언자란 말로서 미리 아는 사람이란 말이다. 예수도 예언자 중의 하나이다. 그러니까 둘 다 진리란 말이고, 실존이란 말이다.

이 두 가지, 즉 진리와 실존이 합치는 것, 이것을 아까 내가 말한 보편적 구체라는 말로 쓴다. 보편이란 말은 진리라는 말이고, 구체라는 말은 실존이라는 말이다. 그래서 진리가 구체적으로 불교에서처럼 연꽃으로 표현되기도 하고, 노자에서처럼 물로 표현되기도 하고, 예수님처럼 밀알로 표현되기도 하고, 이렇게 구체적으로 표현될 수 있어야 한다. 언제나 이 보편적인 것과 구체적인 것이 통일되는 것이 중요하다.

그런데 서양 철학에서 처음으로 이 보편적인 것과 구체적인 것을 통일시킨 사람이 헤겔이다. 칸트는 아무리 해도 이 보편적인 것과 구체적인 것을 통일하지 못했다. 그래서 칸트는 보편적인 것은 알 수 없는 것으로 결론지었다. 그것이 순수이성비판이다. 순수이성비판의 결론은 무엇인가 하면 보편적인 것은 알 수 없다는 것이다.

칸트 말로 하면 보편적인 것이 물자체라는 것이다. 그러니까 물자체는 알 수 없다는 것이다. 그래서 순수이성비판의 결론이 보편적인 것은 그만 현실적인 것과는 분리되고 만다. 그렇게 되어 보편적인 것은 보편적인 것으로, 현실적인 것은 현실적인 것으로 한계를 지어야 한다는 것이다. 다시 말해서 소위 형이상학은 학문이 될 수 없다는 것이 칸트의 결론이다. 칸트는 과학만이 학문이 될 수 있지, 형이상학은 학문이 될 수 없다고 한다. 학문이 될 수 없다는 말은 곧 알 수 없다는 말이다.

여기에 반기를 든 사람이 헤겔이다. 헤겔은 형이상학은 알 수 있다고 한다. 어떻게 알 수 있나 하면, 칸트처럼 보편적인 것과 구체적인 것을 갈라놓지 않고 이것을 통일하면 된다는 것이다.

이런 생각은 동양에서는 벌써 옛날에 통일된 것인데, 서양에서는 헤겔에 와서야 통일되는 것이다. 동양에서 통일되었다는 것은 여러분들도 잘 알다시피 반야심경에서 말하는 색즉시공色即是空 공즉시색空即是色이다. 공空이라고 하는 보편적인 것과 색色이라고 하는 구체적인 것이 색즉시공色即是空 공즉시색空即是色으로 통일되는 것이다.

우리가 요전에 주역에서 배운 대로, 형이상위지도形而上謂之道요, 형이하위지기形而下謂之器인데, 여기서 기즉도器即道요 도즉기道即器로 이것이 주역의 핵심이다. 또 노자老子에서는 유즉무有即無요, 무즉유無即有인데 즉유증무即有證無이다. 유有에 즉即해 가지고 무無를 증거한다는 말이다. 이것이 소위 헤겔이 말하는 보편적 구체란 말이다. 그러니까 무한은 유한 밖에 있는 것이 아니다. 요전에도 나왔지만 유를 떠난 것이 무가 아니다. 유를 떠난 무는 허무가 되고 만다. 유에 즉即해서 무無라는 것이 증거 된다는 말이다. 즉유증무即有證無이다. 유한을 내포하는 것이 진짜 무한이지 유한을 떠난 것은 진짜 무한이 아니다. 칸트는 유한을 떠나서 무한을 찾았기 때문에 통일이 안 된 것이다. 유한을 내포한 무한이 되어야 진짜 무한이다.

헤겔은 여기 24절에서 말한 "땅에 떨어져 죽지 않으면 밀알이 그대로 있고"를 악무한惡無限이라고 하였는데 칸트의 무한이 이것을 가리키며, 다음에 나오는 "땅에 떨어져 죽으면 많은 열매를 맺는다"라는 말이 유한을 내포한 무한으로 진무한眞無限이라고 보았다. 여기서 헤겔 철학의 시작이 나오게 된다.

헤겔은 유한과 무한의 관계를 결국 색즉시공色卽是空 공즉시색空卽是色과 같은 것으로 보는 것이다. 다시 말해 색을 떠나서 공이 있을 수 없고, 공을 떠나서 색이 있을 수 없다는 말이다. 성의誠意를 떠나서 학문이 있을 수 없고, 학문을 떠나서 성의가 있을 수 없다.

이것이 또한 양명학에서 배운 존덕성尊德性을 떠나서 도문학道問學이 있을 수 없고, 도문학을 떠나서 존덕성이 없다는 말이나 마찬가지 말이다. 이것이 통일이 되어야 하는데, 잘 안 된다. 학문이면 학문, 성의면 성의, 각각 따로 하게 되지 학문과 성의가 같이 성립되기가 어렵다. 학교를 다니는 사람이 교회도 다녀야 하고, 교회 다니는 사람이 학교도 다녀야 한다는 말이나 같다. 이것을 해보자는 사람이 헤겔이다. 신학만 할 것이 아니라 과학을 하는 것이 진짜 신학이다, 라고 나온 것이 헤겔이다.

그러니까 이 둘을 합쳐야 하는 것인데 그것이 잘 안 되는 것이다. 그것이 합친 세계라야 무분별지無分別知가 되는데 그것을 둘로 갈라놓으면 분별지가 되고 마는 것이다. 이것을 근세 철학에서 처음으로 합치자고 한 사람이 헤겔이다.

자기의 생명을 사랑하는 자는
잃어버릴 것이요,
이 세상에서 자기의 생명을 미워하는 자는
영생하도록 보전하리라.
사람이 나를 섬기려면 나를 따르라.
나 있는 곳에 나를 섬기는 자도
거기 있으리니
사람이 나를 섬기면
내 아버지께서 그를 귀히 여기시리라.

그래서 오성悟性의 세계는 언제나 분별지의 세계이다. 분별지의 세계는 반드시 모순이 들어간다. 모순은 그다음 구절인 25절에 "자기의 목숨을 사랑하는 사람은 잃을 것이요, 이 세상에서 자기의 목숨을 미워하는 사람은, 영생에 이르도록 그 목숨을 보존할 것이다"라는 것으로, 사랑하는 자는 없게 되고, 미워하는 자는 있게 되고, 이런 모순이 되고 만다. 오성의 세계로 가면 이렇게 모순이 생기게 된다.

우리가 과학적으로 잘 살아보자, 라고 하는데 잘 살아보자고 하면 죽지 않아야 하는데 죽음이라고 하는 것이 자꾸 나오게 된다. 과학의 세계는 생사生死라고 하는 것을 넘어설 수가 없다. 오성을 가지고는 생사를 넘어설 수가 없다. 그런데 헤겔의 말로 말하면, 이성을 가져야 생사를 넘어설 수가 있다. 즉 모순을 뛰어넘을 수가 있다고 보는 것이다. 그래서 모순을 뛰어넘은 세계, 그것을 소위 지양止揚(Aufhaben)이라고 하며, 그것이

26절에 나오는 "나를 섬기려고 하는 사람은, 누구든지 나를 따라오너라. 내가 있는 곳에는, 나를 섬기는 사람도 나와 함께 있을 것이다. 누구든지 나를 섬기면, 내 아버지께서 그를 높여주실 것이다"이다.

과학적으로는 났다 죽는 것, 그 이상을 넘어갈 수가 없는데, 이성적으로는 무엇을 극복할 수 있는가 하면, 났다 죽는 것, 그것이 다가 아니고, 그것은 하나의 제1계단이고, 그것보다 더 높은 제2계단으로 생명은 더 올라간다는 것이다. 그리고 또 2계단에서 더 높은 계단인 제3의 계단으로 올라간다는 것이다.

그러니까 물이면 물, 그것이 전부 나가 아니고, 높은 얼음으로 변할 수도 있고, 수증기로도 변할 수 있다는 것이다. 이렇게 변화하는 세계를 알 수 있는 것이 이성理性이다.

오성의 세계라고 하는 것은 물질, 그 자체밖에 모르지만, 물질이 밤낮 물질로만 있는 것이 아니라 이것이 변화하면 생명도 되고, 더 변화하면 신도 되고, 이렇게 변화하는 세계를 알게 되는 것이 이성의 세계이다. 그래서 헤겔이 내어놓은 것이 소위 변증법이라는 것이다.

제1단계가 끝이 아니라, 제2단계가 또 있고, 제2단계가 마지막이 아니고 제3단계가 또 있다. 오늘 나온 구절에서처럼 "밀알 하나가 땅에 떨어지면"이 끝이 아니라, 부활이라는 제2단계가 또 있는 것이다. 부활이 되면 또 그것이 끝이 아니다. 하나님 나라에 가서 더 높이 올라가는 제3단계가 또 있다.

경제문제가 더 높이 해결되기 위해서는 정치문제가 해결되어야 하고, 또 이것을 더 높이 해결하기 위해서는 문화적으로 해결되어야 하고, 그다음의 단계로 더 높이 해결되기 위해서는 사회적으로 해결이 되어야 하는 것과 마찬가지이다.

그러니까 사람에게는 더 높은 차원으로 자꾸 올라가는 무엇인가가 존재하는 것이다. 사람이 어느 한 곳에 붙잡혀 있을 때는 그곳에 얽매여 꼼짝달싹 못하지만 다른 차원에 올라서 보면 아무것도 아닌 것이다.

우리가 사랑한다고 죽느니 사느니 하는데 다른 차원에서 보면 아무것도 아닌 것이다. 더 높은 차원에서 볼 수 있는 그 능력을 헤겔은 이성이라고 본 것이다. 한 차원 밖에 못 보는 것이 오성이라면 여러 차원으로 볼 수 있는 능력이 이성이란 말이다. 그래서 사람은 오성을 통해서 해결할 수 없는 문제를 이성으로 해결할 수가 있는 것이다.

칸트가 하나님을 알 수 없다고 한 것은 오성에서 보니까 해결하지 못한 것이지, 이성에까지 도달하면 하나님도 알 수 있다. 하나님을 어떻게 알 수 있나. 현실을 통해서 하나님을 알 수 있다. 기독교식으로 말하면 예수 그리스도를 통해서 하나님을 알 수가 있다.

하나님이 보편이라면, 예수 그리스도가 구체이다. 마찬가지로 연꽃 하나를 통해서 부처를 알 수가 있다. 또한 물 한 방울을 통해서 노자의 도를 알 수 있다.

그러니까 그 무엇을 통해서 보편을 알 수 있는 것이다. 그래서 형이상의 세계와 형이하의 세계가 즉卽하는 것이다. 색즉시공色卽是空 공즉시색空卽是色이 되는 것이다. 이런 철학을 만들어낸 사람이 서양에서는 헤겔이다. 헤겔 철학 전체가 이 요한복음 12장 24, 25, 26절의 세 구절에서부터 시작된다.

나중에 가서 헤겔은 너무 이론적인 것을 강조했기 때문에, 다시 말해서 너무 합리적인 것을 주장하여, "현실적인 것은 이상적인 것이요, 이상적인 것은 현실적인 것이다"라는 말로 모든 현실을 합리화할 수 있다고 하여 너무 지나치게 합리주의로 나갔기 때문에 그것을 반대하고 나온 사람이 키르케고르이다. 키르케고르는 실존주의를 내어놓게 되는데 합리화가 될 수 없는 세계, 그것이 실존이다, 라고 나온다. 키르케고르는 밀알 한 알을 "단독자"라 했고, 헤겔에서 "모순"이라는 것이 키르케고르에서는 "이자택일二者擇一"로 『이것인가 저것인가』가 되고, 26절에서 헤겔의 지양止揚이라고 하는 것을 키르케고르는 "주체적 진리"라는 말로 표현하게 되어 그 해석이 달라지게 된다. 이렇게 해석이 달라지긴 했지만 이 세 구절이 실존주의의 기초가 되는 것이다. 다시 말해서 헤겔의 철학을 기초로 실존주의가 나오게 되는 것이다.

헤겔이나 키르케고르나 다 기독교 철학자이다. 보통 헤겔을 가톨릭 철학자라고 하고, 키르케고르는 프로테스탄트 철학자라 하지만 둘 다 기독교 철학자임은 확실하다. 물론 칸트도 기독교 철학자이다.

기독교의 철학을 한마디로 말하면 밀알 철학이다. 밀알 철학은 별것이 아니고 땅에 떨어져 죽는다는 것이다. 그것을 기독교에서는 십자가라고 하는 것이다. 죽어서 다시 사는 것이 부활이라 하는 것이고, 그리고 하나님 우편에 가 앉아 계신다는 것이 승천이다.

기독교 철학은 세 마디로 십자가와 부활과 승천이다. 밀알 하나가 땅에 떨어져 죽는 것이 십자가이고, 다시 싹이 트는 것이 부활이고, 많은 열매를 맺어 우리 밥상에 올라오는 것이 승천이다. 이렇게 보면 기독교의 철학도 밥 철학이다.

사실은 결국 먹는 것을 가지고 생각하는 수밖에 길이 없다. 예를 들면 여기에 먹는 것, 즉 많은 과일이 무르익어 있다고 생각 해보자. 우리가 과연 이 무르익은 과일을 먹을 자격이 있는가 하고 물었을 때 한 사람이라도 자신 있게 '그렇다'라고 대답할 사람이 별로 없을 것이다. 왜냐하면 무르익은 사람만이 무르익은 과일을 먹을 수 있기 때문이다. 그래서 역시 밥을 먹을 수 있는 자격이 되면 성인成人이다. 성인이란 밥을 먹을 수 있는 자격이 된 사람이란 말이다.

불교에서는 오관게五觀偈라고 해서 밥 먹을 때 한 번씩 외는 게송이 있다. 그 내용을 한마디로 말하면 자신이 밥을 먹을 자격이 있는지를 잘 생각해 보고 먹으라는 뜻이다. 덜 깬 사람은 아직 밥 먹을 자격이 없으니까 밥을 조금만 먹고 더 깊이 생각해 보라는 말이다. 밥 먹을 자격이 있는 사람, 그 사람이 된 사람이다. 밥 먹을 자격이 없는 사람은 못 된 사람이다. 모든 종교가 다 그것이다.

기독교로 말하면 나 자신을 하나님께 바치는 것이 기독교다. 나 자신을 하나님께 바치려면 내가 밥이 되어야 한다. 밥이 안 된 생쌀을 바칠 수야 없지 않겠는가. 또 사과라면 제대로 익은 사과라야 바칠 수 있지 익지 못한 사과를 바칠 수야 없지 않겠는가. 그래서 내가 하나님께 바쳐진다고 생각할 때 정말 내가 바칠 수 있을 만큼 익었는가. 그것이 언제나 문제가 된다. 충분히 익었다고 할 때 성인成人, 즉 성숙한 인간이 되는 것이다.

성인聖人이란 말도 마찬가지 뜻이다. 사람이 되어야 나 자신을 하나님께 바칠 수 있게 되는 것이다. 예수가 십자가를 졌다는 말은 무엇인가 하면 이제 사람이 되었다는 말이다. 사람이 되었으니까 하나님께 바쳐질 수 있지 사람이 못됐는데 어떻게 바쳐질 수 있겠는가. 아까 23절에 나오는 "영광을 받을 때가 왔다"는 말도 잘 익어서 하나님께 바쳐질 수 있는 영광을 얻게 됐다는 말이라고 생각할 수도 있다. 마치 잘 익은 포도가 되어 하나님께 바쳐질 수 있는 것과 마찬가지다. 그래서 나는 영광을 얻게 되었다는 말이다. 결국 예수가 익었다는 말이다. 그것을 우리는 그리스도라고 한다. 그리스도란 말은 아주 잘 익은 사람이 되었다는 말이다. 잘 익어서 모든 사람에게 밥이 될 수 있는 그런 사람이란 말이다.

요한복음 6장에 보면 "내 살을 먹고 내 피를 마시는 자는 영생을 가졌고(54절)"라 되어 있는데 내 살을 먹고 내 피를 마시면 다들 살 수 있다는 말이다. 그러니까 예수가 무엇이 되었는가 하면 밥이 되었다는 말이다. 그 밥을 온 인류가 먹고 잘 살 수 있다는 것이다.

그리고 밥이 된 사람이라야 밥을 먹을 수 있는 자격이 있다. 그렇지 못한 사람은 밥을 먹더라도 "하나님, 밥 먹을 자격이 없는 사람이 밥을 먹어서 송구스럽습니다. 저도 더욱 노력하여 밥이 되겠습니다. 저도 예수처럼 하나님께 바쳐지는, 그런 사람이 되겠습니다"라고 기도하는 것, 그것이 소위 신앙 아닌가.

지금 내 마음이 괴로우니 무슨 말을 하리요.

왜 예수께서 그렇게 영혼 깊이 심란하여졌는지 확실치 않다.

아버지여,

나를 구원하여 이때를 면하게 하여 주옵소서.
그러나 내가 이를 위하여 이때에 왔나이다.

아마도 죽음에 막상 부닥치게 되니 당황스럽다는 말일 것이다. 그러나 자신은 죽기 위해서 이 땅에 왔다는 말이다. 이것이 기독교의 핵심이다. 세상 사람들은 다 살기 위해서 왔는데 예수는 죽기 위해서 왔다는 것이다. 살기 위해서 왔다는 것은 아직 설익었다는 말이다. 죽기 위해서 왔다는 것은 완전히 익었다는 말이다. 익은 열매는 언제나 떨어진다. 설익은 열매는 가지에 붙어 있어야 한다. 이것이 바로 우리와 예수의 차이다. 우리는 아직 설익어서 백년이고 천년이고 더 살아야 하겠다, 라고 하지만 예수는 서른세 살에 완전히 익고 말았다. 그러니까 예수는 죽어야 하는 것이다.

아버지여,
아버지의 이름을 영광스럽게 하옵소서
하시니

이젠 이 잘 익은 포도를 먹고 영광을 받으십시오.

이에 하늘에서 소리가 나서 이르되
내가 이미 영광스럽게 하였고
또다시 영광스럽게 하리라
하시니

나는 네가 잘 익은 것이 한없이 기쁘다는 말이다. 그리고 내가 너를 받아먹고 더 기쁘게 할 것이다, 라는 뜻이라고 생각할 수 있다. 인간은 성인成人 되는 것이 인간의 목적이다. 성인이 되는 것, 그것이 인간이지 성인이 못 되면 인간이라고 할 수 없다. 기독교란 무엇하자는 것인가 하면 성인되자는 것이 기독교인 것이다.

기 도

한없이 깨끗하고 밝은 가을날,
하늘이 한없이 높고 깨끗한 물들이
쉼 없이 시내를 흘러가는 때에
우리들의 정성된 마음이
하나님의 높은 세계를 향해서
계속 올라가는 저희가 될 수 있도록
당신께서 도와주시고
주님께서 저희들의 길잡이가 되셔서
저희들이 언제나 주님을 붙잡고 덱신고집 하여
종당에는 지어지선의 높은 세계까지
도달할 수 있도록
당신께서 도와주시옵소서.

오늘 이 한 시간도
당신께서 저희들과 함께 하시고
저희들의 마음을 열어 주시고
저희들의 정신을 깨워 주셔서
당신의 빛을 보는
아름다운 시간이 될 수 있도록
인도하여 주시옵소서.

예수님 이름 받들어 기도하옵나이다.
아멘.

51. 빛의 아들

1994년 9월 25일

요한 12:29~36

곁에 서서 들은 무리는 천둥이 울었다고도 하며
또 어떤 이들은 천사가 그에게 말하였다고도 하니,
예수께서 대답하여 이르시되 이 소리가 난 것은
나를 위한 것이 아니요, 너희를 위한 것이니라.

우리가 요전 시간에 읽었던 28절에 보면 “이에 하늘에서 소리가 나서 이르되, 내가 이미 영광스럽게 하였고, 또다시 영광스럽게 하리라 하시니”라고 나와 있다. 성경에는 이런 일이 여러 번 나온다.

우리가 제일 잘 아는 것은 출애굽기 3장에 나오는 모세가 처음 하나님을 만난다는 이야기이다. 모세가 호렙 산 밑 광야에서 양의 무리를 치고 있을 때 여호와의 사자가 떨기나무 불꽃 가운데에서 그에게 나타났다. 모세가 그곳에 가보니 가시덤불에 불이 붙었는데 타지 아니하고 하나님이 떨기나무 가운데서 모세를 불러 말씀하시되 애굽에 가서 유대 민족을 구해 낼 것을 명령하니 모세가 묻기를 당신을 무엇이라고 그들에게 말하리이까 하니 하나님께서 대답하시기를, 나는 있고 있는 자니라. 너는 이스라엘 자손에게 이르기를 스스로 있는 자가 나를 너희에게 보내셨다 하라. 여기서부터 유대교가 시작되는 것이다.

또한 기독교의 입장으로 말하면 세례 요한에게 예수가 세례를 받고 물에서 나올 때 하늘이 열리고 성령이 비둘기 같이 내려와 임하고 하늘로부터 소리가 있어 가로되, 이는 내 사랑하는 아들이요, 내 기뻐하는 자로다, 라고 마태복음 3장에 나와 있는데, 이것이 기독교의 시작인 것이다.

또 유명한 이야기는 사도행전 9장에 나오는 것으로 바울이 다메섹으로 향하는 도상에서 꼭 마찬가지로 빛이 저를 둘러 비추고 갑자기 천둥소리와 같은 소리가 들려오며 가로되, 사울아, 사울아, 네가 어찌하여 나를 핍박하느냐, 하되 바울이 놀라 대답하되, 주여, 당신이 뉘시오니까, 하니 "나는 네가 핍박하는 예수라" 하는 이야기가 나온다. 이때에도 같이 있던 사람들은 소리만 듣고 아무것도 몰랐지만 바울만 예수의 소리를 듣게 되었다. 여기서 자연(천둥소리)과 신神이 연결되는 것이다. 이런 것을 보통 자연즉신自然卽神 혹은 신즉자연神卽自然이란 말로 많이 쓴다.

스피노자도 이런 말을 했는데, 이런 경험, 즉 신의 세계가 자연의 세계를 뚫고 나오는 순간이 나타난다. 이것을 기독교에서는 보통 카이로스라는 말로 하는데, 이 말은 영원이 시간을 꿰뚫고 나온다는 뜻이다. 불교에서는 찰라 속에 영원이 있다는 말을 하기도 한다. 찰라, 즉 짧은 시간에 순간적으로 시간이 끊어지고 영원이 들어오게 된다는 말이다. 이것을 보통 시간제단時間際斷이란 말로 쓰는데, 시간이 끊어진다는 말이다. 시간을 '의식의 흐름' 이라고 보는 사람도 있다. 그런데 그 시간이 끊어지고 마는 것이다.

이런 시간의 단절을 불교 같은 데서는 '각覺' 이라고 하고, 기독교에서는 '계시啓示' 라고 하는데 자연현상의 세계가 실재세계에 의해서 단절되고 마는 것이다. 현상세계와 실재세계가 여기에서 만나게 된다. 다시 말해서 색즉시공色卽是空이고, 공즉시색空卽是色이 되었다는 말이다. 공空의 세계와 색色의 세계가 여기서 일치하게 되는 것이다.

아까 말한 대로 성의誠意의 세계와 격물格物의 세계가 일치해 가지고, 치지致知가 된다는 것과 같은 말이다. 전연 반대되는, 이럴 때는 반대라는 말을 쓰지 않고, 모순이라는 말을 하는데 전연 모순되는, 두 가지가 통일되는 것이다. 그래서 우리는 모순의 통일이라는 말을 한다. 전혀 통일될 수 없는 것이, 마치 검은 것과 흰 것이 하나가 된다는 말이다. 우리가 생사일여生死一如란 말을 하는데 사는 것과 죽는 것은 전혀 반대이고 모순인데 그것이 하나로 통일되는 순간이 오는 것이다. 이런 것을 철학에서는 근본경험이라고 한다. 혹은 순수직관이라는 말도 쓴다. 직관이란 자연현상을 뚫고 하나님의 세계까지 꿰뚫어 본다는 말이다. 또한 체험이라는 말도 쓴다. 딜타이 같은 해석학파 학자들은 체험이라는 말로 표현한다. 생명철학에서는 근본체험이라고도 한다. 기독교로 말하면 사람이 하나님과 만나는 순간이다. 또는 성령을 받았다라고 말할 수도 있다. 무엇인가 부분적인 것과 전체적인 것이 하나가 되는 순간이다.

이것을 태극기로 말할 때는 무극이 태극이란 말로 쓴다. 무극하고 태극이 하나로 만나는 것이다. 이런 것을 불교에서는 견성見性이라고 말하고, 기독교에서는 계시라고 한다. 하여튼 상대세계가 절대세계하고 만나는, 그런 순간이다.

오늘 구절에 보면, 그 소리를 듣고 "천둥소리다"라고 하는 사람도 있고, "천사의 말씀이다"라는 사람도 있는데 천둥소리와 천사의 말이 부딪치는 순간이다. 이것이 소위 시간의 단절이라고 한다. 흐르는 시간이 한 번 끊어지는 그런 순간을 경험하는 것을 말하며 이것을 근본경험이라고 한다.

예수님께서도 그런 경험을 여러 번 하게 되는데, 아까 말한 처음 요한에게 세례를 받을 때와, 높은 산에 베드로와 야고보, 요한을 데리고 올라갔을 때 산상변화가 일어났는데 그때 하늘에서 소리가 나서 가로되 "이는 내 사랑하는 아들이요 내 기뻐하는 자이니라" 하는 소리를 듣게 되는데 이것이 바로 절대세계와 연결이 되었다는 말이다. 믿음이라는 것이 진짜로 말하면 그것일 것이다. 절대세계와 연결이 되는 것이다. 바라는 것의 실상이요, 보지 못하는 것의 증거다란 말이 바로 절대세계와 상대세계가 연결이 된다는 말이며 그것이 바로 믿음이란 말이 아니겠는가.

오늘 나온 구절에서도 "천둥소리다" 아니 그것은 "천사의 소리다"라고 나왔는데, 그것이 시간의 단절을 말하는 것이다. 혹은 근본체험을 가리키는 것이다. 오늘 구절에서 "이 소리가 난 것은, 나를 위해서가 아니라 너희를 위해서이다"라고 예수님께서 말하였는데 다른 사람들에게는 이 소리가 천둥소리로 밖에 들리지 않았을 것이다. 그러나 예수님에게는 "내가 이미 영광스럽게 하였고, 또다시 영광스럽게 하리라"는 하나님의 말씀이 들렸을 것이다.

이제 이 세상에 대한 심판이 이르렀으니
이 세상의 임금이 쫓겨나리라.

자연세계 속에 실재세계가 꿰뚫고 들어왔다는 말이다. 이것이 하나의 심판인 것이다. 세상의 지배자란 악마를 가리킨다. 그러니까 예수의 적은 누구인가 하면 악마이다. 예수가 광야에서 시험을 받을 때 자꾸 붙어 다니던 것이 악마이다. 네가 하나님의 아들이어든 이 돌들이 떡덩이가 되게 하라든지, 높은 산에 데려가 네가 나에게 절하면 온 천하를 네게 주겠다든지, 성전꼭대기에서 뛰어내리라 했다든지 하는 것이 전부 악마의 시험이다. 네가 나에게 절하란 얘기는 곧 나의 제자가 되라는 소리이다. 다시 말해서 악마의 제자가 되라는 말이다. 그러니까 이 세계를 다스리는 것이 누구인가 하면 악마라는 소리이다.

성서에 보면 악마의 특징이 부엇인가 하면 두 가지인데 속이는 것과 죽이는 것이다. 요즘 문제가 된 살인공장은 죽이는 것이고, 인천세무서 비리는 속이는 것이다. 이것이 악마의 세계이다. 자꾸 죽이려고 하고, 자꾸 속이려고 하는 것이 악마의 세계이다. 기독교에서 말하는 악마의 특징은 간단하다. 죽이고 속이는 것, 그것이 악마인 것이다. 그 두 가지가 나오는 것을 보면 악마라는 것을 알 수 있다. 세상의 지배자인 악마를 어떻게 하면 몰아내는가. 그것이 또한 무엇을 말하는가 하면 어떻게 하면 사람을 속이지 않고 정직하게 되고, 어떻게 하면 죽이지 않고 이웃을 사랑하게 되나, 이다. 기독교가 할 일이 바로 그것 아니겠는가.

아까 말한 명덕明德, 친민親民이 그것이다. 명덕이란 것이 무엇인가. 속이지 않는 것이 명덕이다. 친민이란 무엇인가. 이웃을 사랑하는 것이 친민이다. 그것이 대학지도大學之道이다. 대학大學이 대인지학大人之學이다. 대인지학이란 어떻게 하면 성숙한 인간이 되느냐이다. 성숙한 인간이란 별것이 아니다. 속이지 않고 죽이지 않게 되는 것이 성숙한 인간이다. 각자가 성숙한 인간이 되면 성숙한 사회가 되고, 서로 믿고 도와가며 살아가는 사회가 되는 것이다. 우리가 말하는 소위 선진국가라는 것이 바로 속이지 않고 서로 도우며 사는 나라다.

영국 같은 나라에 가보면 정말 그런 것을 느낄 수 있다. 그 사람들의 교육의 목표가 정직이다. 유치원서부터 계속 가르치는 것이 그것이다. 아이들 때부터 거짓말은 나쁘다는 것을 철저하게 가르친다. 그렇게 해서 선진국은 전체가 신용사회를 만들어 나가는 것이다.

또 같이 잘 살자는 것이다. 학교도 거저요, 병원도 거저이다. 선진국에 가면 네 가지 기본 시설이 거저라고 한다. 돈 없어서 병원 못 가는 일도 없고, 학교 못 가는 일도 없다. 사람들의 근본적인 문제가 돈 없어도 해결될 수 있는 사회보장제도가 잘 되어 있는 것이다. 그것이 소위 친민親民이다. 그래서 선진국이라는 나라를 다 부러워하는 것이다. 어떻게 그 사람들은 그렇게 정직하고, 어떻게 그렇게 잘 살 수 있을까. 정말 부럽기만 하다.

"이제 세상의 임금이 쫓겨나리라"라는 말은 예수의 적인 세상의 지배자, 곧 악마를 쫓아낸다는 것이다.

내가 땅에서 들리면
모든 사람을 내게로 이끌겠노라 하시니,

"땅위에서 들어 올림을 받는다"는 뜻은 두 가지로 생각할 수 있다. 하나는 이 세상을 초월해서 하나님 나라에 들어간다는 뜻이고, 또 하나는 십자가를 지고 죽는다는 뜻이다. 이 세상을 초월해서 하나님 나라에 들어가는 것도 악마와 대적하기 위해서이고, 또 십자가를 지고 죽는 것도 악마와 대적하기 위해서이고, 이 두 가지가 다 악마와 싸우기 위한 수단이다. 그렇게 되면, 다시 말해 악마와 싸워서 이기면 모든 사람들이 다 정직하고 서로 사랑하며 살 수 있게 될 것이란 말이다.

이렇게 말씀하심은
자기가 어떠한 죽음으로 죽을 것을 보이심이러라.

앞으로도 자꾸 나오겠지만 예수께서 십자가를 지고 죽게 됨을 말한다. 왜 죽게 되는가 하면 정직한 사람과 서로 사랑하는 사회를 이루기 위해서이다. 소크라테스도 얼마든지 살 수 있었지만, 사는 것보다 정직한 죽음을 택했다. 정직을 위해서 소크라테스는 독약을 마신 것이다.

이에 무리가 대답하되
우리는 율법에서 그리스도가 영원히 계신다 함을 들었거늘
너는 어찌하여 인자가 들려야 하리라 하느냐.

그리스도란 이 사람들의 생각에는 구세주라는 것이다. 유대인들의 메시아는 그의 나라와 함께 지상에서 영원히 머물며 다스리는 것으로 유대인들은 생각했다. 구세주라는 말을 여기서는 사람의 아들이라는 또 다른 말로 나온다. 마가복음 14장 62절에 보면 대제사장이 예수에게 "네가 그리스도인가"라고 물었을 때 예수께서 대답하기를 "인자人子가 권능자의 우편에 앉은 것과 하늘에 구름을 타고 오는 것을 너희가 보리라" 하니 대제사장이 분통을 터트리며 "이렇게 참람 되게 말하니 사형에 처할 수밖에 없다"라 하고 결국 사형을 결정하게 된다.

여기서 인자人子라는 말을 했는데, 유영모 선생께서는 이 인자人子라는 말을 사람 인人 자 대신에 어질 인仁 자를 써서 인자仁子라고 하는 것이 어떻겠는가라고 늘 말하셨는데, 이 "사람의 아들"이란 말이 복음서에만 마흔 번이 나온다. 또 요한복음에만 12번이 나온다. 그리고 성경전체로 말하면 69번이 나온다. 그러니까 예수는 언제나 자신을 "사람의 아들"이라고 표현했다.

이 사람의 아들이란 말이 처음 나오는 곳은 다니엘 7장 13절에 나온다. 다니엘이 환상을 보았는데 사람의 아들이 하늘에서 구름을 타고 내려와서 이 세상을 심판한다는 유명한 이야기

인데 이 사람의 아들이 이 세상 마지막 날, 최후의 심판 때의 심판주를 가리킨다. 그래서 로마에 가면 시스티나 성당에 미켈란젤로가 천정에 천지 창조를 그려놓고 제단 위 벽에는 예수가 심판주가 되어서 이 세상을 심판하는 그림을 그려 놓았는데 이것이 소위 인자라는 것이다. 이렇게 인자라는 것이 하나의 심판주인데 예수는 이렇게 자기 자신을 왜 자꾸 인자라고 했을까.

슈바이처 같은 사람은 예수가 인자라고 한 것은 최고의, 하나의 이상적인 존재라고 하는 것을 생각하고서 한 말인가, 혹은 예수가 자기 자신을 인자라고 생각하고서 한 말인가, 라는 유명한 논문을 썼는데 신학자들 사이에서는 이 인자라는 말에 대해서 예수 자신을 가리키는 것인지 아니면 예수도 찾아가는 더 높은 존재를 말하는 것인지 하나의 논쟁거리이다. 하여튼 이 부분에서 인자라는 표현을 했다는 것이 중요한 의미를 갖는다.

이 인자는 누구냐.

이 사람들에게도 '사람의 아들'이란 말이 잘 이해되지 않는 모양이다. 그래서 사람의 아들이 누구인가 하고 묻는 것이다.

우리가 '사람의 아들'이란 말을 쉽게 생각하면 사람을 초월한 존재라고 보아야 할 것이다. 사람의 아들, 즉 사람에게서 나온 아들이란 말이다. 마치 엄마의 아들이 엄마에게서 나온 아들이란 말과 마찬가지이다. 그래서 엄마를 초월한 존재란 말이다.

예수는 자기가 인간을 초월한 존재란 것이다. 그런 생각을 느끼게 하는 것이다. 왜냐하면 아까도 말한 것처럼 근본체험을 했기 때문이다.

근본체험이라는 것이 무엇인가 하면 시간을 초월하게 되는 것이다. 그러니까 시간의 단절이라고 하는 것이다. 시간의 단절이라는 것은 달리 말하면 시간을 초월한다는 말이다. 시간을 초월한다는 말은 영원한 것을 느끼게 된다는 뜻이다. 그러니까 시간이 깨지는 동시에 공간이 깨지고, 공간이 깨지는 동시에 인간이 깨지고, 그래서 인간과 공간과 시간을 초월한 초월자라는 생각을 갖게 되는 것이다. 그것이 근본경험의 하나의 특징이다.

내가 근본경험을 했다고 하면 내게 느껴지는 것이 무엇인가 하면 '아! 죽는 것이 끝이 아니다'라는 것이다. 요전에 헤겔의 말처럼 죽으면 정正에서부터 반反이라는 단계가 또 있다. 반反이라는 단계를 지나 합合이라는 단계가 또 있다, 라는 생각이 드는 것이다.

인생이란 이렇게 헤겔이 말한 대로 변증법적으로 발전해 가는 과정이다, 라고 생각하는 것이다. 이것이 소위 불교에서 말하는 제행무상諸行無常이란 말이다. 불교에서는 이렇게 인생이란 고정된 것이 아니라고 보는 것이다. 이것이 또한 무아無我사상이다. 나라고 하는 것은 고정된 것이 아니란 것이다. 상常이라고 하는 것이 없다. 계속해서 자꾸 변해 가는 것이 인생이다.

이렇게 변해 가는 것을 느끼고 깨닫는 것을 헤겔은 이성이란 말을 썼다. 사람이 났다 죽는 것은 요전에 말한 대로 오성인데 사람에게는 오성을 넘어서 이성이란 것이 있다. 이성이란 무엇인가. 났다 죽는 것에서 끝나지 않고 그것을 넘어선 것이 있다는 것이다. 그것이 바로 시간의 단절이란 것이다. 사람에게는 시간을 깨트리고 시간을 넘어서는 것도 있다는 것이다. 사람이 단순히 죽는 존재가 아니라 죽지 않는 존재로 자꾸 탈바꿈하여 가는 것이다.

아까도 십자가라 하면, 십자가는 죽음을 뜻하는 것이고, 오성으로 말하면 끝이지만 예수에게는 십자가라고 하는 것이 죽음이 아니라 다시 하늘로 끌어 올려지는, 그래서 제2단계로 올라가는 하나의 이성 같은 것이다. 이것이 소위 헤겔이 말하는 오성과 이성의 세계이다. 그런데 보통 사람들은 다 생각하기를 오성적으로만 생각한다. 한 번밖에 없는 인생, 나쁜 짓 좀 하다가 죽지라고 생각한다.

그러나 이성이란 무엇인가 하면, 사람이 났다 죽긴 하지만 죽고 나서 그 이상의 또 다른 변화를 맞이한다고 생각하는 것이다. 그러니까 오성으로 끝나는 것이 아니고 고치가 되고, 다시 나비가 되는 변화를 통해 자꾸자꾸 올라간다고 생각하는 것이다.

아까 말한 성의誠意라는 것이 그것이다. 자꾸자꾸 올라가는 것이다. 과학이 전부가 아니라 철학이 있고, 철학이 전부가 아니라 도덕이 있고, 도덕이 전부가 아니라 종교가 또 있고, 이렇게 자꾸자꾸 올라가는 것이다. 이렇게 올라가고 변화하는 전체를 아는 것이 이성이란 말이다.

그래서 헤겔의 말로 하면 이렇게 변화하는 우주 전체가 진리이다. 육체만이 사람이 아니라 사람에게는 정신이란 것이 또 있다. 정신만이 사람이 아니라 사람에게는 영혼이라는 것이 또 있다. 아까 자연즉신이라고 했는데 사람에게는 자연만 있는 것이 아니라 신이라고 하는 것이 또 있는 것이다. 그러니까 인생이 칠십으로 끝나는 것이 아니라 영원성을 생각하게 되고, 그런 생각을 하게 되면 사람의 아들이란 뜻이 되는 것이다. 사람은 사람이 아니라 사람을 넘어서는 또 하나의 존재임을 깨닫는 것이다.

예수께서 이르시되
아직 잠시 동안
빛이 너희 중에 있으니,

여기서 빛이라는 것이 이성이다. 예수는 이성적인 존재란 말이다. 예수는 오성적인 존재를 넘어서 있다.

빛이 있을 동안에 다녀
어둠에 붙잡히지 않게 하라.

당신들은 이성적 존재답게 오성에 끌려들지 않아야 한다. 오성이란 것은 과학의 세계이고, 이성이란 것은 철학의 세계이다. 그러니까 과학적으로만 생각하려 하지 말고, 철학적으로도 생각할 줄 알아야 한다는 말이다.

어둠에 다니는 자는
그 가는 곳을 알지 못하느니라.

어둠의 세계를 헤매는 사람들은 목표와 방향을 알지 못한다. 과학만능을 부르짖는 사람들은 브레이크 없는 자동차처럼 위험한 것이다.

너희에게 아직 빛이 있을 동안에 빛을 믿으라.
그리하면 빛의 아들이 되리라.

당신들은 이미 그 속에 이성을 갖고 있다. 그래서 당신들은 인간의 방향을 알고 있다. 빛을 믿으라, 이성을 믿으라, 그래서 우리들은 시간 안에 사는 존재가 아니라 시간을 뛰어 넘어 살 수도 있는 존재라는 것을 믿으라는 말이다. 그것이 빛의 아들이란 말이다. 우리는 숯 덩어리의 인간이 아니라 빛의 아들이다. 우리는 이성의 존재이다.

예수께서 이 말씀을 하시고

그들을 떠나가서 숨으시니라.

빛의 아들이 사람의 아들이요, 사람의 아들이 곧 빛의 아들이다. 시간을 초월하면 그것이 영원이다.

오늘 시간에는 아주 잘 생각해 보아야 할 문제들이 많이 나왔다. 하늘에서 소리가 들렸다는 것은 근본체험을 가리키고, 예수의 죽음이란 것도 오성적으로 말하면 끝이지만 이성적으로 말하면 시작을 뜻하는 것이다. 그래서 유영모 선생은 "인생은 죽음으로부터"라는 말을 했다. 죽음이라는 것이 더 높은 인생으로 올라가는 하나의 시작이란 것이다.

죽음이란 것이 끝이 아니고 더 높은 세계가 있다는 것을 가르쳐 주자는 것이 종교이다. 그것이 없다면 종교도 성립될 수가 없다. 그래서 인간이란 계속 발전해 나가는 것이다. 그러한 발전을 위해서는 인생 칠십 년을 함부로 허비해서는 안 된다. 정말 진실 되게 최선을 다해 살아야겠다는 것이 성의誠意라는 사상이다.

또 우리가 죽으면 가서 평안히 있는 것이 아니라 또 발전해 나가야 할 일이 있다는 것이다. 인생무상人生無常이다. 인생은 끝없이 변화하고 발전해 나가는 것이다. 제법무아諸法無我이다. '나'라는 것은 고정되어 있는 것이 아니라 한없이 발전하여 올라가는 것이 나이다. 그리하여 열반적정涅槃寂靜의 경지까지

가야한다. 그것이 지어지선止於至善이다. 아까 말한 대로 성의誠意, 격물格物을 통해 치지致知까지 가는 것이다. 계속 올라가서 산꼭대기에 이르는 것이다. 그때서야 전체를 다 볼 수 있게 된다. 그것이 지어지선止於至善의 세계이다.

또 하나 '빛의 아들'이란 말이 중요한데, 우리는 오성적인 존재가 아니라 이성적인 존재란 말이다.

기 도

한없이 깨끗하고 밝은
이 아침에 저희들이 한 자리에 모여서
당신의 크신 영광을 찬양하고
당신의 말씀을 기억하면서
당신의 높은 뜻을 생각할 수 있는
한 시간을 허락해주신 데 대해서
진심으로 감사를 드립니다.

당신께서 우리의 마음을 여시고
언제나 당신을 의지하고
당신을 사모하면서 일생을 사는
저희들이 될 수 있도록
당신께서 도와주시옵소서.

언제나 당신 앞에서 정신을 일깨워서
이 민족과 이 나라를 위해서 생명을 바칠 수 있는
저희들이 될 수 있도록 인도하여 주시옵소서.

그래서 우리의 전통 문화와 새로운 사상을 접목시켜서
우리 사회를 더 밝고 더 깨끗한 사회로
만들 수 있도록 도와주시고
우리나라를 통해서 세계와 함께 사는
저희들이 될 수 있도록 인도하여 주시옵소서.

이 모든 말씀 예수님 공로
받들어 기도하옵나이다.
아멘.

52. 나알알나

1994년 10월 2일

요한 12:37~50

이렇게 많은 표적을 그들 앞에서 행하셨으나
그를 믿지 아니하니, 이는 선지자 이사야의 말씀을
이루려 하심이라.

표적은 이적 혹은 기적이란 말을 가리킨다. 예수께서 많은 기적을 사람들 앞에서 행했음에도 불구하고 사람들은 예수를 잘 믿지 않았다는 말이다.

이르되
주여, 우리에게서 들은 바를 누가 믿었으며
주의 팔이 누구에게 나타났나이까 하였더라.

이 말은 이사야 56장 1절에 나오는 말씀이다. 아무리 하나님의 말씀을 전해도 사람들은 믿지 않았고, 아무리 이적을 행해도 사람들은 믿지 않았다는 뜻이다. 그러니까 그만큼 사람들의 마음이 굳어져 있는 것이다. 또 그만큼 사람들의 마음이 악해져 있다고도 말할 수 있다. 아까도 말했지만 인심유위人心有危라 했는데, 사람이 자기만 잘 살겠다고 하는, 그런 이기주의의 마음이 너무 강하다는 말이다. 그러니까 예수 같은 사람이 나와서 다 같이 잘 살아 보자고 해도 아무도 믿지 않는 것이다(도심유미道心有微).

> 그들이 능히 믿지 못한 것은 이 때문이니
> 곧 이사야가 다시 일렀으되,

이 말은 이사야 6장 10절에 나오는 말씀이다. 이 6장에는 여러분들도 알다시피 이사야가 환상을 보게 되는데, 하나님께서 높은 보좌에 앉아 계시고 여섯 날개가 달린 천사들이 각기 얼굴과 발을 네 개의 날개로 가리고 두 개의 날개로 날며 노래하되 "거룩하다, 거룩하다 만군의 여호와여"라고 했다는 유명한 환상인데, 그때 한 천사가 숯불을 하나 갖고 와서 이사야의 입에 대고 말하기를 "네 악이 제하여졌고, 네 죄가 사하여졌느니라"라고 했다. 그다음에 주께서 이르시되 "네가 가서 백성들에게 말하라"는 내용이 나온다. 이것이 소위 천명을 받는 것이다.

다음의 내용이 그 천명이다.

> 그들의 눈을 멀게 하시고
> 그들의 마음을 완고하게 하셨으니
> 이는 그들로 하여금
> 눈으로 보고 마음으로 깨닫고 돌이켜
> 내게 고침을 받지 못하게 하려 함이라
> 하였음이더라.

사람들의 마음이 아주 악하고 또 완고하니까 이렇게 표현한 것 같다. 하나님께서 무엇 때문에 사람을 그렇게 만들겠는가. 옛날 번역에는 "백성에게 이르기를, 너희가 듣기는 들어도 깨닫지 못할 것이요, 보기는 보아도 알지 못하리라. 이 백성의 마음으로 둔하게 하며, 그 귀가 막히고, 그 눈이 감기게 하라. 염려컨데 그들이 눈으로 보고, 귀로 듣고, 마음으로 깨닫고, 다시 돌아와서 고침을 받을까 하노라"라고 되어 있는데, 주께서 이사야에게 백성들에게 이렇게 말하라고 명령한 것이다.

그래서 이사야가 "어느 때까지이니까"라고 하니, 대답하시되 "유대 나라가 망하는 날까지, 그리하여 사람 하나 남지 않고 다 황폐하여질 때까지니라" 하시고, "그러나 상수리나무가 베임을 당하여도 그 그루터기가 남아 있듯이 거룩한 씨가 이 땅의 그루터기로 남아 있을 것이라"고 말씀하셨다. 이것이 이사야 예언서의 특징이다. 묵은 나무는 죽어도 그루터기에서 새싹이 나온다는 말이다.

그 새싹이 나온다는 것이 이새이다. 다윗의 아버지 이새가 나오고, 이새로부터 다윗이 나와서 유대 나라를 다시 세우게 되는 것이다. 이것은 '남은 자'라는 사상이다. 다 황폐해져도 남은 자가 있어 새싹을 틔운다는 말이다.

우리가 구약을 쭉 읽어보면 애굽에서 나와 가지고, 광야에서 40년 동안 고생을 하고 나서, 결국 가나안 복지에 들어가는 사람은 몇 사람이 되지 않는다. 다 죽고 말고, 여호수와하고 몇몇 사람들이 들어가서 새 나라를 세우게 된다. 사람 하나 남지 않고 다 황폐해진 다음 다시 새싹이 나와서 새 나라를 세우게 되는 것이다.

또 바빌론에게 유대 나라가 침략을 당해 오늘 나온 구절처럼 멸망하게 되고, 남은 유대인들이 바빌론에 포로로 잡혀갔다가 거기에서 다시 새싹들이 나와 다니엘과 같은 선지자가 나타나게 된다. 그런 선지자들이 사람들을 이끌고 나와 유대 나라를 다시 세우게 되는 것이다.

하나님께서 새 나라를 세우실 때는 새로운 싹을 가지고 세우시지 묵은 나무로는 하지 않으신다는 것을 알 수 있다. 새 시대를 만들기 위해서는 새로운 사람으로 만들 수밖에 없다. 묵은 나무는 하나님께서 잘라버리신다. 너희들은 이제 어떻게 할 수 없다, 라 하시고 홍수가 나게 하여 다 쓸어버리시는 것이다. 그러고 남은 것은 노아의 식구 여덟 명만 남기셨다. 소돔과 고모라도 마찬가지로 불로 다 멸망시키고 롯의 식구 몇 명만 남게 된다.

"주님은 그들의 눈을 멀게 하시고 마음을 완고하게 하시었다"는 말은 이제 곧 망할 것이니까 그래도 괜찮다는 말이다. 그들에게 아무리 회개하라고 해도 회개치 않으니까 눈멀고 완고한 채로 내버려두겠다는 말이다. 그리고 새싹을 통해서 새 나라를 세우시겠다는 것이 하나님의 뜻이라고 볼 수 있다.

이런 것이 구약의 역사를 통해 알 수 있는 사실이다. 또한 그것을 말하사는 것이 이사야의 예언서이다. 이제 너희들은 소망이 없으니까 다 죽어 없어져야 한다. 그리고 새싹이 나와서 새로운 나라가 세워질 것이다, 라고 말하는 것이다. 그런 말을 하니까 사람들이 이사야를 좋아할 리가 없다. 때리고 죽이려고 하고 온갖 박해를 가하게 된다.

그런 구약의 내용을 생각하면서 오늘 구절을 읽어 보아야 한다.

이사야가 이렇게 말한 것은
주의 영광을 보고
주를 가리켜 말한 것이라.

그리스도의 영광은 어디에서 나오는가 하면 새싹에서 나오게 되지, 묵은 나무에서 나오는 것이 아니다. 이것이 요한복음 기자의 생각이다.

그러나 관리 중에도 그를 믿는 자가 많되
바리새인들 때문에 드러나게 말하지 못하니,

물론 예수를 어느 정도 인정하는 사람들도 있었지만 그렇다고 해서 확 달라진 사람은 없었다는 말이다.

이는 출교를 당할까 두려워함이라.

이것이 거꾸로 되어 사람에게 칭찬을 못 받아도 하나님의 칭찬을 받아야 하는 것인데 사람의 인정을 받기 위해 자신의 믿음을 내어버리는 것이다.

그들은 사람의 영광을
하나님의 영광보다 더 사랑하였더라.
예수께서 외쳐 이르시되
나를 믿는 자는 나를 믿는 것이 아니요
나를 보내신 이를 믿는 것이며,

아까 나온 상산象山의 글에 우주가 곧 내 마음이요, 내 마음이 곧 우주다(우주편시오심宇宙便是吾心 오심즉시우주吾心卽是宇宙)라는 말과 마찬가지다.

나를 보는 자는
나를 보내신 이를
보는 것이니라.

나를 보는 사람은 곧 하나님을 보는 것이다. 그러니까 하나님하고 나하고의 일치이다.

나는 빛으로 세상에 왔나니
무릇 나를 믿는 자로
어둠에 거하지 않게 하려 함이로라.

나는 빛이다. 왕양명도 그랬나. "차심광명此心光明 역부하언亦復何言" 내 마음이 곧 빛이다. 이것이 소위 아까 말한 심즉리心卽理라는 말이다. 여기서는 "나는 빛이다"라고 했다. 이것도 우리가 동양식으로 말하면 심학心學이다.

사람이 내 말을 듣고 지키지 아니할지라도
내가 그를 심판하지 아니하노라.
내가 온 것은 세상을 심판하려 함이 아니요
세상을 구원하려 함이로라.

그러나 나를 믿지 않는다고 해도 나는 그를 탓하지 않는다는 말이다. 나는 구원하러 온 사람이지 심판자가 아니란 말이다.

나를 저버리고
내 말을 받지 아니하는 자를
심판할 이가 있으니
곧 내가 한 그 말이
마지막 날에
그를 심판하리라

그러면 심판은 누가 하는가. 내가 한 말이 최후의 날에 심판자가 된다고 했다. 왜 그런가는 다음 구절에 나온다.

내가 내 자의로 말한 것이 아니요
나를 보내신 아버지께서
내가 말할 것과 이를 것을
친히 명령하여 주셨으니,

그러니까 나는 하나님이 말하신 대로 말한 것뿐이다. 그러면 심판은 누가 하는가. 하나님께서 하신다는 말이다. 내가 하는 것이 아니라 하나님께서 하신다. 또 하나님께서 하시는 동시에 하나님 말씀이 심판이 되는 것이다.

아까 전 시간에 천리天理라는 말을 했는데 천리가 심판하는 것이다. 천天이 한다고 해도 되고, 이理가 한다고 해도 된다. 또한 천리가 한다고 해도 된다. 결국 같은 말이다.

나는 그의 명령이 영생인 줄 아노라.

이것도 유명한 말이다. 요한복음 17장 3절에 보면 "하나님을 알고 그리스도를 아는 것이 영원한 생명이다"라고 나오는데 이것도 유명한 말이다.

요한복음 3장 16절에 나오는 "하나님께서 세상을 이처럼 사랑하사 독생자를 주셨으니 누구든지 저를 믿으면 멸망하지 않고 영원한 생명을 얻으리라"는 말도 유명한 말이다. 이렇게 아주 중요한 말들이 있다.

또 요한복음 1장 1절에 "말씀이 곧 하나님"이라는 말도 같은 말이다. 또 1장 14절에는 "말씀이 육신이 되어" 이것도 중요한 말이다. 또 요한복음 8장 32절 "진리가 너희를 자유롭게 하리라"는 말도 중요하다. 이러한 말들이 다 중요한 말들인데 한마디를 알면 다 알 수 있는 말들이다.

"말씀이 곧 하나님"이란 말이 '명령이 영원한 생명'과 같은 말이다. '말씀'이 '명령'이라고 해도 좋고, '하나님'이 '영원한 생명'이라고 해도 좋고, 같은 말이다. 이것을 쉽게 말하면 '진리 곧 생명'이란 말이다. 진리즉생명眞理卽生命이란 것이다. "진리가 너희를 자유롭게 하리라"는 말도 같은 말이다. 자유라는 것이 무엇인가. 생명의 본질이다.

"말씀이 육신이 되어"도 마찬가지다. '말씀'이 진리이고, '육신'이 생명이다. 그러니까 한 가지만 알면 다 알 수 있다. 이것을 한마디로 하면 '진리가 곧 생명'이다. 이것만 알면 다 알게 된다. 더 풀어서 말하자면 "진리를 깨달으면 생명을 얻게 된다"고 말할 수도 있다. 어떻게 표현해도 마찬가지다.

그것을 나는 이렇게 표현한다. "나알알나", '나알', 나를 알면, 그것이 진리이고, '알나', 앓다 낫는다, 그것이 생명이다. 나를 알면 앓다 낫는다. 이것이 소위 진리와 생명의 일치이다.

우선 우리에게 제일 중요한 것은 건강이다. 생명의 핵심이란 것이 무엇이겠는가. 건강이다. 건강해야 하는 것이 생명인데, 건강하려면 어떻게 해야 건강해질까. 내가 왜 건강하지 못한지 그 이유를 알아야 한다. 그것이 진리이지 다른 것이 없다.

아까 말했듯이, 우리의 농촌은 왜 못사는가. 그 이유를 알아야 농촌을 잘 살게 할 수 있다. 그 이유는 아직 기계화가 되지 못했고, 집단화가 되지 못했기 때문이다. 다시 말해서 합리적인 관리를 못해서 그런 것이다. 이것을 위해 무엇이 필요한가. 자본이 있어야 한다.

우리 농촌이 산업화가 되기 위해서는 3M(Money, Machine, Man)이란 것이 필요한데 3M이 다 없다. 우리 정부가 이제부터 막대한 예산을 농촌에 쏟아 붓는다는 것은 Money라는 M하나를 해결하자는 것이다. 그러면 그 돈으로 농촌에 필요한 기계(Machine)를 사야한다. 그리고 그 기계를 운용할 사람(Man)들이 또 필요하다. 그러니까 기술이 필요한 것이다. 그리하여 농토 전체를 구획정리해서 집단으로 경작할 수 있게 되어야 한다. 그러기 위해서는 공동으로 운영하기 위한 어떤 형태가 나와야 한다.

그러니까 개인 혹은 민중의 기술과 국가의 자본과 경작의 기계화라는 세 가지가 합쳐져야 농촌이 다시 살아날 수 있지 그것이 없다면 농촌이 살아날 수 없다. 다시 말해서 자본과 기계와 노동력의 세 가지가 다 투입되어야 농촌문제가 해결될 수 있다. 이 세 가지 중에 하나만 빠져도 해결될 수 없다.

그러니까 '나알'이 기계화라면 '알나'는 집단이라고 할 수 있다. 그래서 '나알'이라는 개인과 '알나'라는 집단, 다시 말해서 인심人心과 도심道心이 하나로 합쳐져야 그것이 중中이 될 수 있다.

나는 죽이고, 전체는 살리는 것, 그것이 인仁이다. 그렇게 될 때 아까 말한 대로 사는 문제와 아는 문제가 언제나 연결이 된다. 알에서 살이 나오고, 살에서 알이 나온다. '알살살알'이다. 언제나 계란에서 병아리가 나오고, 닭에서 알이 나온다. 알과 살이 언제나 연결되어야 한다. 계란이 계란대로 따로 있고, 닭은 닭대로 따로 있다는 것은 있을 수 없다. 언제나 진리 즉 생명이다. 이것을 아까는 성즉리性卽理, 심즉리心卽理라고 한 것이다.

그러니까 생명이라고 하는 것을 하나는 생生, 하나는 명命으로 결국은 갈라놓은 것이다. 그렇지만 성즉리性卽理, 심즉리

心卽理라는 말도 한마디로 하면 진리 즉 생명이란 말이다. 요는 지知라고 하는 것이 생生이 되기까지 알아야 한다. 그것이 바로 지행일치知行一致라고 하는 사상이다. 오늘 나온 대로 하나님 말씀이 곧 생명이다. 그것이 지행일치라는 말이다.

> 그러므로 내가 이르는 것은
> 내 아버지께서 내게 말씀하신
> 그대로니라 하시니라.

아버지의 말씀이 곧 진리라는 말이다. 요한복음 17장 17절에 보면 "당신의 말씀이 곧 진리입니다"라는 말이 나온다. 하나님의 말씀은 역시 보편타당한 진리라는 말이다. 진리에 입각해야 합리적이라고 할 수 있지 진리에 입각하지 않으면 합리적이 못 된다. 오늘 나온 구절 중에서 "아버지의 명령이 영원한 생명"이란 말이 중요하다. 하나님의 말씀이 곧 영원한 생명이다.

하나님의 나라는 어떤 나라인가. 하나님의 말씀이 영원한 생명이 되는 나라이다. 그러니까 진리대로 사는 나라, 그것이 하나님의 나라다.

그것을 언제나 자기 몸에서 증명을 해 보고, 그것이 되면 다른 사람에게도 전하여야 한다. 그러니까 우선 내가 건강하게 되어야 한다는 말이다. 그렇게 하고 나서 다른 사람에게도 건강한 방법을 가르쳐 주어야지, 나는 건강치 못하면서 남들에게 건강하라고 자꾸 얘기하는 것은 옳은 것이 못 된다.

내가 건강하다는 것을 증명해 보여야 한다. 그것이 명명덕明明德이다. 내가 우선 된 후에야 친민親民이다. 남에게 가르쳐 주는 것이다. '나' 라는 것이 없이 친민이 있을 수 없다. 중용으로 말하면 중中이 먼저 되고, 화和가 되어야지, 중中이라고 하는 것이 천하지대본天下之大本이고, 그래야 화和라고 하는 천하지달도天下之達道가 될 수 있는 것이다. 내가 먼저 되어야 한다. 희로애락미발喜怒哀樂未發이 되어야, 즉 내가 병이 나지 않아야 발이개중절發而皆中節이다. 다른 사람의 병을 고쳐 줄 수 있다. 그래야 화和가 될 수 있다.

그래서 언제나 내 문제를 해결해야 한다. 그것이 또한 수신위본修身爲本이다. 그런 연후에야 천하문제를 해결해 나가는 것이다. 예수는 누구인가. 자기 문제를 해결한 사람이다. 자기 문제를 해결했으니까 다른 사람의 문제를 해결하려고 나선 것이다. 자기 문제가 해결되지 못했다면 다른 사람의 문제를 해결할 수가 없다. 그러니까 제일 중요한 것은 '나알알나' 이다.

우선 내 문제가 무엇인지 그것을 알아야 한다. 그래서 내 문제를 해결해야 한다. "나알알나"이다. 나를 알면 앓다 낫는다. 이것이 요한복음 12장 50절의 "진리 즉 생명"이란 말이다. 여러분께서 유영모 선생을 뵌 사람은 아시지만, 키는 5자도 못 되고 체력도 빈약해서, 오죽하면 어렸을 때 의사가 30을 넘기지 못할 것 같다, 라고 하였다고 한다. 그래서 유영모 선생께서는, 내가 30전에 죽으면 되겠는가. 부모님이 세상을 떠난 뒤에 죽어야 하지 않겠는가, 라 하여, 그때부터 어떻게 하면 건강을 회복할 수 있을까 하여 온갖 노력을 기우리게 되었다.

철학이란 것이 다른 것이 아니라 어떻게 하면 건강을 회복할 수 있나 하여 그 비결을 찾는 것이 철학이다.

하여튼 영원한 생명이라고 해서 어렵게 생각할 것 없이, 건강한 육체와 정신을 갖는 것이라고 생각하면 된다. 그러기 위해서는 내가 건강하지 못한 원인을 알아야 한다. 그 원인을 발견하는 것, 그것이 진리이지 별것이 있겠는가.

내가 무엇을 잘못해서 그렇게 되었는가. 그것을 아는 것이다. 나도 굉장히 많이 아팠는데, 내가 늘 공동묘지에 네 번 갈 뻔했다고 말하는데, 내가 내일이면 죽는다고 하는 것을 네 번이나 겪게 되었다. 그래서 한 번은 내가 다 죽는다고 할 때 유영모 선생께서 호두를 딱 한 알 갖고 병문안 오셔서 내 손에 쥐어 주고 가셨다.

그런데 유영모 선생께서 호도에 대해 맨 처음 붙인 말이 효도라는 말이었다. 그러니까 네가 부모에 앞서 죽는다는 것이 불효의 극치라는 말을 하는 것이다. 부모에게 효도를 하려면 건강을 회복해야 한다는 뜻이다. 호두의 껍질은 얼마나 단단한가. 그것은 강한 육체를 가져야 한다는 것을 나타낸다. 그리고 호두

속은 마치 뇌처럼 생겼다. 그러니까 생각을 많이 해보란 말이다. 생각을 해서 네가 왜 죽게 되었는지, 무엇을 잘못 했는지를 알아보란 말이다. 그런데 그것이 쉽지 않았다. 결국 6년이 걸려 그것을 알게 되었다.

그러니까 역시 자기 문제는 자기가 해결해야지 남이 해결해 줄 수 없다. 그 당시 나는 병원을 수없이 다녔고 혈관 주사만도 72대나 맞았다. 그리고 수혈도 몇 번 했는지 모른다. 다 죽게 되면 수혈해서 살아나곤 한 것이 몇 번이나 있었다. 그런데도 그 원인을 알지 못하면 해결 되지 않는다. 그것을 불교에서는 고집멸도苦集滅道라고 한다. 모든 고苦라고 하는 것은 원인이 있고, 그 원인을 멸滅하기 전에는 문제가 해결되지 않는다는 말이다. 석가가 성불成佛한 뒤에 맨 처음 한 설법이 이것이라고 한다. 이것을 소위 사체四諦라고 하는데, 반드시 괴로움에는 그 원인이 있다는 말이다. 그 원인을 제거해야 괴로움이 없어지지 그 원인을 제거하지 않으면 괴로움을 없이 할 수 없다는 말이다. 그러니까 내 스스로 그 원인이 무엇인지 알아보란 것이다. 내가 유영모 선생을 29살에 만났는데, 그 원인을 아는데 꼭 6년이 걸렸다. 석가가 6년을 고행했다고 하는데 나도 역시 6년의 세월이 걸린 것이다. 내가 늘 말하는 35살 되는 해, 3월 17일 오전 9시 5분에 그 원인을 깨닫게 되었다.

그래서 '나알'이 된 것이다. 원인을 발견하고 나니까 그 다음에는 '알나' 이다. 앓다가 낫게 되었다. 그래서 35살 이후에는 학교를 결석해 본 적이 없다. 지금까지 계속 건강하게 지내고 있다. 아직도 감신대에 강의를 나간다. 앓다 낫게 된 것이다.

철학이란 학문이 아니다. 앓다 낫는 것이 철학이다. 그래서 유영모 선생께서는 "알맞이 = 철학"이라고 하였다. 알을 맞이 해야 한다는 말이다. 그것이 지행일치知行一致라는 소리이다. 지가 행이 되어야지 지가 행이 되지 못하면 안 된다. 유영모 선생은 그것을 언제 알게 되었나 하면 52세 때 1월 4일날 알게 된다. 나보다는 많이 늦은 나이에 알게 되었다. 그러니까 그 원인을 알아야만 한다. 내 병의 원인이 무엇인지, 그것을 알아야 한다. 불교에서는 그 원인을 보통 '번뇌' 라고 한다. 기독교에서는 '욕심' 이라고 한다. 아까 양명의 말대로 '사욕지폐私欲之蔽' 이다. 욕심에 가려지면 안 된다. 그것을 제거하면 진리眞理가 된다. 사욕私欲만 없어지면 그것이 진리이다. 사욕이 남아 있으면 진리가 될 수 없다.

우리가 진리, 진리라고 하는데 진리란 별 것 아니고, 욕심에서 벗어난 것이 진리이다. 나를 괴롭히는 원인인 욕심에서 벗어나면 그것이 진리이다. 그것이 또한 심즉리心卽理란 말이다. 그렇게 되면 건강한 생명이 되는 것이다. 나는 35살 때 3월 17일 오전 9시 5분에 아버지의 명령을 알게 되었다. 그래서 "나는 아버지의 명령이 영원한 생명"임을 알게 되었다. 병이 없어지고 건강을 회복하게 되었다. 건강한 생명을 갖게 된 것이다. 내가 늘 강의 때마다 앓지 않게 된다는 것을 강조하니까 의과대학 학생들은 내가 병원에 가면 얼마나 반기는지 모른다. 하여튼 '나알알나' 가 되어야 한다.

그것이 바로 철학이다. 소크라테스는 "너 자신을 알라"라는 유명한 말을 했는데, 나는 '나알알나' 가 더 좋은 말 같다. 나를 알면 앓다 낫는다. 진리가 곧 생명이다. 오늘 구절처럼 하나님의 말씀이 영원한 생명인 것이다.

제 13 장

새 계명

기 도

감사하신 하나님,
우리가 오랜 역사를 지니고
지금까지 살아왔지마는
우리나라를 온 세계에 자랑할 만한
그런 나라를 아직까지 세워 보지를 못했습니다.

앞으로도 우리가 남북을 통일해야 하며
이 통일을 위해서 우리가 서로 애쓰고 고민하고
그리고 우리 자신들을 돌보는
그런 기회를 가질 수 있도록 도와주시고
우리가 한 나라가 되어서 온 세계를 향해서 자랑할 수 있는
참되고 착하고 아름다운 나라를 보여 줄 수 있는
그런 저희들이 될 수 있도록 당신께서 도와주시옵소서.

오늘 하루 사는 것이 우리 조국을 위해서 사는
저희들이 될 수 있도록 도와주시고
우리가 공부를 하거나 믿음을 갖거나
모든 것이 우리 조국을 위한 것이 될 수 있도록
당신께서 도와주시옵소서.

이 나라의 역사를 통해서
당신께서 한없는 영광을 받으시고
이 민족을 통해서 당신께서 한없는 기쁨을 받는
그 날이 올 수 있도록 당신께서 도와주시옵소서.

예수님 공로 받들어 기도하옵나이다.
아멘.

53. 구족제자具足弟子

1994년 10월 9일

요한 13:1~20

유월절 전에 예수께서
자기가 세상을 떠나
아버지께로 돌아가실 때가 이른 줄 아시고
세상에 있는 자기 사람들을 사랑하시되
끝까지 사랑하시니라.

유월절은 여러 번 말한 대로 유대인들에게는 가장 중요한 명절이다. 일주일을 계속하는 명절인데, 이 유월절은 결국 무엇을 뜻하는 명절인가 하면 유대 민족이 하나라고 하는 그것을 다지는 명절이다.

우리나라에는 그런 명절에 해당하는 날이 별로 없다. 사실

8 · 15 같은 날을 대대적인 명절로서 뜻 깊게 보낸다면 그런 명절이 될 수 있을지 모르겠다. 또한 삼일절 같은 날도 그렇게 만들 수 있다.

하여튼 민족을 위한, 민족이 하나가 되는, 그런 명절이 정말 있어야 되는데, 유월절이라는 것이 유대 사람들에게는 그런 명절에 해당된다. 민족이 하나 되는, 그래서 유대 나라 안에 사는 온 민족이 예루살렘으로 모이기도 하지만 심지어는 해외에 나가서 사는 유대인들도 이 명절 때에는 다 예루살렘으로 모여든다.

어떻게 보면 우리가 추석 명절 때 고향으로 가는 것과 비슷하다. 우리가 추석 때 고향으로 가는 것이 가족 중심이라면 유대인들은 국가 중심이라고 말할 수 있다.

그런데 국가가 없을 때는 민족 중심이 된다. 유대 나라는 국가가 없을 때도 있었는데, 왜냐하면 나라가 약해서 아시리아, 바빌론, 이집트, 로마 등의 강대국에 지배를 받아 나라가 없을 때도 많이 있었는데, 그럴 때에도 자기네 민족끼리는 절대 흩어지는 법이 없었다. 기원 후 2,000년 동안 나라가 없었지만 민족의 정체성은 한 번도 잃어버린 적이 없는 사람들이다. 그런데 그런 민족성을 유지할 수 있게 하는 것이 바로 이 사람들의 종교 때문이다. 유대교라고 하는 것이 그것이다. 그래서 유대인들은 자기들끼리만 결혼하지 외국 사람과는 결혼을 못하게 되어 있다. 그렇게 하여 자기들의 민족성을 지켜 나갔던 것이다. 요새는 외국에 나와 있는 유대인들은 다른 나라 사람들과 결혼도 한다고들 하는데 단, 그 사람들의 풍습 다시 말해서 유대인들의 법도만 지키면 용납한다고 한다. 그러니까 유월절을 지킨다는 것이 하나의 법도이다.

우리나라로 말하면 제사에 참가하면 그 집 식구로 인정한다는 것이나 마찬가지라 할 수 있다. 유월절이란 것이 말하자면 하나의 민족적인 제사라고 할 수 있다. 이 명절의 시기는 우리의 음력 3월 보름에 해당된다. 우리는 밤 12시부터 날이 시작되지만 이 사람들은 저녁때부터 날이 시작되니까 우리로 말하면 음력 3월 14일 저녁부터 유월절 명절이 시작된다.

유월절의 유월은 넘을 유逾, 넘을 월越 자인데, 무엇을 넘어가는가 하면 죽음을 넘어간다는 뜻이다. 다시 말해 사선死線을 넘어선다는 말이다. 그것을 대표적으로 말하면 홍해 바다를 넘어간다는 것이다. 앞에는 홍해 바다가 있고, 뒤에는 이집트 군사가 쫓아오고, 꼼짝없이 죽음을 맞이하게 되었을 때, 정말 기적적으로 그 사선을 넘어서게 되었다.

그러니까 민족이라는 게 어느 때 하나가 되는가 하면 사선을 넘어설 때 하나가 된다. 그리고 부부도 언제 하나가 되나 하면 같이 고생을 할 때 하나가 된다. 기독교에서도 자꾸 십자가를 주장하는데, 하나가 되는 것은 같이 죽자는 데에서 하나가 될 수 있지, 같이 살자는 데에서는 하나가 될 수 없다.

사랑이란 것도 마찬가지다. 나는 사랑의 '사'를 죽을 사死라고 늘 말하는데 사랑도 같이 죽자, 라는 데에서 나오는 것이 사랑인 것이다. 그러니까 같이 죽을 수 있는 사랑, 그것이 참 사랑인 것이다. 이렇게 죽음을 넘어간다는 것, 이것이 정말 중요하다. 아까도 기질지성氣質之性을 말했는데 기질이 변한다는 것이 다시 말하면 죽음을 넘어서는 것을 말하는 것이다. 우리가 무엇을 끊을 때에도, 예를 들어 술을 끊는다고 할 때에도 죽어라 하고 끊어야 하고, 또 담배를 끊을 때도 죽어라 하고 끊어야 하지 그렇지 않고는 끊기가 힘들다. 그래서 언제나 결사라는 것, 그것을 중국 사람들은 성의誠意라고도 말하는데, 의지意志라고 하는 것이 바로 죽음을 각오하고 결심하는 것으로 그것 없이는 되는 일이 없다. 나라를 사랑한다는 것도 마찬가지다. 나라를 위해서 죽자, 할 때 나라 사랑이 나오는 것이지 나라를 위한다 하면서 자기도 살자, 하면 나라 사랑이 나올 수 있겠는가. 그래서 여기 유월절이란 것이 바로 죽음을 넘어간다는 말이다.

그것에서 이 사람들의 통일이 있게 된다. 통일 정신이라는 것이 그것으로, 전쟁이란 것도 죽음을 통한 하나의 통일 수단이 될 수 있다. 그러니까 역시 나라를 위해서 죽는다는 그런 생각 없이는 나라 사랑이란 것도 있을 수 없다. 그래서 유월절이 그냥 보통 명절이 아니고 이 사람들에게는 그런 특별한 의미를 갖게 하는 명절이다. 그렇기 때문에 언제나 유월절이 되면 나라를 위해 또는 민족을 위해 죽는다고 하는, 그 결심을 언제나 새롭게 하는 그런 명절인 것이다.

물론 시작은 애굽에서 유대인들이 430년 동안 종살이를 하다가 그곳에서 해방이 되는 데에서 시작되었다. 그 당시 모세라고 하는 지도자가 나오게 되고, 하나님의 말씀이라는 법이 있고, 그리고 그에 따르는 백성들, 세 가지가 합쳐져서 통일이 이루어지게 되었다. 그래서 결국 유대인들은 힘을 합쳐서 애굽을 떠나오게 된다.

유월절의 시작은 모든 유대인이 애굽을 떠날 때 우선 양을 잡아서 하나님께 제사를 지내고, 양의 피는 대문 위에 발랐다. 이 피가 무엇을 상징하나 하면 생명을 상징하는 것이며, 발효제(이스트)를 쓰지 않고 떡을 구워서 떠날 준비를 한 것이다. 이때 대문 위에 바른 피로 인해 마지막 재앙인 맏아들이 죽는 것을 피해 갈 수 있도록 한 것이다. 그래서 그때 유대인들의 장자長子는 다 살게 되고, 애굽인들의 장자長子는 다 죽게 되는데, 그것을 피로 상징한 것이다.

적에게는 죽음이 되고, 나에게는 삶이 되는 것을 나타내는 것이다. 죽음의 신이 피를 바른 곳을 피해서 넘어간다는 뜻에서 유월이란 말을 붙인 것이다. 그래서 적은 죽고, 나는 사는 것을 기념하는 명절이 유월절이 되었다. 그렇기 때문에 이 명절이 유대인들에게는 특별한 의미를 부여하게 된 것이다. 그래서 언제나 포도주는 피를 상징하고, 떡은 살을 상징하게 되었다. 그것이 바로 성만찬의 의미이다. "예수께서 이 세상을 떠나 아버지께로 돌아가실"이란 말이 죽음을 말하는데, 언제나 유월절과 죽음이란 것이 하나이다. 민족통일과 죽음은 언제나 같이 있는 것이다.

우리나라가 안중근 의사의 죽음으로써 민족이 하나 될 수 있었던 것처럼 죽음을 통해 온 국민들이 하나가 되는 것이다. "세상에 남은 제자들"이란 조그맣게 말하면 '남은 제자들'이고, 크게 말하면 '온 백성들'이다. 우리가 하나의 클래스(Class)가 되려면, 가르치는 사람이 있어야 하고, 또 배우는 사람이 있어야 하고, 그리고 성경이 있어야 하는, 세 가지가 언제나 있어야 하는데, 여기서는 예수가 가르치는 사람이 된다. 그런데 여기서 예수라는 선생이 죽는 것을 말하는데 선생(사師)은 죽어야(사死) 선생이 된다. 언제나 죽을 사死 자와 스승 사師 자가 같다.

군대에서 사단師團이라고 하면 나라를 위해 죽는 죽음의 단체(사단死團)란 뜻이다. 그러니까 죽어야 스승이지, 죽지 않으면 스승이라고 할 수가 없다. 그래서 남은 제자들은 '극진한 사랑'으로 살아남게 되는 것이다.

마귀가 벌써

시몬의 아들 가룟 유다의 마음에
예수를 팔려는 생각을 넣었더라.

이 저녁식사가 유월절 식사이다. 그러니까 누룩이 들어가지 않은 떡과 양고기를 먹고 포도주를 마시는 것이다. 이 저녁식사 때 가룟 유다가 예수를 팔 결심을 하게 된다. 이 이스카리옷이란 이름의 뜻에 대한 학설이 두 가지가 있는데, 하나는 고향을 가리키는 지명地名을 뜻하고 또 하나는 암살단이란 뜻이 있다고 한다. 암살단의 뜻은, 우리의 안중근 의사가 이등박문을 죽인 것처럼 그 당시 이스라엘에도 적의 괴수를 죽이기 위한 암살단이 있었다는 말이다. 암살단이라고 하기보다는 독립당이라고 하는 단체라고 할 수 있다.

이스라엘을 정치적으로 독립시키기 위해서 죽기를 각오하고 적의 괴수를 없애기 위한 결사대가 결성되어 있었는데 유다가 그 결사대의 한 사람이란 말이다. 그것이 유다의 신분이었다.

그런데 왜 유다가 예수를 팔려고 하는 마음이 굳어졌는가 하면 예수 가지고는 안 되겠다고 생각한 것이다. 예수는 통 독립운동에는 관심이 없다는 말이다. 예수가 독립운동에 앞장서면 자신의 생명을 바쳐서라도 예수를 도우려 했는데 예수는 그런 애국심이 부족하다고 유다는 생각했다. 예수도 물론 유대인이니까 독립에 대해 관심이 있었겠지만 무력을 갖고 정치적인 독립을 꾀하려고 하지는 않았다.

예수는 그것보다도 좀 더 먼 장래의 나라를 생각했는지도 모른다. 그 당시의 시대가 로마 시대인데 로마를 이긴다는 것은 도저히 있을 수 없는 일이고, 유대 사람을 계몽하여 깨우고 차츰 힘을 길러서 장래에 로마가 약해졌을 때 유대인들이 독립을 할 수 있을 것으로 예수는 생각했을 것이다. 그래서 유다가 선생에 대해 반기를 들고 배반할 마음을 먹게 되었다.

저녁 먹는 중
예수는 아버지께서 모든 것을
자기 손에 맡기신 것과
또 자기가 하나님께로부터 오셨다가
하나님께로 돌아가실 것을 아시고,

여기서 "모든 것"이란 얼마든지 넓게 해석할 수도 있겠지만 좁게 해석하면 '제자들'을 말한다고 할 수 있다. 그러니까 제자들만은 정신을 일깨워주고 싶다는 말이다.

저녁 잡수시던 자리에서 일어나
겉옷을 벗고 수건을 가져다가 허리에 두르시고,
이에 대야에 물을 떠서
제자들의 발을 씻으시고
그 두르신 수건으로 닦기를 시작하여,

식사를 같이 한다는 것은 하나가 되자는 것이다. 같이 양고기를 먹고 포도주를 마시면서 한 몸이라는 것을 확인하는 것이다. 하나가 되는 데에 제일 중요한 것이 무엇인가 하면 한 마음이 되는 것이다. 한 마음이 되자면 깨끗한 마음을 가져야 한다. 우선 깨끗하다는 것이 중요한 것이다. 한 마음이 되자면 온 가족들이 다 깨끗해야 한다. 가족 중 하나라도 더러우면 하나 되기가 어렵다. "마음이 깨끗한 자는 하나님을 볼 것이요"라 했는데 하나가 되는 데 제일 중요한 것이 '깨끗'일 것이다. 그래서 예수께서 우선 '깨끗'을 가르치기 위해서 제자들의 발을 씻기시는 것으로 생각할 수 있다.

> 시몬 베드로에게 이르시니 베드로가 이르되
> 주여, 주께서 내 발을 씻으시나이까.
> 예수께서 대답하여 이르시되
> 내가 하는 것을 네가 지금은 알지 못하나
> 이 후에는 알리라.

베드로는 예수께서 발을 씻기시니 미안해서 어떻게 선생님께 발을 씻게 합니까, 하며 거절의 뜻으로 말했다. 예수께서는 내가 발을 씻기는 뜻은 하나가 되자는 것이지 그냥 발이 더러워서 씻어주는 게 아니라는 것을 말하려고 한 것이다. 철든 사람이 철없는 사람을 씻겨주는 것은 당연한 일이다. 어머니가 아기의 기저귀를 빨아주는 것이 당연한 것과 마찬가지다. 그래서 아이를 깨끗이 하고, 어머니도 깨끗해야 하나가 될 수 있지 아이가 더러우면 하나가 될 수가 없다. 그래서 예수께서 베드로에게 그 뜻을 앞으로 알게 될 것이다, 라고 말한다.

> 베드로가 이르되
> 내 발을 절대로 씻지 못하시리이다.
> 예수께서 대답하시되
> 내가 너를 씻어 주지 아니하면
> 네가 나와 상관이 없느니라.

내가 내 아이의 기저귀를 빨 때 내 아이가 되는 것이지, 내 아이의 기저귀를 빨지 않으면 나와 상관이 없는 것이다.

> 시몬 베드로가 이르되
> 주여, 내 발뿐 아니라 손과 머리도 씻어 주옵소서.
> 예수께서 이르시되
> 이미 목욕한 자는 발밖에 씻을 필요가 없느니라.
> 온 몸이 깨끗하니라.
> 너희가 깨끗하나 다는 아니니라 하시니,
> 이는 자기를 팔 자가 누구인지 아심이라.
> 그러므로 다는 깨끗하지 아니하다 하시니라.

베드로는 때로 감정적임을 알 수 있다. 처음에는 발도 씻는 것을 송구스러워 거절하다가 예수의 말을 듣고 손과 머리까지 씻어 달라고 보채게 된다. 예수께서는 베드로의 발을 씻어 주고 다른 제자들의 발도 씻어주었을 것이다. 물론 가롯 유다의 발도 씻어 주었을 것이다. 그리고 다시 한 번 마지막으로 유다가 마음이 변하기를 기대했을 것이다. 예수의 독립운동에 대한 생각은 정신부터 깨끗하고 하나가 되어야지 정신도 똑바로 갖지 못하고 힘으로만 로마에게 달라 붙는다면 결국 아무것도 얻을 수 없다는 것이다. 그런데 가롯 유다는 힘으로 어떻게 해서든지 독립을 쟁취해야 한다는 생각을 버리지 못하고 있다.

그들의 발을 씻으신 후에
옷을 입으시고 다시 앉아
그들에게 이르시되,

여기 나오는 것이 최후의 성만찬이다. 레오나르도 다빈치가 그렸다는 유명한 그림의 장면이다.

내가 너희에게 행한 것을 너희가 아느냐.
너희가 나를 선생이라 또는 주라 하니 너희 말이 옳도다.
내가 그러하다.
내가 주와 또는 선생이 되어
너희 발을 씻었으니
너희도 서로 발을 씻어 주는 것이 옳으니라.

서로 발을 씻어주라는 것은 결국 서로 하나가 되라는 소리이다.

내가 너희에게 행한 것 같이
너희도 행하게 하려 하여 본을 보였노라.
내가 진실로, 진실로 너희에게 이르노니

종이 주인보다 크지 못하고
보냄을 받은 자가 보낸 자보다 크지 못하나니
너희가 이것을 알고 행하면 복이 있으리라.
내가 너희 모두를 가리켜 말하는 것이 아니니라.
나는 내가 택한 자들이 누구인지 앎이라.
그러나 내 떡을 먹는 자가
내게 발꿈치를 들었다 한 성경을
응하게 하려는 것이니라.
지금부터 일이 일어나기 전에
미리 너희에게 일러둠은
일이 일어날 때에
내가 그인 줄
너희가 믿게 하려 함이로라.
내가 진실로, 진실로 너희에게 이르노니
내가 보낸 자를 영접하는 자는
나를 영접하는 것이요,
나를 영접하는 자는
나를 보내신 이를 영접하는 것이니라.

나의 밥을 먹는 자가 나를 향하여 발꿈치를 들었다는 말은 시편 41장 9절에 나오는 말이다. 결국 오늘 나온 구절의 뜻은 하나님과 예수님과 제자들이 '하나다' 란 말이다. 그러니까 '발을 씻는다' 는 문제는 기독교적으로 말하면 '죄를 깨끗이 한다' 는 뜻이라고 생각할 수 있다. 그런데 동양식으로 말하면 17절에 나오는 "당신들이 이 일을 알고 있으므로 그것을 실행하면 행복된 자다"[1]라는 것이 된다.

1. 고병려, 『요한 문학』 약주/신약성서 시리즈 종울림총서 4, 서울: 종로서적, 1987. p. 47

우리가 발이라고 하는 뜻을 생각하며 노자老子 46장을 보면 "지족지족知足之足 상족의常足矣"라는 말이 나오는데, '만족할 줄을 아는 정신적인 만족이 영원한 만족이다' 라는 뜻으로 정신적으로 만족해야 한다는 말이다.

우선 정신적으로 만족할 줄 알아야지 물질적인 만족은 일시적인 만족이 될 뿐이다. 그러니까 "당신들이 이 일을 알고 있으므로"란 말이 '정신적인 만족' 을 말한다고 생각하면 된다. 정신적인 만족을 얻으면 행복된 자가 된다는 뜻이다.

그다음에는 불교에서 '구족제자具足弟子' 란 말이 나오는데 이 말의 유래는 석가기 죽을 때 유언을 하기를 "관속에 나를 집어넣을 때 발은 관 밖으로 내어 놓아라"라고 했는데 석가가 죽을 때 석가의 가장 가까운 제자인 아난은 멀리 떠나 있어 임종을 보지 못하고 말았다. 그래서 아난이 돌아올 때까지 장례식을 미루게 되는데 아난이 돌아와 보니 석가의 발이 관 밖으로 나와 있어 그것을 보고서 아난이 깨달았다는 말이 전하여진다. 그러니까 석가는 살아서도 제자들을 가르쳤지만 죽어서도 가르쳤다는 말이다. 본래 석가의 법을 물려받는 제자가 마하가섭이었는데 마하가섭의 특징이 무엇이었나 하면 '두타제일' 이었다. 다시 말해 수행을 제일 잘 하는, 즉 실천 행의 일인자였다. 아난은 45년 동안 석가의 설법을 가장 잘 듣고 필기해 놓은 '다문제일' 의 제자였다. 요즘 말로 하면 녹음을 제일 잘 해놓은 것이다.

그래서 아는 데에는 아난을 따를 제자들이 없었다고 한다. 나중에 석가 사후에 불경을 결집할 때 아난이 주가 되어 만들게 된다. 아난은 지적으로는 참 우수한 사람인데 아난의 부족한 것은 행行적인 것이었다. 그래서 아난이 돌아와서 석가의 발을 보고는 "아, 행이로구나" 하고 깨달았다는 말이다. 나도 이제부터는 행을 해야 하겠구나, 라고 결심을 한 것이다.

행行이라고 하는 것이 아까도 말했지만 소위 내적행內的行을 말하는 것으로 이 내적행이란 것이 무엇인가 하면 공자孔子가 말한 "오도吾道는 일이관지一以貫之"라는 말이다. 오도吾道라는 것이 무엇인가 하면 실천實踐이란 말이다. 그러니까 불도무상서원성佛道無上誓願成인데 그것이 실천이란 것이다.

그것이 나에게로 말하면 일식一食, 일언一言, 일좌一坐, 일인一仁이다. 이런 것을 소위 도道라고 한다. 석가의 도道는 무엇인가 할 때는 보통 일식一食과 일좌一坐만 나온다. 그런데 잘 생각해 보면 네 가지가 된다. 왜 네 가지가 되는가 하면 도道는 춘하추동春夏秋冬이고, 그것이 소위 인의예지仁義禮智이다. 인의예지仁義禮智를 행行으로 실천할 때 나오는 것이 도道이다. 그런 것을 보통 내적행이라고 한다. 실천, 실천한다고 해서 이런 저런 복잡한 것이 아니다. 도道를 실천하는 것이다.

가섭의 두타행이 무엇인가 하면 바로 일식一食, 일좌一坐이다. 이것을 소위 일좌식一坐食이라고 한다. 이 일좌식一坐食은 석가가 처음 시작한 것이 아니라 훨씬 오래 전부터 우파니샤드나 베다에도 나오는 수행법이다. 인도에서는 오래 전부터 있었던 도道이다. 그것을 석가가 6년 동안 실천한 것으로 6년 고행이 바로 일식一食, 일좌一坐인 것이다. 참선한다는 것이 일좌一坐이다. 그것이 소위 도道라는 것으로 내적행內的行이다. 가섭이 잘 한 것도 일식일좌一食一坐이다.

그런데 아난도 석가가 죽고 나서 내어놓은 발을 보고 일식일좌一食一坐를 하기 시작했다. 이것이 도道라는 것이다. 그래서 3대는 아난이 된다. 그러니까 이러한 도道를 실행하면 행복된 자가 되는 것이다. 다시 말해 도道를 실천할 때 행복한 자가 되는 것이다.

예수가 제자들에게 가르친 도道는 어떤 것인지 성경에는 확실히 나오지 않는다. 그렇지만 네 가지 도道 이상은 없을 것이라고 생각된다. 결국은 일식一食, 일좌一坐, 일인一仁, 일언一言의 네 가지이다. 말은 바꾸어서 할 수 있을지 모르지만 이 네 가지 속에 다 포함된다고 볼 수 있다. 예수의 도道도 이 춘하추동을 넘어설 수는 없을 것이다.

일좌一坐는 봄이고, 일식一食은 가을이고, 일언一言은 겨울이고, 일인一仁은 여름이고, 이런 춘하추동春夏秋冬을 인간의 실천으로 바꾸어 가는 것이다. 그것을 소위 도道라고 한다. 그것이 또한 실천인 것이다. 그러니까 반드시 이런 실천 없이는 도道라고 하는 것이 이어지지 않는다. 반드시 도道는 이어져야 도道가 되는 것이다.

유영모 선생께서 일식一食을 했으니까 나도 일식一食한다고 하니까 도道가 이어지지, 유영모는 일식一食했는데 나는 일식一食 안한다, 그렇지만 나는 유영모를 따른다고 해서 도道가 연결되는 것은 아니다. 반드시 도道라고 하는 것은 나무에 나무를 잇고, 돌멩이에 돌멩이를 잇듯이 이어져 있어야 한다.

제일 중요한 것은 십자가十字架의 도道라는 것이다. 십자가의 도道가 나에게는 저 네 가지가 된다. 도道가 이어지는 것, 그것이 매우 중요하다. 그런데 이 도道라고 하는 것을 무엇으로 표시하는가 하면 발(족足)로 표현한다. 그렇기 때문에 도道가 이어지는 제자란 말이 '구족제자具足弟子'의 뜻이 되는 것이다. 석가의 도가 이어지는 것이 가섭이고, 그 도가 또 이어진 것이 아난이다. 이렇게 구족제자具足弟子가 이어지는 것이다. 족足이라는 것이 실천이란 말이다. 무엇을 실천하는가, 도道를 실천하는 것이다. 그것이 일이관지一以貫之이다. 이런 것을 잘 알아야 한다.

왜 예수가 제자들의 발을 씻었을까? 물론 깨끗이 하라고 씻었겠지만 특별히 하나님과 예수와 제자가 하나가 된다는 것을 강조하는 것이다. 하나님도 춘하추동이고, 예수도 춘하추동이고, 제자들도 춘하추동이 되어야 하는 것이다. 그럴 때 그것을 무엇으로 상징할 수 있을까. 역시 발로 상징한다면 어떨까?

물론 아무도 나처럼 이렇게 해석하는 사람이 없겠지만 오늘 예수께서 제자들의 발을 씻어 주었다는 내용을 갖고서 구족제자具足弟子라는 뜻을 생각해 보고, 지족지족知足之足 상족의常足矣의 의미를 생각해 보면 그 뜻이 다 포함될 수 있지 않을까, 라고 생각해 보는 것이다. 그래서 선생과 제자가 하나가 되기 위해서는 그 도道가 이어져야 하는 것이다.

기 도

감사하신 하나님,
우리 인생길에
광명을 허락하여 주시고
모든 산천초목이 기쁨으로 춤추는
이런 오래간만의 비를 만들어 주셨듯이
우리 마음속에도
당신께서 한없는 비를 허락해주셔서
우리 마음을 윤택하게 하시고
우리 마음을 풍성하게 하셔서
우리가 하나님 앞에서
언제나 기쁨을 가지고 사는
참된 인생이 될 수 있도록
인도하여 주시옵소서.

하나님께서 오늘도 저희들에게
말씀을 주시고
그 말씀을 통해서
우리가 한없는 기쁨을 찾을 수 있는
그런 깨달음을 얻을 수 있도록
당신께서 이끌어 주시옵소서.

예수님 이름 받들어 기도하옵나이다.
아멘.

54. 서로 사랑하라

1994년 10월 16일

요한 13:21~38

예수께서 이 말씀을 하시고
심령이 괴로워 증언하여 이르시되
내가 진실로 진실로 너희에게 이르노니
너희 중 하나가 나를 팔리라 하시니,

예수님의 제자들 중에 예수를 팔 배신자가 생겼다는 말이다.

제자들이 서로 보며
누구에게 대하여 말씀하시는지 의심하더라.
예수의 제자 중 하나 곧 그가 사랑하시는 자가
예수의 품에 의지하여 누웠는지라

예수의 가슴에 머리를 대고 앉은 제자가 요한이다. 레오나르도 다빈치가 성만찬이라고 하는 그림을 그렸는데 그 그림에 예수의 가슴에 머리를 파묻고 있는 요한의 그림이 있다. 레오나르도 다빈치는 그림을 그릴 때 12명의 제자들에 대해 깊이 생각하여 각각의 성격을 전부 나타냈다고 한다. 그래서 성만찬을 그리는데 4년이라는 시간이 걸렸다고 한다.

그런데 맨 마지막까지 그리지 못한 얼굴이 예수와 가룟 유다였다고 한다. 가룟 유다의 얼굴은 악마를 대표하는 것인데 이 악마의 얼굴을 어떻게 그리는가 하는 것이 어려웠다고 한다. 세상에는 악한 사람도 많지만 자기의 선생을 팔아먹는 그런 악한 사람을 찾기도 쉽지는 않을 것이다. 그런데 성만찬 그림을 빨리 그리도록 심하게 재촉했던 밀라노 산타마리아 델레그라치에 성당의 주임신부의 얼굴을 가룟 유다의 얼굴로 했다는 일화가 있다. 그리고 예수의 얼굴은 결국 미완성으로 두고 말았는데 하나님 아들의 모습을 어떻게 그리겠는가 하여 그리다가 그만 두었다고 한다.

그 당시 로마나 유대 사람들의 밥을 먹는 풍습은 옆으로 누워 팔로 머리를 괴고 먹는 습관이 있었다. 그러니까 예수님 앞에 요한이 옆으로 누워 머리를 괴고 있었다는 말이다. “예수께서 사랑하시는 제자”가 요한이란 내용이 마지막에 또 나온다.

시몬 베드로가 머릿짓을 하여 말하되
말씀하신 자가 누구인지 말하라 하니

베드로가 요한에게 누구를 가리켜 하시는 말씀인지를 예수께 알아보도록 했다.

그가 예수의 가슴에 그대로 의지하여 말하되
주여, 누구니이까.
예수께서 대답하시되
내가 떡 한 조각을 적셔다 주는 자가
그니라 하시고,

그 빵이 누룩을 넣지 않고 구운 빵이다. 이 빵과 함께 소금에 절인 야채를 함께 먹는데 우리의 김치나 비슷한 것이다. 그리고 빵은 잼을 바르거나 시럽에 찍어 먹는데 우리가 떡을 꿀에 찍어 먹는 것이나 마찬가지다.

곧 한 조각을 적셔서
가룟 시몬의 아들 유다에게 주시니

예수께서 빵 조각을 시럽에 찍어 가룟 유다에게 가져다주었다.

조각을 받은 후
곧 사탄이 그 속에 들어간지라.

예수는 유다에게 사랑하는 마음으로 빵을 주었는데, 유다는 그 빵 조각을 받는 순간에 더 악한 마음을 품게 되었다는 말이다.

이에 예수께서 유다에게 이르시되
네가 하는 일을 속히 하라 하시니

예수는 유다에게 너는 너의 갈 길을 가라고 말씀하신다.

이 말씀을 무슨 뜻으로 하셨는지
그 앉은 자 중에 아는 자가 없고,
어떤 이들은 유다가 돈궤를 맡았으므로
명절에 우리가 쓸 물건을 사라 하시는지,
혹은 가난한 자들에게
무엇을 주라 하시는 줄로 생각하더라.
유다가 그 조각을 받고 곧 나가니 밤이러라.

유다는 빵 조각을 받자마자 밖으로 나간다. 그때가 캄캄한 밤이었다. 이 말이 유명한 말이다. 물론 날이 저물어 캄캄한 밤이라는 뜻도 있지만 가룻 유다의 마음속을 가리키는 것이라고 할 수도 있다. 그러니까 유다의 마음이 그대로 암흑이라는 말이다.

요한복음의 특징이 사탄의 세계를 암흑으로 표시하고, 하나님의 세계를 빛으로 표시하는 것이다. 단테도 『신곡』을 쓸 때 지옥을 암흑으로 표현했고, 천국을 빛으로 표현했다. 그래서 여기서 말한 캄캄한 밤도 사탄의 세계를 말하는 것이다.

그가 나간 후에 예수께서 이르시되
지금 인자가 영광을 받았고
하나님도 인자로 말미암아
영광을 받으셨도다.

아까 우리가 '빛'이라는 말과 '명명덕明明德'이란 말을 썼는데, 기독교식으로 말하면 '영광을 받았다'는 말이다. 예수는 하나님 안에서 영광을 받았고, 하나님은 예수의 안에서 영광을 받았다. 아까 말한 태양과 시계와의 관계이다.

만일 하나님이 그로 말미암아 영광을 받으셨으면
하나님도 자기로 말미암아
그에게 영광을 주시리니 곧 주시리라.

하나님은 예수 안에 있고, 예수는 하나님 안에 있다는 31절의 이 말이 13장에서 제일 유명한 말이다. 둘이 다 빛이라는 말이다. 아까도 말했지만 태양도 시계이고, 시계도 태양인 것처럼 하나님도 진리이고, 예수님도 진리이다. 진리를 통해서 다 하나가 되는 것이다. 그 진리라는 게 없으면 하나라는 것도 없다. 그래서 이 31절이 아주 유명한 말이다.

"하나님 안에 예수님이, 예수님 안에 하나님이"라는 말로서 이것을 보통 '천인합일天人合一' 혹은 '신인합일神人合一'이란 말도 하는데, 이런 것이 다 법法을 통해서, 법을 가지고 하나가 되는 것을 말하는데, 법 없이는 절대 하나가 될 수 없는 것이다. 또한 말씀을 통해서 하나가 되는 것이다. "태초에 말씀이 있으니"의 요한복음 1장 1절에는 말씀이 곧 하나님이라고 했다. 그러니까 태양도 시간을 나타내고, 시계도 시간을 나타내듯이 어디까지나 나타내는 것은 진리의 구현이다. 진리를 빼 놓으면 아무것도 없다.

> 작은 자들아,
> 내가 아직 잠시 너희와 함께 있겠노라.
> 너희가 나를 찾을 것이나
> 일찍이 내가 유대인들에게
> 너희는 내가 가는 곳에 올 수 없다고 말한 것과 같이
> 지금 너희에게도 이르노라.
> 새 계명을 너희에게 주노니
> 서로 사랑하라.
> 내가 너희를 사랑한 것 같이
> 너희도 서로 사랑하라.

"서로 사랑하라"는 말이 아까 우리가 생각했던 '친민親民'이란 말이다. 친민親民이라고 하는 새로운 계명을 준다는 말이다. 그러니까 너희들끼리 서로 힘을 합하여야 한다는 뜻이다.

> 너희가 서로 사랑하면
> 이로써 모든 사람이

너희가 내 제자인 줄 알리라.

자, 그러면 어떻게 하면 제자들이 하나가 될 수 있겠는가? 선생은 '명명덕明明德'이 되어야 하고, 제자들은 '친민親民'이 되어야 한다고 했는데, 기독교에서는 언제나 '십자가'라고 하는 것을 내어놓는다. 십자가, 부활, 승천, 재림, 이 네 가지가 기독교의 핵심 교리이다. 교리라고 하는 것이 무엇인가 하면 새로운 계명이다. 다시 말해서 실천방법이라고 말할 수 있다.

초대교회 때부터 실천방법으로, 십자가를 상징하는 것하고, 부활을 상징하는 것, 두 가지가 있어 왔는데 부활을 상징하는 것을 세례라고 하고, 십자가를 상징하는 것을 성만찬이라고 한다. 그래서 교회라고 하는 모임이 하나가 되기 위해서 같이 음식을 나누어 먹고(성만찬), 같이 씻음을 통한 정결의식(세례)을 가져온 것이다. 이러한 의식을 통해 공동생활 준칙을 지켜온 것이다.

그래서 프로테스탄트에 오면 예수 믿는 사람이라고 하면 술을 안 먹고, 담배 안 피운다는 것이 한국교회에서 나온 하나의 규칙이다. 한국교회에서는 예수 믿는 사람들은 다 술 안 먹고, 담배 안 피운다는 것이 하나의 규칙이 되고, 그런 사람들끼리 하나가 된다는 것으로 이렇게 하나가 되기 위한 어떤 규율이 없을 수 없는 것이다. 기독교에서는 십자가와 부활이 하나의 규율인데 십자가라고 하는 것은 무엇을 뜻하나 하면, 자기라고 하는 것이 없는 것(무아無我)이고, 부활이라고 하는 것은 무엇을 뜻하나 하면 큰 나가 된다는 것(대아大我)이다. 그러니까 한번 자기가 없어지고, 한번 큰 나가 되어 보자는 것이다.

군대로 말하면 다 자기라는 게 없고, 나라만 있고 그렇게 되어야 하나가 되지, 다 자기, 자기라는 것을 내세우게 되면 집단이기주의로 되어 아무 일도 못하게 되고 만다. 그래서 우선 십자가라고 하는 무아가 하나 있어야 하고, 그리고 또한 대아가 하나 있어야 한다. 그렇게 되면 같은 룰(Rule)을 갖게 되는데, 그것이 극기복례克己復禮라는 것으로 아무리 술 먹고 싶어도 내가 예수 믿는 사람이니까 안 먹어야 되겠다는, 아무리 담배 피고 싶어도 안 피워야 되겠다는, 그런 극기가 필요한 것이다. 그리고 주일날 11시가 되면 다 예배 보러 교회에 모인다, 라는 어떤 하나의 공동 규범을 갖게 되어야 하는 것이다.

그런 공동규범을 지킬 때 하나의 집단이 될 수 있지 그렇지 못하면 하나의 집단이 될 수 없다. 그러니까 법의 실천이라고 말할 수 있다. 우리가 길을 가다가도 빨간 불이 나오면 딱 멈추어 선다, 라는 것이 공동으로 실천이 되어야지 어떤 사람은 지키고, 어떤 사람은 지키지 않는다면 집단으로서 힘을 가질 수 없다. 운동경기를 할 때에 반드시 룰을 지켜야지 반칙을 하게 되면 안 되는 것과 마찬가지다.

그래서 집단의 세계에는 꼭 지켜야 할 규칙이 있게 마련이다. 그 규칙이란 게 없으면 하나의 집단을 이룰 수 없게 된다. 그래서 아는 것보다도 실천하는 것이 중요한 것이다. 공자가 말하기를 아는 것은 별로 중요하지 않다. 서로 믿는다는 게 중요하다, 라고 했는데 믿는다는 말이 곧 공동규칙을 실천하는 것을 뜻한다. 그렇게 될 때 하나가 될 수 있지 그렇지 않으면 하나 되기가 참 어렵다. 그래서 초대교회 일찍부터 이 십자가와 부활이라는 상징으로 예수 믿는 사람들은 다 세례를 받고, 누구나 다 성만찬에 참석하도록 했는데 이런 하나의 강한 공동 룰을 만들어 시켜나가도록 하였으며, 이것이 성례전(Sacrament)이라는 것이다.

그래서 이러한 규칙을 지킬 때 예수 믿는 사람이지, 그렇지 않으면 예수 믿는 사람이 아니다, 라는 신앙의 규칙이 있게 되었다. 그런데 그런 규칙이 애매한 것도 있다. 지적知的인 것은 생각하기에 따라 다를 수도 있으므로 자꾸 분열하게 되기 쉽다.

이 알 지知 자라는 것은 화살 시矢와 방패 간干으로 된 자인데 결국 화살과 방패라는 말로서, 안다고 하면 반드시 싸움이 있게 마련이다. 그러니까 지적으로 가면 여러 가지 다른 의견이 나올 수 있으니까 싸움이 나오게 된다. 그래서 지적으로 일치시킨다는 것은 참 어렵게 된다. 그러니까 이 지知라고 하는 것 대신에 행行으로 바뀌어야 한다.

진리가 되면 반드시 행行으로 바뀌어야 하는, 그 무엇이 나와야 한다. 행行으로 바뀌어서 자기가 그 행行을 실천하게 되어야 하나를 이룰 수 있지, 그 행行을 실천하지 못하면 하나가 될 수 없다. 그래서 불교에서도 지知가 행行으로 바뀌었다는 것이 소위 일좌식一坐食이란 것이다. 참선과 일중식一中食이 그것이다. 이것이 행行으로 바뀐 것을 말한다. 그러니까 색즉시공色即是空 공즉시색空即是色인데, 공空이라고 하는 것은 일식一食이 되는 것이고, 색色이라고 하는 것은 일좌一坐가 되는 것이다. 그것에 있는 하나의 진리가 하나의 실천체계로 바뀌는 것이다.

내가 늘 자꾸 말하지만 '진리가 곧 실존이다' 라는 말이 진리가 실존으로 바뀌어야 한다는 뜻이다. 이것이 언제나 중요하다. 다시 말해 실존으로 바뀌어야 하나가 될 수 있지, 실천체계가 생기지 않고는 교단이 성립될 수 없다. 우리가 법, 법이란 말을 많이 쓰는데 법이란 말이 '진리이면서 동시에 실존' 이 되어야 하는 것이다. 태양이면서 시계가 되어야 하는 것이다. 그래서 반드시 '진리가 곧 실존이다' 라는 것이 매우 중요한 것이 되는 것이다.

"나는 하늘에서 내려온 빛이다", "나는 하늘에서 내려온 떡이다"라고 하는데, 언제나 이 지적知的인 것하고, 행적行的인 것하고가 일치가 되어야 한다. 힘이 되려면 행적인 것이 일치가 되어야 한다. 말하자면 지知라고 하는 것이 태양같은 것이라면 행行이라고 하는 것은 지구 같은 것이다. 그래서 이 둘이 하늘과 땅인데, 일치해야 한다.

오늘 나온 구절에 "너희가 서로 사랑하라는, 새 계명을 주노니"라는 말이 나왔는데, 이 말은 앞으로 또 나오는 말로서 '서로 사랑하라'는 데에는 하나의 공통적인 새 계명이 나와야 한다. 새 계명에는 이것만은 꼭 지키라는 그 무엇이 있어야 한다. 그것이 없이는 하나가 될 수가 없다.

마치 운동경기 할 때 룰이 있어야지 룰이 없으면 하나가 될 수 없는 것과 마찬가지다. 축구나 농구, 모든 경기가 룰이 있어야 한다. 붓글씨를 쓸 때에도 필법이란 것이 있다. 필법이 있으니까 꼭 같이 쓸 수 있게 되지 필법이 없으면 꼭 같이 쓸 수가 없게 된다.

여기서 법이라는 것이 계명이 되는데, 예수 믿는 사람은 술 먹으면 안 된다, 담배 피우면 안 된다는 룰이 있어야 하나가 되지, 그것 없이는 하나가 될 수가 없다. 그래서 무엇이든지 하나가 될 수 있는 룰이 있어야 한다. 물론 그 룰은 집단마다 다 다르다. 그러나 그 집단의 공통되는 룰이 있게 마련이고, 그 룰을 지키면 하나가 되는 것이다. 그 룰을 안 지키면 그 집단은 하나가 될 수가 없다.

자, 이것은 내 개인의 문제인데 유영모 선생과 나에 대해서 생각해 보면, 내가 아는 것은 유영모 선생께서 아는 것의 만분의 일도 안 될 것이다. 유영모 선생이 만 자를 안다면 나는 한 자밖에 모른다는 소리다. 그러니까 아는 것은 같다고 할 수가 없다.

그러나 한 가지 같은 것은 유영모 선생께서 한 끼를 먹었고, 나도 한 끼 먹는다는 사실이다. 유영모 선생과 내가 같은 것은 그것 하나다.

그런데 소위 유영모 선생을 가까이 따라 다닌다는 사람들이 칠, 팔 명 있었는데 유영모 선생의 추도회라고 하여 모이게 되면 밤낮 싸움이 난다. 한 번도 제대로 추도회를 갖지 못했다. 그래서 요즘은 유영모 선생을 따라 다니지 않던 사람들이 추도회를 주관하고 우리들은 참여하는 정도가 되었다. 유달영 선생은 유영모 선생의 집회에 나온 적이 별로 없던 사람인데 그분께서 요즘은 추도회를 도맡아 할 정도이다.

왜 그렇게 싸웠나 하면 유영모 선생님의 생전의 가르침에 대해서 서로 견해가 달랐기 때문이다. 유영모 선생의 가르침이 나는 이렇다고 생각한다, 나는 저렇다고 생각한다, 라 하고 서로 다른 주장을 하기 때문이다. 맨 처음 추도회를 한다고 할 때에는 찬송가를 한 곡 부르고 시작하였는데 두 번째 추도회 때도 다시 찬송가를 부르려고 하니까 참석했던 사람들 중에서 유영모 선생께선 찬송가를 부른 적이 없다, 그러니 찬송가를 부르지 말자, 라고 주장하는 사람들이 있어 찬송을 부르지 못하게 되었다.

유영모 선생은 YMCA에서 강의할 때는 정말 성경강의만 했지 찬송을 부르지는 않았다. 그러니까 사람들 중에는 찬송 부르는 것을 반대하는 사람도 나오게 된 것이다. 그래서 결국은 찬송 대신에 애국가를 부르고 추도식을 시작하게 된 것이다.

어떤 사람은 유영모 선생이 톨스토이파다, 어떤 사람은 간디파다, 라 하고 그의 사상을 분류하기 시작했는데 나처럼 유영모 선생은 예수를 믿는 기독교인이다, 라고 하면 아니라고 크게 반발하게 되어 결국은 한 사람 한 사람 다 다른 견해를 내놓아 갈라서고 말았다. 그러니까 서로 힘을 합칠래야 합칠 수가 없게 된 것이다. 그래서 지금은 유영모 추도식도 다른 사람들이 주관하게 되었고, 다석일지 책도 다른 사람들이 내게 된 것이다. 왜냐하면 힘을 합칠 수가 없었기 때문이다.

힘을 합치려면 내가 한 끼 먹으니까 다른 사람들도 한 끼 먹으면 합쳐질 수 있을 텐데 한 끼 먹는 사람이 나 외에는 한 사람도 없었다. 그러니까 그런 룰을 지키는 것은 없어지고 다석 사상 연구회만 하나 생겨 가지고 다석은 이렇게 말했다, 아니다 저렇게 말했다 하여 실컷 싸우다가 흩어지게 된 것이다.

유영모 선생의 사상의 핵심을 한마디로 말하면 가온찌기로(ㄴㄱ), 한문으로 말하면 무극이태극無極而太極인데 이것을 실천하는 룰로 바꾸면 일식一食이 된다. 무극無極이란 24시간이고, 태극太極이란 점을 찍는 것으로 결국 하루에 한 끼 먹는 것이 되는 것이다.

유영모 사상의 핵심이 네 가지가 있는데 그 중 하나가 무극이태극이고, 그것을 실천의 룰로 바꾸면 일식이 된다. 그래서 일식한다고 하면 서로 싸울 일이 없다. 나도 일식하고, 너도 일식하고, 같이 일식하자는 데에는 이견이 있을 수가 없다. 그러니까 룰이 되어야 같아지지 지식으로 이해하기 시작하면 사람마다 다 달라지게 된다. 물론 유영모 선생이 톨스토이를 읽고 영향을 받은 것도 사실이다. 그 당시 지식인들 중에 톨스토이를 보지 않은 사람이 없을 정도였다. 제일 많이 본 사람이 아마도 이광수였을 것이다. 이광수도 톨스토이를 많이 보았고 이광수의 문학 스타일이 바로 톨스토이 스타일이 아니겠는가.

또 그 당시에 간디를 공부하지 않은 사람이 없을 정도였다. 3·1운동이란 것도 간디의 영향으로 일어난 것이다. 그러니까 많은 사람이 간디를 따랐던 것도 확실하다. 그런데 간디가 유영모 사상의 주라든지, 톨스토이가 유영모 사상의 주라든지, 혹은 어떤 사람은 유영모는 노자를 좋아했으니까 노자가 유영모 사상의 주라든지, 자꾸 서로 다른 견해를 내놓다 보니까 7, 8명의 사람들이 모이게 되면 싸움을 하게 되는 것이다. 그래서 결국 나중에는 추모회도 못하게 되고 말았다. 유영모 선생의 후계자들 7, 8명의 사람들이라도 서로 힘을 합쳐서 무엇인가 그 뜻을 펼 수 있었어야 하는데 힘을 합치기는커녕 결국은 서로 싸움만 하게 되었다.

그러니까 유영모 선생께서 새 계명을 주긴 주었는데, 그 새 계명을 통해서 하나가 되어야지 새 계명 없이 하나가 되려면 역시 하나 되기가 어려운 것이다.

그래서 나는 "새 계명을 주노니" 하는 말이 상당히 큰 의미가 있는 말이라고 생각한 것이다. 기독교에는 새 계명이란 것이 네 가지다. 십자가와 부활과 승천과 재림이다. 이것이 기독교의 핵심교리인데 이 교리가 실천계명으로 바뀌어야 한다. 유영모 선생의 십자가란 무엇인가. 이것을 동양식으로 말하면 무극이태극無極而太極이다. 그래서 십자가를 실천으로 고치면 일식이 된다. 유영모 선생은 십자가를 실천하기 위해서 일식을 했다, 라는 것이 된다. 이렇게 반드시 무엇이 되든지 간에 실천 룰이 있어야 한다. 같이 떡을 떼어먹는 성찬식이라든가, 같이 세례를 받는다든지, 어떤 것이 되든지, 같이 실천할 수 있는 룰을 가질 때, 그것이 새 계명이 되는 것이다.

그래서 법이라는 것이, 율법이라고 할 때 하나의 계율이 되고 마는 것이다. 오늘 나온 구절에서 "당신들에게 서로 사랑하라는 새 계명을 주니라"고 했는데, 서로 사랑하라는 것이 하나의 계명이 되겠지만 서로 사랑하기 위한 구체적인 실천 룰을 가져야 한다. 그러한 실천적인 룰이 없이는 서로 사랑한다는 것이 될 수가 없다. "내가 너희를 사랑한 것 같이, 너희도 서로 사랑하라"고 했는데 예수도 사랑을 하기 위해 어떤 구체적인 실천을 했을 것이다.

만일 그 실천이 예수의 40일 금식기도라면, 우리 믿는 사람들도 예수를 따르기 위해서는 40일 금식기도의 실천 룰을 따라야 할 것이다. 그래야 예수하고 통하게 되지 예수는 금식기도 했는데 우리는 금식기도 하지 않는다면 그와 통할 리가 없다. 또 예수가 세례를 받았다면 우리도 세례를 받아야 하고, 예수가 깨끗하게 했다면 우리도 깨끗이 해야 하고, 무엇인가 공통되는 룰을 따르는 것이 있어야 한다는 말이다. 생활신조 속에 서로 공통되는 무엇인가가 있어야지, 그런 것 없이는 통할 수가 없다. 아까 말한 대로 반드시 법이라는 것이 있어야지, 지어지선至於至善이라는 것이 되어야지, 법이라는 것이 없이는 하나 되지를 않는다. 그래서 법이라는 게 새 계명인데, 법이라는 것이 상당히 중요한 것이다. "너희가 서로 사랑하면, 모든 사람이 그것으로써 너희가 내 제자인 줄을 알게 될 것이다"라 했는데, 모든 사람들이 제자임을 알게 되려면 같은 실천을 해야 알게 되지, 같은 실천을 하지 않고, 마음속으로만 나는 저 사람을 사랑한다, 라고 해서는 제자가 될 수 없는 것이다. 그러니까 반드시 어떤 법이 있어야지 법이 없이는 알 수가 없다.

시몬 베드로가 이르되

주여 어디로 가시나이까.
예수께서 대답하시되
내가 가는 곳에
네가 지금은 따라올 수 없으나 후에는 따라오리라.
베드로가 이르되
주여, 내가 지금은 어찌하여 따라갈 수 없나이까.
주를 위하여 내 목숨을 버리겠나이다.
예수께서 대답하시되
네가 나를 위하여 네 목숨을 버리겠느냐.
내가 진실로 진실로 네게 이르노니
닭 울기 전에 네가 세 번 나를 부인하리라.

생명을 바친다는 것이 실천을 말한다. 베드로는 실천하겠다고 말한다. 그런데 예수께서는 베드로가 아직 그런 실천을 할 수 있는 힘이 부족함을 얘기하는 것이다. 힘이 있다면 예수께서 따라 오라고 했겠지만 베드로에게는 그런 힘이 없는 것이다. 예수를 부인하고 도망치기 바빴지 예수를 따라 가지 못한 것도 사실이다. 그러니까 여기서 생명을 바치겠다고 하는 것은 말뿐이지 실제로는 도망만 다닌 것이다.

한번은 함석헌 선생이 40일 금식기도 한다고 시작을 했는데, 일본과 청구권 합의 때로 기억되는데, 그때 유영모 선생께서 찾아가서 당장 오늘로 금식을 걷어치우라고 하신 적이 있었다. 왜냐하면 유영모 자신도 16일 밖에 금식 못했는데 네가 어떻게 40일 금식기도 한다고 하느냐, 결국 사람을 속이고 거짓말하는 것 아니냐, 간디도 30일 밖에 금식을 못했는데 네가 어떻게 40일 금식한다고 덤벼드느냐, 예수니까 40일 금식했지 아무나 40일 금식하는 줄 아느냐, 라고 야단을 치고 돌아 왔는데 결국은 40일 금식이 흐지부지 되고 만 적이 있었다. 그러니까 아무나 금식한다고 되는 것은 아니다. 그래서 룰을 정하는 것도 최소한으로 그 목표를 세워야지 목표만 정한다고 해서 할 수 있는 것은 아니다.

그래서 기독교 같은 데서도 세례 받는 것 정도는 아무나 할 수 있지 않겠는가. 성찬식 정도는 아무나 할 수 있지 않겠는가 하여 쉬운 것부터 시작했을 것이다.

그러니까 그 룰도 어려워지면 실천하기가 어려워진다. 그래서 일반인들에게 하는 룰과 지도자가 될 사람에게 하는 룰이 달라야 한다. 제자들, 즉 사도라는 사람들은 좀 더 엄한 룰을 가져야 하겠고, 일반 대중들은 좀 더 가벼운 룰을 가져야 하겠고, 그래서 어떤 집단이든지 하나의 룰이 있어야 한다. 그러니까 베드로가 생명을 바치겠다고 나서지만 생명은 커녕 부인만 하기에 이른 것이다. 그러므로 자신의 실력을 자신이 깨달아야 한다. 요즘도 학생들이 종종 20일씩 단식한다고 언론에 공표하고는 뒤로는 다들 라면 갖다 먹느라고 바쁘다고 하는데 결국은 거짓말이 되고, 사기꾼이 되는 것밖에 더 있겠는가.

유영모 선생께서 함석헌 선생을 꾸짖은 이유도 바로 그것이다. 자기 실력껏 금식하겠다고 해야지, 사나흘쯤 금식한다고 하면 내가 인정하겠지만, 40일 금식한다고 나서는 것은 말도 되지 않을 뿐 아니라 사람들을 속이는 것이 되지 않느냐는 것이다. 그러니까 룰도 자신의 역량껏 정해서 성의를 다해 지켜나가고 좀 더 힘이 생기면 그 목표를 점차 늘려나가는 것이 좋다.

제 14 장

기독교의 근본사상

기 도

오늘 거룩한 주일날
저희들이 모였습니다.

하나님께 거룩한 성호를 찬양하며
또 이제 당신께 간구 드립니다.

저희들을 불쌍히 여겨주시고
당신의 사랑과 의에 힘입어서
저희들이 좀 더 지혜롭고
좀 더 참되고
좀 더 아름다운
삶을 살 수 있도록
당신께서 도와주시옵고
특별히 우리나라 역사를
당신께서 돌보아 주셔서
이 역사가 하루바삐 통일을 이루는
그런 날이 올 수 있도록
당신께서 인도하여 주시옵소서.

이 모든 말씀
예수님 공로 받들어
기도하옵나이다.
아멘.

55. 길, 진리, 생명

1994년 10월 23일

요한 14:1~11

요한복음 14장, 15장, 16장, 17장의 네 장을 소위 요한의 유훈遺訓이라고 하는데 마지막에 예수님께서 남기신 유언이란 말이다. 그래서 이 네 장이 요한복음만이 가지고 있는 독특한 내용이다. 다른 복음서에는 없고 이 요한복음에만 있는 내용이다. 마태복음에는 5장, 6장, 7장이 산상수훈이란 내용이 중요하고, 누가복음에는 15장, 16장, 17장을 평지설교라고 하고, 여기 요한복음의 네 장을 최후의 유훈이라고 하여 각 복음서에서 중요한 내용으로 알려져 있다.

너희는 마음에 근심하지 말라.

하나님을 믿으니 또 나를 믿으라.
내 아버지 집에 거할 곳이 많도다.
그렇지 않으면 너희에게 일렀으리라.
내가 너희를 위하여 거처를 예비하러 가노니,
가서 너희를 위하여 거처를 예비하면
내가 다시 와서 너희를 내게로 영접하여
나 있는 곳에 너희도 있게 하리라.
내가 어디로 가는지 그 길을 너희가 아느니라.

이것이 요한복음 맨 처음부터 말했던, 같은 사상이다. 하나님께서 이 우주의 주인이라면 그리스도는 무어랄까, 이 우주를 지은 목수이다. 그러니까 "태초에 말씀이 있으니"에서 말씀이라고 하는 것이 그리스도인데, 그리스도라는 말씀으로 모든 만물이 창조 되었다. 다시 말해서 모든 만물을 지은 분이 그리스도이다.

그래서 그리스도가 이 우주를 지었고, 그리고 이 우주의 주인이 하나님이니까, 이 우주는 한없이 크고 완전한 것이라는 말이다. 그러니까 이 우주가 무너질까봐 걱정할 필요는 없다.

이번에 성수대교가 무너져 내렸는데, TV에서 기자들이 그것에 대해 보도를 아주 많이 해주었다. 그 다리를 만들 때 예를 들어 천억 원이 든다면 입찰할 때 9백억 원을 써넣어야 낙찰을 받아 공사를 수주할 수 있고, 공사를 낙찰 받아 나라에서 9백억 원을 받으면 2백억 원은 뇌물로 관리들에게 바쳐야 하고, 2백억 원은 공사를 딴 재벌이 자기들 수입으로 잡고, 그러고 나서 남은 5백억 원으로 하도급을 주는데, 하도급도 또 2, 3단계를 거치게 되어 있어 최종 하도급자가 공사를 하는데는 단돈 3백억 원으로 다리를 건설해야 한다고 하니 제대로 다리가 될 수가 없다는 얘기였다. 그러니까 천억 원을 들여야 되는 공사가 3백억 원으로 공사를 해야 하니까 다리가 되지 않고 지푸라기가 될 수밖에 없다는 얘기이다.

그런데 또 기자들이 말하기를 행주대교 같은 다리는 개통도 하기 전에 무너져 내렸는데 성수대교는 15년이나 갔으니 오래 썼다는 얘기였다. 개통도 하기 전에 무너져 내린 다리가 또 하나 있는데, 팔당대교는 공사를 시작할 때 상판 두 쪽이 무너져 내리고 말았다. 그래서 다시 공사를 시작하고 있다.

하청업자가 하는 말이, 이 다리를 시멘트 넣고 제대로 만들려면 다리 하나 놓는데 3년은 걸려야 하는데 요즘 공사는 6개월 혹은 일 년 이내에 다리를 후딱 지으려니 시멘트가 제대로 굳을 시간도 없다는 얘기다. 그래서 시멘트가 굳기 전에 상판을 올려놓으니까 그 무게를 이기지 못하고 무너져 내린다는 말이다. 행주대교도 그래서 무너졌다는 것이다. 그러니까 굳는 시간이 얼마간 필요한데 굳기 전에 상판을 올려놓는다는 말이다. 그래서 왜 그렇게 빨리 공사를 서두르는지 물어보니까, 3백억 원에 공사를 하려면 제일 많이 줄여야 하는 것이 인건비인데 웬

만한 다리 공사에 하루 인건비만 2천만 원이 드는데 하루 공기를 줄이면 2천만 원을 줄일 수 있다는 말이다. 그래서 열흘만 줄이면 2억이 남으니까 공기를 줄일수록 공사비를 줄일 수 있다는 것이다. 그러니까 가능한 빨리 만들수록 자기들은 남는 공사를 할 수 있다는 말이 되고 그러다 보니 6개월 만에 다리 하나를 뚝딱 만들게 되고 대통령까지 참석해서 개통식을 하고 빨리 공사한 공로로 상도 주고 한다는 것이다.

그리고 이렇게 사건이 생기면 또 먹을 것이 생기게 된다는 것이다. 재공사를 위한 예산이 또 나오기 때문이다. 그래서 또 부실공사의 악순환이 계속 된다. 그러니까 계속 사건은 생기고 그래야 또 일감이 생기게 된다. 이런 구조적 모순을 갖고는 도저히 해결이 안 된다.

나라면 나라, 정부면 정부가 제대로 주인이 되어 설계도 완벽하게 하고, 발주도 정상적으로 이루어져서 건축업자가 제대로 비용을 넣어 천억 원짜리 다리를 놓는다면 천억 원을 다 투입하여 튼튼한 다리를 만들면 아무런 문제가 없는데 천억 원짜리 다리를 삼백억 원에 만들려니까 그것이 제대로 될 리가 없는 것이다.

그러니까 맨 처음부터 부실의 소지를 안고 한 공사인데 사건 발생 뒤에 부실 여부를 따져 보겠다는 것은 말도 되지 않는 소리다. 다 만들어 놓고 이제 와서 따져봐야 무엇하겠는가. 또 부실공사를 하고 나서 다리의 관리 잘못으로 무너졌다고 따져 봐야 무엇하겠는가. 부실로 무너질 다리를 어떻게 관리하란 말인가. 그렇게 관리하는 사람들은 과연 또 믿을 만한 사람인가. 그러한 부실이 근본적으로 잘못된 것인데 이제 와서 그 원인을 조사한다고 하여 구조적인 잘못이다, 기술적인 잘못이다를 따진다고 하니 한심하기 짝이 없다.

조사를 해 보니 철 구조물의 핀이 약해서 빠져 버렸다고 하는데, 천억 원짜리 공사를 삼백억 원에 한 것이 그 원인이지 그까짓 핀 하나 빠진 것이 원인이 되겠는가. 그러니까 검찰에서 조사하겠나는 것도 말도 안 되고, 대통령이 조사해 보라는 것도 우스운 일이다. 대통령도 그런 것 모르고 대통령이 되겠는가. 천억 원짜리 공사를 삼백억 원에 공사한다는 것은 누구나 다 아는 사실인데 그것을 몰라서 이제 와서 조사를 해보라는 것은 정말 어불성설이다. 그런데 자기네 집을 짓는다고 하면 절대 그런 부실이 있을 수 없다. 자기네 집을 지을 때는 시멘트 한 부대라도 더 쓰고 자갈 한 삽이라도 더 쓰게 하니까 부실이 생길 리가 없다.

그러니까 우리네 의식구조라는 것이 자기의 집까지 생각하는 게 고작이다. 자기네 집을 짓는다고 하면 튼튼하게 짓는데 나라라고 하면 그게 안 된다. 왜냐하면 국가라고 하는 의식이 없기 때문이다. 국가 그러면 다 남의 것이 되고 만다. 남의 것이니까 무책임하게 되고 떼어먹어야 하는 것이 되고 만다. 그래서 어떻게 해서든 일부러 부실을 만들어 놓아야 자기에게는 돈벌이가 되니까 자꾸 부실하게 되고 결국은 그런 부실공사가 계속 일어나게 되는 것이다. 이런 의식구조는 우리 국민 전체의 의식구조이지 어떤 한 사람, 개인의 의식구조는 아니다.

우리는 가족, 가정에 대한 의식은 아주 강하다. 어느 집에 가도 반들반들하게 다 만들어 놓는다. 집안에는 조그마한 쓰레기도 없도록 깨끗하게 해 놓으면서 바깥에는 쓰레기를 마구 버려 놓는다. 우리 동네 청량리에도 아침에 지하철역 입구에 가보면 맨 쓰레기 천지이다. 왜냐하면 동네사람들이 다 길바닥에 내어다 버리기 때문이다. 자기 집안은 깨끗하게 하면서 길바닥은 아무리 더러워도 관심이 없다. 그런 것을 보면 우리는 아직도 국가의식이라는 것이 부족하다. 국가라는 것이 바로 내 것이라고 하는 그런 의식이 나오기 전에는 그런 문제를 해결할 수가 없다.

오늘 아침 신문에도 동아건설에서 "깊이 머리 숙여 사과를 드립니다"라고 사과 광고를 했는데 무엇을 사과하겠다는 것인지 도대체 모르겠다. 3백억 원으로 공사를 했으면 그것을 솔직히 털어놓고 자신들도 그런 사실이 어쩔 수 없는 관행임을 밝혀야지 사과만 한다고 해결될 문제가 아니다. 그러니까 조사를 하겠다는 것도 다 거짓말이지 이제 와서 조사를 해본들 어떻게 하겠는가. 또 국회에서 조사를 한다고들 하는데 국회의원들 자신들도 3백억 원으로 공사를 했다는 것을 누구보다도 잘 아는 사람들인데 그 사람들이 조사를 한다고 무엇이 달라질 것도 없다. 그 공사의 뇌물을 국회의원들이라고 안 먹었을 리가 없다. 검사들은 안 먹었겠는가. 장관들은 안 먹었겠는가. 다 먹은 사람들 밖에 없는데 누가 조사하고 누가 밝힌다는 말인가. 아무도 밝힐 사람들이 없는 것이다.

먹자판인 우리 사회의 관행이 고쳐지기 전에는 도저히 고쳐지지 않는 것이다. 건설회사는 계속 자신들이 더 먹겠다고 하고, 관리들은 관리들대로 자신들이 더 먹겠다고 하고, 국민들 전체가 다 먹자판으로 된 이 마당에 누가 무엇을 밝혀 보겠다고 나서겠는가. 도저히 할 수가 없는 일이다.

그러니까 예수님처럼, 예수님이 놓은 다리를 십자가라고 하는데, 십자가라는 것이 무엇인가 하면 "내 살은 먹을 것이요, 내 피는 마실 것이다"로서, 자기를 내어줄 때 고쳐질 수 있는 것이지, 내 살과 내 피는 내어주지 않고 오히려 남의 피와 남의 살을 뜯어먹겠다고 덤비는 사람들에게 무엇을 기대할 수 있겠는가.

그리고 하나님 그러면 하나님께서는 우리에게 일체를 다 주시는 분이지, 하나님은 아무것도 바라는 것이 없는 분이다. 우리가 하나님께 헌금한다고 하여, 하나님께서 받으시라고 하는데, 하나님께선 받으시는 게 하나도 없고, 목사가 다 받아먹는 것이다. 하나님이 돈을 무엇하러 받으시겠는가. 하나님께 바치라고 자꾸 그러는데 하나님이 돈 먹는 사람인가. 하나님도 하나도 먹지 않고, 그리스도도 하나도 먹지 않고, 그러니까 믿으라는 것이지 그런 것이 없다면 우리가 무엇하러 믿겠는가.

이번 일로 시장을 바꾼다고 하는데 새로운 시장이 온다고 해서 무엇이 달라지겠는가. 옛날부터 먹던 시장이 또 왔다고 해서 무엇이 달라지겠는가. 그런 관행이 없어지지 않는 한 해결될 수가 없는 것이다. 정말 나라를 사랑하는 사람들이 나와 가지고, 나라 것은 절대 안 먹는다는 사람이 나와야 해결이 될 수 있지, 그렇지 않고는 해결될 수가 없다. 또 대통령 한 사람만 그래서도 안 된다. 김영삼 대통령 혼자서 안 먹겠다고 해도, 자기 아랫사람들이 더 먹겠다고 설치면 그것도 문제다.

이렇게 보면 국민 한 사람 한 사람 다가 그렇게 변해야 한다. 그러니까 전 국민의 책임이지 대통령 하나나, 서울시장 하나의 책임은 아닌 것이다. 우리 속에 국가를 사랑한다는 의식이 있어서 내 집의 안방이 깨끗하기를 원하면 나라도 내 집 안방처럼 깨끗하게 만들어야 한다는 생각이 있어야 하는 것이다. 우리가 양명학에서 배웠듯이 "천하가 한 집이고, 나라가 한 사람이다"라는 사상이 우리에게 없으면 안 되는 일이다.

그런데 우리는 아주 오랜 동안 국가라고 하는 것을 못 가졌었다. 고구려 때는 국가다운 국가를 가졌었는지 모르겠지만 신라 때부터 우리는 국가라는 게 무너진 것이다. 그 당시 당과 야합하여 고구려를 무너뜨리고 청천강 이남을 신라 국가라고 했는데, 곧 왕건에게 빼앗기고, 왕건이 고려를 세우고부터는 송나라에 지배당하고, 원나라가 쳐 들어오고, 조선시대에 들어서는 명나라, 청나라에 지배당하고, 근세에는 일본에 당하고, 이렇게 계속 외세에 시달려 왔지 우리나라는 제대로 독립국가로서 서 보지 못했었다.

조선조시대 때에는 사색당파로 분열되어 통일이란 것도 못해 보았고, 결국 36년간을 왜놈에게 망하고 만 것이다. 그리고 백성들의 국가에 대한 의식은 무엇인가 하면, 국가라고 하는 것은 백성을 착취하는 기관이지 백성을 위한 것은 아무것도 없다고 생각하는 것이다. 조선조 때에 백성들은 초가집도 제대로 짓고 살지 못했었다. 조금이라도 제대로 된 집을 짓게 되면 관에서 그냥 두지 않는 것이다. 그러니까 좀 여유가 있어도 집을 크게 못 짓고 조그맣게 오막살이로 연명해 살던 것이 조선조 시대였다.

그래서 성호 이익이 쓴 글을 보면, “서울 이북에서 난 곡식은 전부 중국에 갖다 주고, 서울 이남에 난 곡식은 전부 왕족들이 빼앗아 가니 백성들은 무엇을 먹고살아야 하는가”라는 말이 있는데 그런 것을 보면 그 당시에 얼마나 착취가 심했는지 알 수 있다. 그러니까 백성들이 국가라고 하는 것을 원수처럼 생각했을 것이다. 그래서 될 수 있으면 국가를 멀리 하려고 하고, 피하려고 하고 그렇게 되니까 국가에 대한 사랑이 생길 수가 없는 것이다. 그러다가 나라가 망하고 왜놈들에게 하도 시달리다 보니까 그때서야 비로소 나라가 있어야 되겠다, 나라가 없으니까 정말 사람구실 하기가 어렵다는 것을 느끼게 된 것이다.

그 당시에는 더구나 외국을 다니려면 더 힘들었다. 비자도 없이 외국을 갈 수가 없으니까 중국에 가서 중국 사람들 행세를 하여 비자를 받아 외국에 갔다. 그렇게 하여 외국에 가면 사람대접을 제대로 받을 수 있었겠는가. 국가가 있어야 사람인 것이다. 소크라테스의 말이다. 국가가 없으면 사람이 아닌 것이다. 사실 국가가 없으면 사람이 될 수가 없다. 국가가 사람을 만드는 것이지 국가가 없으면 사람이 설 데가 없다. 우리는 거의 국가라는 게 없이 살아 왔으니까 거의 사람 구실을 못하고 살아온 것이다. 중국 사람들도 한국 사람을 거지 취급했고, 일본 사람들도 한국 사람을 천민으로 멸시했다. 그래서 한 번도 제대로 사람대접 못 받고 그렇게 살아 온 것이 한국의 역사적 현실이다. 그러니까 국가의식이란 것이 제대로 있을 수가 없었다. 그것은 당연한 일이다. 그런데 어떻게 하여 세계정세로 인해 해방도 맞이하게 되고 자유라고 하는 것도 알게 되었다. 다른 자유는 몰라도 우리가 한국말을 할 수 있다는 자유는 생긴 것이다.

이번에 TV에 보니까 기자들이 굉장히 세밀하게 부실의 원인을 규명하고 있다. 천억 원짜리를 3백억 원에 하니까 부실이 되지 않을 수가 없다는 내용이다. 이런 것을 대통령이 좀 보는지 모르겠다. 또 국회의원들도 이런 내용을 보는지 모르겠다. 왜 이런 부실이 생기게 되었는지, 그 원인을 한마디로 말하면 국가의식의 부족이다. 다시 말해서 애국심의 부족이다. 나라는 어떻게 되든 나 혼자 잘 살면 된다, 그리고 문제가 되면 외국으로 도망치면 된다, 라고 생각한다.

그러니까 우리는 그 동안에 국가 의식이 정말 발달하지 못한 것이다. 그래서 이런 결과를 자꾸 낳게 된다. 정말 국가가 정직해지고 건축업자도 정말 정직해져서 천억 원짜리 공사를 천억 원 들여 공사를 한다면 백 년 간들 다리가 무너지겠는가. 일제시대 때 지은 한강다리는 아직도 까딱없이 쓰고 있다. 그러니까 우리는 아직까지도 국가라고 하는 것을 제대로 갖지 못한 것이다.

국가라고 하는 것이 되기 위해서는 세 가지가 있어야 하는데 우선 자유가 있어야 하고, 다음에는 독립이 있어야 하고, 그리고는 통일이 있어야 한다. 아까도 말했지만 우리는 고려 때 독립을 잃었고, 조선조 때 통일을 잃었고, 일제 때 자유를 잃었다. 그런데 어쩌다가 미국 덕택에 일본이 패망하여 자유를 얻게 되었다. 그리고 또 미국 덕택에 우리가 UN에 가입하고 독립도 얻게 되었다. 아마 앞으로 통일도 미국 덕택에 하게 될 것이다.

요즘 미국이 북한과 자꾸 담판하여 북미회담을 한다고 하는데 언젠가는 통일도 오게 될 것이다. 통일을 우리 힘으로 못하게 되어서 안타깝게 생각하겠지만 자유도 우리 힘으로 한 것이 아니고, 독립도 우리 힘으로 한 것이 아니고, 통일도 결국 우리 힘으로 하는 것이 아닐 것이다. 이것은 정말 세계의 정세가 만들어 주는 것이지 그렇지 않고는 그런 것들을 우리 힘으로는 기대할 수 없는 것들이다. 그래서 우리가 통일을 하게 되면 그때서야 제대로 나라 구실을 하게 될 것이다. 그렇게 되면 우리도 당당한 통일국가, 독립국가, 자유국가가 될 것이다. 또한 그때에야 국가의식이라고 하는 것이 생기게 될 것이다. 그러니까 아직은 우리는 국가라고 하기가 참 어렵다. 왜 그런가 하면 모든 사람이 국가라고 하는 것을 내 집처럼 생각해야 하는데 그런 의식을 갖고 있지 않기 때문이다. 또 지금까지의 상황이 그런 의식이 발달할 수도 없었다.

그래서 자꾸 이런 부실다리 문제 같은 것이 나오게 되는 것이다. 어쨌든 소크라테스가 말한 대로 국가가 사람을 만드는 것도 사실이지마는 또한 사람이 국가를 만드는 것도 사실이란 점을 우리는 깨달아야 한다.

나 개인이란 것이 무엇인가 하면 국가와 마찬가지로 자유, 독립, 통일이 있어야 개인이지 그것 없이는 개인이라고 할 수도 없다. 그러니까 내 머리는 무엇 하는 것인가 하면 통일하는 것이다. 그리고 내 척추는 무엇 하는 것인가 하면 독립하는 것이다. 내 손, 발은 무엇 하는 것인가 하면 자유 하는 것이다. 그러니까 통일과 독립과 자유의 세 가지가 바로 나이다.

그래서 나라고 하는 것이 정신적인 통일이 되어야 하고, 정신적으로 독립이 되어야 하고, 정신적으로 자유가 있어야 하는 것이다.

> 도마가 이르되
> 주여, 주께서 어디로 가시는지
> 우리가 알지 못하거늘
> 그 길을 어찌 알겠사옵나이까.
> 예수께서 이르시되
> 내가 곧 길이요 진리요 생명이니
> 나로 말미암지 않고는
> 아버지께로 올 자가 없느니라.

"나는 길이요, 진리요, 생명이다"라는 말에서 길이라는 것이 독립이고, 진리라는 것이 통일이고, 생명이라고 하는 것은 자유이다. 길이라고 하는 것은 독립을 하기 위한 길이고, 진리라고 하는 것은 통일하기 위한 진리이며, 생명이라고 하는 것은 자유하기 위한 생명인 것이다. 그래서 나는 길이요, 진리요, 생명인 것이다. 나 자신이 머리요, 척추요, 발이지 그것 없이는 나라고 할 수가 없다. 그러니까 예수만 길이요 진리요 생명이 아니다.

누구나 다 길이요, 진리요, 생명이다.

그런데 예수는 특별히 정신적인 독립이 되어 있고, 정신적인 통일이 되어 있고, 정신적인 자유가 되어 있는 것이다. 그래서 우리가 육체적으로만 독립과 통일과 자유가 되어서는 안 되고, 정신적으로도 독립과 통일과 자유가 되어야 한다. 예수는 정말 정신적으로도 이러한 독립과 통일과 자유를 가진 분이다. 누구나 다 이 세 가지를 갖추어야 '나' 라고 할 수 있지, 이 세 가지를 갖추지 못하면 나라고 할 수가 없다. 또 이 세 가지를 갖춘 나가 되어야 정말 국가를 사랑하는 사람이 될 수가 있지, 그것을 갖추지 못하면 국가를 사랑할 수도 없다. 그래서 내가 독립이 될 때 국가도 독립 될 수 있고, 내가 통일이 되어야 국가도 통일이 되고, 내가 자유를 얻어야 국가도 자유를 얻게 된다. 그러니까 결국 나라와 내가 하나다, 라는 것을 느껴야 하는 것이다.

> 너희가 나를 알았더라면 내 아버지도 알았으리로다.
> 이제부터는 너희가 그를 알았고 또 보았느니라.
> 빌립이 이르되
> 주여, 아버지를 우리에게 보여 주옵소서.
> 그리하면 족하겠나이다.
> 예수께서 이르시되
> 빌립아, 내가 이렇게 오래 너희와 함께 있으되
> 네가 나를 알지 못하느냐.
> 나를 본 자는 아버지를 보았거늘

어찌하여 아버지를 보이라 하느냐.
내가 아버지 안에 거하고
아버지는 내 안에 계신 것을
네가 믿지 아니하느냐.
내가 너희에게 이르는 말은
스스로 하는 것이 아니라
아버지께서 내 안에 계셔서
그의 일을 하시는 것이라.
내가 아버지 안에 거하고
아버지께서 내 안에 계심을 믿으라.
그렇지 못하겠거든
행하는 그 일로 말미암아 나를 믿으라.

여기에 아버지하고 아들하고 관계가 나오는데 아버지는 또 무엇인가. 아버지도 역시 독립이고 통일이고 자유다. 그러니까 아버지도 독립이고 통일이고 자유이고, 아들도 독립이고 통일이고 자유이고, 또 나라도 독립이고 통일이고 자유이고, 나도 독립이고 통일이고 자유이고, 이것이 다 하나이지 둘이 될 이치가 없다. 그래서 나라가 자유, 독립, 통일이 될 때 나도 또한 자유, 독립, 통일이 될 것이고, 내가 자유, 독립, 통일이 될 때 나라도 또한 자유, 독립, 통일이 될 것이다. 이렇게 될 때 우리가 국가 의식이란 것을 갖게 되고, 나라를 사랑한다는 마음이 생기게 되지 그렇지 않고는 그런 의식이나 마음이 생길 수가 없다.

그렇게 되어서 내 정신이 통일이 되고, 내 정신이 독립이 되고, 내 정신이 자유가 될 때, 우리가 우리나라를 통일하고, 자유롭게 하고, 독립시키기 위해서 내 생명을 바칠 수가 있지, 그것 없이는 내 생명을 바칠 수가 없는 것이다. 예수님같이 독립하고 통일하고 자유로운 분께서 자기 생명을 바칠 때, 이 세계를 독립하고 통일하고 자유롭게 만들 수 있는 것이다. 그래서 나라에서 개인이 나오는 것도 사실이지만 개인으로부터 나라가 나오는 것도 사실이다.

단군 할아버지께서 나라를 세웠다든가, 고구려를 누가 세웠다든가 하는 것도 사실이다. 왜냐하면 그런 사람들이 어떤 사람들인가 하면 독립과 통일과 자유를 가진 사람들이고, 그런 사람들이니까 자신을 바쳐 나라를 세울 수 있게 되는 것이다. 그러면 대통령은 어떤 사람이 대통령이 되어야 하는가. 독립과 통일과 자유를 가진 사람이 대통령이 되어야 한다. 그리고 우리 국민은 또 어떤 사람이 되어야 하는가. 우리 국민도 마찬가지로 독립과 통일과 자유를 가진 사람이 되어야 한다. 그렇게 될 때 소위 먹자판이란 것이 없어지고, 거짓이 없어지고, 그렇게 될 때 참이 되고, 생명이 되고, 도가 되는 것이지, 그것 없이는 나라가 될 수가 없다.

우리가 통일하고 독립하고 그리고 자유가 되어야 하는데 우리나라의 운명은 거꾸로 자유하고 독립하고 이제 통일을 기다리고 있다. 그러니까 우리는 생명도 가졌고, 길도 가지게 됐는데 진리를 못 가졌다는 말이다.

마음대로 우리말을 할 수 있는 게 자유(생명)이고, 또 이만큼 먹고 살 만큼 된 것이 독립(길)인데, 우리가 하나 부족한 게 있다면 통일로서, 통일의 핵심은 무엇인가 하면 진리라는 말이다. 진리란 다른 말로 하면 법이란 말이다. 우리에게 부족한 것은 법을 지키는 정신이 부족하다. 천억 원을 들여야 하는 공사는 천억 원을 들여서 하는 것이 법이다. 그런데 그것을 3백억 원에 뚝딱 공사하게 되면 법하고는 상관이 없게 된다. 그래서 이런 것을 공자는 정명正名이라는 말로 설명했다. 천억 원짜리 공사를 천억 원 들여서 할 때 정명이 되고 그렇지 못하면 거짓이 되고 만다.

그러니까 우리나라에 제일 문제가 되는 것이 거짓이다. 사기라는 것이다. 다 속여서 자기만 잘살자는 것이다. 관리니 재벌이니 하는 사람들이 다 거짓으로 해 나가지 정직하게 해 나가는 사람이 하나도 없다. 우리에게 가장 필요한 것이 있다면 바로 법을 지키는 것이다. 법이라는 것이 여기서 말하는 진리이다. 우리는 생명도 어느 정도 되었고, 길(도道)도 어느 정도 되었는데 하나 아직 못된 것이 있다면 진리이다. 다시 말해서 법이 아직 못된 것이다.

우리는 앞으로 진리를 갖는, 법을 지키는 연습을 많이 해야 한다. 제일 먼저 지켜야 하는 것이 시간을 지키는 것이다. 그다음에는 공간을 지키는 것이다. 그리고는 인간을 지키는 것이다.

이 시간, 공간, 인간을 지키게 될 때 우리가 다른 사람에게 존경을 받을 수 있게 되지, 그것 없이는 존경을 받을 수 없다.

우리나라가 전부 거짓말하는 사람이고, 사기꾼 천지가 되어 가고 있는 것이 바로 이것을 지키지 못하기 때문이다. 그렇게 될 때 바로 길과 진리와 생명의 나(아我)가 되고 나라(국가國家)가 될 수 있다. "나는 길이요 진리요 생명이다"란 말이 예수님만이 그런 것이 아니라 나도 길이요 진리요 생명이 되어야 하고, 나라도 길이요 진리요 생명이 되어야 하는 것이다. 하나님은 어떤 분이신가. "길이요 진리요 생명"이시다. 예수는 어떤 분이신가. "길이요 진리요 생명"이 되신 분이다. 그러면 나는 또 어떤 사람이 되어야 하는가. "길이요 진리요 생명"이 되어야 한다.

그렇게 되는 것을 우리는 '믿는다' 라고 한다. 내가 예수 믿는다는 것이 무엇인가 하면 내가 길이요 진리요 생명이 되었다는 말이다. 하나님을 믿는다는 말도 마찬가지다. 내가 길이요 진리요 생명이 되었다는 말이다. 그것 없이는 믿음이란 있을 수 없다. 그래서 "너희는 마음에 걱정치 말라. 하나님을 믿으니 또 나를 믿어라"는 말은, 하나님께서는 절대 먹지 않는다, 예수께서도 절대 먹지 않는다, 그러니 너도 절대 먹지 말라는 말이다. 그렇게 될 때 우리가 서로 믿을 수 있지 서로 먹자판에 믿기는 어떻게 믿을 수 있겠는가. 그러니까 서로 믿을 수 있는 사람,

서로 믿을 수 있는 국가가 된다는 것이 바로 “내가 길이요 진리요 생명이 된다”는 것임을 깨달아야 한다.

기 도

감사하신 하나님,
오늘도 가을의 하늘은 한없이 맑고
여러 나무들이 아름답게 물들은
이 좋은 계절을 맞이해서
저희들에게 이 대자연의 아름다움을
느낄 수 있게 해주신 데 대해서
진심으로 감사를 드립니다.

이 자연의 아름다움은
언제 어디서 보아도 전혀 싫증이 나지 않는
깨끗하고 청정한 모습임을 저희들은 깨닫게 됩니다.

이 대자연을 오염시키지 말고
자연 그대로 깨끗하게 보존하여
아름다운 동산을 만들어 나갈 수 있도록
저희들을 일깨워 주시옵소서.

그래서 우리 자신도 자연처럼
아름답고 깨끗한 인격을 가질 수 있도록
당신께서 도와주시옵소서.

이 모든 말씀
예수님 공로 받들어 기도하옵나이다.
아멘.

56. 독립, 통일, 자유

1994년 10월 30일

요한 14:1~11

14장 1절에서 11절은 요전에 읽었던 것인데 오늘 다시 한 번 생각해 보기로 한다.

> 너희는 마음에 근심하지 말라.
> 하나님을 믿으니 또 나를 믿으라.
> 내 아버지 집에 거할 곳이 많도다.
> 그렇지 않으면 너희에게 일렀으리라.
> 내가 너희를 위하여 거처를 예비하러 가노니,
> 가서 너희를 위하여 거처를 예비하면
> 내가 다시 와서 너희를 내게로 영접하여
> 나 있는 곳에 너희도 있게 하리라.
> 내가 어디로 가는지 그 길을 너희가 아느니라.

여기서 간다고 하는 말은 죽는다는 말이다. 그러니까 내가 죽어서 하늘나라로 가는데 가게 되면 내가 있을 곳뿐 아니라 너희들 있을 곳도 다 마련하겠다. 그러니 걱정치 말라는 얘기이다.

도마가 이르되
주여, 주께서 어디로 가시는지
우리가 알지 못하거늘
그 길을 어찌 알겠사옵나이까.

도마는 예수께 말하기를, 우리는 당신이 어디 가는 줄도 모르고 그 길도 모릅니다, 라고 말한다.

예수께서 이르시되
내가 곧 길이요 진리요 생명이니
나로 말미암지 않고는
아버지께로 올 자가 없느니라.
너희가 나를 알았더라면
내 아버지도 알았으리로다.
이제부터는 너희가 그를 알았고 또 보았느니라.
빌립이 이르되
주여, 아버지를 우리에게 보여 주옵소서.
그리하면 족하겠나이다.
예수께서 이르시되
빌립아, 내가 이렇게 오래 너희와 함께 있으되
네가 나를 알지 못하느냐.
나를 본 자는 아버지를 보았거늘

어찌하여 아버지를 보이라 하느냐.
내가 아버지 안에 거하고
아버지는 내 안에 계신 것을
네가 믿지 아니하느냐.
내가 너희에게 이르는 말은
스스로 하는 것이 아니라
아버지께서 내 안에 계셔서
그의 일을 하시는 것이라.
내가 아버지 안에 거하고
아버지께서 내 안에 계심을 믿으라.
그렇지 못하겠거든
행하는 그 일로 말미암아 나를 믿으라.

14장 처음에 예수께서 나는 이제 하늘나라로 간다. 당신들도 내가 어디로 가는지, 그 길을 당신들은 알고 있다, 라고 했다. 그 말에 대해 도마는 우리는 당신이 어디 가는 줄도 모르고 그 길도 모릅니다, 라고 했다. 그러니까 예수는 나 자신이 하늘나라이고, 길인데 그것을 모르느냐, 라고 대답한다.

이것이 전 시간에 배웠던 성학性學인가, 심학心學인가의 차이다. 주자학朱子學으로 말하면 하늘나라에 가는 것이고, 양명학陽明學으로 말하면 내가 하늘나라이다. 또 주자학朱子學으로 말하면 하늘나라로 가는 길이 있겠지만 양명학陽明學으로 말하면 내가 길이다. 이것이 심학心學이냐, 성학性學이냐의 차이다.

사四 복음서인 마태, 마가, 누가, 요한에서, 마태복음은 유대 사람들을 위해, 마가복음은 희랍 사람들을 위해, 누가복음은 로마 사람들을 위해, 다시 말해서 이 세 복음서는 서양 사람을 위해 쓰여졌다, 라고 하는데 요한복음만은 동양 사람들을 위해 쓰여졌다, 라고 한다. 이런 말을 하는 것이 바로 이것 때문이다.

서양 사람들은 심학心學이란 것이 없다. 그러니까 언제나 여기서 저기까지 거리가 있어, 가게 되어 있다. 그러나 동양에서는 그런 '거리'라는 개념이 없어지고 만다. 다시 말해 대상이 없어지고 마는 것이다. 서양 철학은 다 목적론이다. 칸트의 철학도 목적론이고, 아리스토텔레스의 철학도 목적론이고, 다 저기에 어떤 목적이 있어서 여기서 가는 것이다.

그런데 이 동양 철학으로 오면 목적이 없어진다. 다시 말해서 대상이 없다. 그러니까 내가 목적이고 내가 대상이 되는 것이다. 또한 갈 데도 없고 올 데도 없다. 그러니까 무거무래無去無來라는 말이 나오는 것이다. 그래서 언제나 무념無念을 이야기하는데 서양은 언제나 유념有念이다. 생각하는 것이다. 생각한다는 것은 무엇이라는 대상을 생각하는 것이다. 동양은 대상이 없으니까 생각할 것도 없다. 서양은 언제나 유위有爲이다. 할 일이 있는 것이다. 그런데 동양은 더 할 것이 없다. 무위無爲이다. 그래서 유위유념有爲有念의 서양 철학하고, 무위무념無爲無念의 동양 철학하고의 차이가 동서東西의 차이가 된다.

우리에게는 무위자연無爲自然이라고 하면, 자연에게는 더 할 것이 없다는 말이다. 태양 빛이라고 하면 그것이 최고로 완전한 것이지 그것에 무엇을 플러스 마이너스 할 것이 없다는 것이 동양 사람들의 생각이라면, 서양 사람들은 촛불에서부터 전등불, 그리고 형광등으로 자꾸 햇빛을 만들기 위해 애써 간다. 그러니까 그곳은 유위有爲의 세계가 된다. 그곳에는 단계적인 발전이 있다. 그런데 동양 사람들은 햇빛을 만들려고 애쓰는 것이 아니라 햇빛 하나면 됐지 더 만들 것이 무엇이 있겠는가, 라는 무위無爲의 세계이다. 어두우면 잠자면 되지 불을 켜려고 애쓸 것이 무엇이 있느냐, 라는 것이 동양이다. 서양 사람들은 어두우면 불을 켜야겠다고 하니까 촛불도 만들고 전등불도 만든다. 동양 사람들은 무위자연이다. 자연 그대로면 됐지 또 무엇을 만들겠는가, 라는 것이다.

그러니까 서양은 부자연한 데서부터 자연으로 가려고 하니까 노력해야 하고 발전이 있어야 하겠지만 동양은 노력과 발전 없이 자연 그대로 살자는 것이다. 그대로 무위자연이지 유위라고 하는 세계가 없어지고 만다. 이것이 동양 사람의 특징이라고 생각한다. 무념무상無念無想이다. 유념有念과 유상有想을 별로 좋아하지 않는다. 무소식이 희소식이다. 매일 편지 기다리는 것이 오히려 좋지 않은 소식이다. 그런 사고방식으로 사는 것이 우리 동양 사람들이다. 그래서 동양 철학에서 제일 좋은 글자가 없을 무無 자이다. 무無가 가장 좋다는 말이다. 무無가 절대이다. 그래서 절대 무無라는 말을 쓰게 된다.

그러나 서양 철학의 대표적인 철학인 칸트의 철학은 당위當爲이다. 마땅 당當, 할 위爲이다. 마땅히 무엇을 해야 한다는 것이다. 노력해야 하고, 일해야 하고, 의무를 다해야 하는 것이다. 그것이 소위 칸트의 당위의 철학이다. 그런데 우리 동양에서 유명한 노자老子의 철학은 무위無爲의 철학이다. 무엇을 하려고 하면 절대 안 된다. 하는 것이 일체 없는 그것이 노자 철학이다. 그러니까 전 시간에도 말했지만 조그마한 세계와 큰 세계를 말하는 것이다. 노자의 세계는 큰 세계를 말한다. 큰 세계이니까 거기에는 가고 오고가 없다. 큰 세계에서는 있는 그대로가 다지, 더 보태고 뺄 것이 없다. 그러니까 아까 말한 심학心學이 그것이다.

오늘 읽은 14장에서 위의 절반은 주자학의 성학性學으로 노력하고 노력해서 하늘나라에 가야 한다, 그 길이 어디에 있는지 찾아야 한다, 라고 되어 있다면, 아래 절반은 하늘나라는 가는 것이 아니라 하늘나라가 가까이 있다, 또는 오고 있다는 말이다. 다른 성경에는 "하늘나라가 어디입니까"라는 사람들의 질문에 예수께서 "여기가 하늘나라이다", "너희 가운데 있다"라고 대답하기도 한다. 가운데 있다는 말을, 사람들의 마음속을 가리키는 것인지, 아니면 여러 사람들 중에 있다는 것인지, 여러 가지로 해석할 수 있겠지만, 가운데란 말을 아까 말한 전체의 세계로 생각하면, 일체즉일一切卽一로서 가고 오고 할 것이 없는 세계가 되고 만다. 미국에서 쳐다보는 하늘이나 한국에서 쳐다보는 하늘이나 하늘은 다 같은 하늘인 것이다. 그것이 심학이다. 그러니까 하나님이 늙은 할아버지처럼 저 멀리 천국 한 구석에 자리 잡고 앉아 있다면 우리가 찾아서 가야 하겠지만 하나님이 무한히 큰 하나님이라서 어디에나 있다고 한다면 가고 오고 할 것이 없다. 그래서 여기가 그대로 하늘나라가 되고 마는 것이다. 그것이 임마누엘이다. 여기에 그대로 하나님과 함께 있는 것이지 따로 가고 오고 할 것이 없는 것이다. 이렇게 생각하면 우리가 아까 말한 심학이 된다.

삼천 년 선에 사람들이 만는 조각이나 지금 사람들이 만든 조각이나 별 차이가 없다. 오히려 옛날 사람들이 더 잘 만들었다. 그때 사람들이 본 아름다움이나 지금 사람들이 본 아름다움이나 다 같은 것이다. 앞으로 몇 만 년 후의 사람들이 보는 아름다움도 다 같을 것이다. 앞으로 가면 굉장히 훌륭한 인물이 나올 것이다, 라 생각하지만 더 훌륭한 인물이 나올 것도 없다. 이천년 전에 나온 예수나, 지금 나온 예수나, 앞으로 이천년 후에 나올 예수나 같은 예수이지 다를 것이 없다. 물, 그러면 이천년 전의 물이나 지금의 물이나 이천년 후의 물이나 다 같은 물이지 다를 것이 없는 것이나 마찬가지다. 이렇게 생각하면 가는 것도 없고, 오는 것도 없고, 더할 것도 없고, 뺄 것도 없는 세계가 된다. 태양이 천년 전이나 지금이나 천년 후에나 다 같은 태양이지 다를 것이 없다. 그러니까 대우주를 우리가 생각하면 발전이고 노력이고가 소용없는 것이다. 그렇게 되면 가고 오고가 다 쓸데없게 된다. 그러니까 내가 길이고, 내가 진리이고, 내가 생명이다.

하나님이 길이고 진리이고 생명이면 하나님이 계신 곳은 어디나 길이고 진리이고 생명이다. 살면 좋고, 죽으면 싫고, 그런 것도 없다. 살아도 진리이고, 죽어도 진리이지, 살면 진리이고, 죽으면 진리가 아니란 것도 아니다. 그러니까 생사일여生死一如가 되는 것이다. 문제는 어떻게 해결이 되는가 하면 죽어도 하나님과 같이 있고, 살아도 하나님과 같이 있으면 되는 것이다.

그런데 살아서는 하나님과 같이 안 있다가 죽으면 하나님과 같이 있겠다고 한다면 문제가 된다. 예수님께서는 살아서도 하나님과 함께이고, 죽어서도 하나님과 함께이니까 항상 좋은 것이다. 그것이 일일호일日日好日이란 말이다. 어떠한 차별이 없는 것이다. 일체의 상대라고 하는 것이 끊어지고 만다. 다 절대가 되고 마는 것이다. 비교하고 시비를 따질 아무것도 없게 된다.

이러한 차이가 바로 주자학朱子學하고 양명학陽明學하고의 차이다. 주자학은 어떻게, 어떻게 해야 한다는 것이고, 양명학은 다 된 세계인데 더 할 것이 없다는 것이고 그런 차이를 여기 오늘 구절에서도 말하고 있는 것이다. 간다, 온다고 하는 것은 주자학적인 사고이다.

내가 길이고 진리이고 생명이라고 하면 갈 것도 없고 올 것도 없다. 살아서도 길이고 진리이고 생명이고, 죽어서도 길이고 진리이고 생명인데 달라질 것이 하나도 없다. 하나는 상대의 세계를 말하고, 하나는 절대의 세계를 말하는 것이다. 그래서 사실 우리가 절대를 살 수 있는가, 하는 것이 문제인 것이다.

우리가 사도 바울 그러면 물론 사도 바울은 믿음을 주장한다. 그러면서도 주자학과 마찬가지로 희망이란 것을 자꾸 주장한다. 바라는 것의 실상을 말하는데, 그것이 내가 죽으면 갈 수 있다, 그러나 지금은 아니다, 라는 사상이다.

그런데 요한에 오면 달라진다. 살아서도 될 수 있다는 것이다. 요한복음 5장 24절에 "벌써 우리는 심판을 면했다"라든지, 11장 25절에 "살아서 믿으나 죽어서 믿으나 다 마찬가지이다" 라는 말들이 자꾸 나오게 된다. 그러니까 하나님하고만 같이 있으면 지금이 그대로 천국이지 천국에 또 가려고 할 것이 무엇이 있느냐, 천국은 여기가 그대로 천국이 아니겠는가, 라는 사상이다.

그런데 우리가 그런 사상을 부인하고, 여기는 천국이 아니다, 여기는 고해苦海이니까 극락세계로 가야한다, 라는 사상도 물론 의미가 있다. 발전을 해서 가게 되고, 노력을 통해서 천국에 가게 된다는 것도 뜻있는 일이다.

그러나 여기가 극락이다, 열반이 따로 있는 것이 아니라 여기가 열반이다, 열반묘심이면 여기가 그대로 천국이다, 라는 생각도 할 수 있다. 그러니까 심학心學이라고 하는 것이다. 우리의 마음이란 것을 한없이 확대시켜 볼 수가 있다. 우리의 마음이란 것은 좁으려면 한없이 좁지만 또 한없이 커질 수도 있다. 우리가 아낄 때는 촛불 한 자루도 아껴 쓰지만 쓸 때에는 몇 십억도 아낌없이 내어놓을 수 있는 것이다.

성수대교를 만들 때 돈 좀 떼어먹으려고 부실로 만들어 놓은 동아건설과, 지금 4백억을 책임지고 내어놓겠다는 동아건설은 다 같은 동아로서 좁은 마음과 큰마음의 차이인 것뿐이다. 시장에서 두부 한 모 살 때에도 일, 이십 원을 깎으려고 애쓰던 사람이 필요할 때에는 몇 억도 선뜻 내어놓을 수 있는 것도 사실이다. 그러니까 사람의 마음에는 두 가지 마음이 다 있다.

그래서 큰마음을 말하게 되면 심학心學이 되는 것이고, 조그마한 마음을 주로 하게 되면 성학性學이 되는 것이다. 이러한 차이를 말하는데 사실은 이 두 가지 마음이 사람에게는 다 필요하다. 이 두 가지가 다 필요하니까 심학과 성학의 두 가지가 나오는 것이지 한 가지만 필요하다면 두 가지 사상이 나올 리가 없다. 정말 아낄 때는 버스도 안타고 걸어가던 사람이 돈을 쓸 때에는 몇 억도 내어놓을 수 있는 것이다. 이렇게 두 가지 마음을 다 쓸 수 있는 것이 사람 마음의 특징이라고 말할 수 있다. 그러니까 인심人心과 도심道心의 차이이다. 아끼고 아끼는 것이 인심이라면 쓸 때에는 과감하게 쓸 수 있는 것이 도심이라고도 할 수 있다. 사람에게 이 두 가지 마음이 다 있어야지 인심은 없고 도심만 갖고 있어도 안 되고, 인심만 있고 도심은 없다 해도 안 된다.

오래 전에 일본의 동지사 대학 총장이 미국의 한 부자에게 기부금을 얻기 위해 찾아간 적이 있었다고 하는데, 총장이 그 부자와 마주 앉았을 때 그곳에는 촛불이 두 자루 켜져 있었다. 그 부자는 총장이 앉자마자 촛불 한 자루를 끄더라는 것이다. 그래서 총장이 그 부자에게 왜 촛불 한 자루를 끄느냐, 라고 물었더니 부자는 대답하기를 둘이 말하는데 촛불 한 자루면 충분하지 않느냐고 대답하였다 한다. 그래서 돈 좀 얻으려던 총장이 말도 못 꺼내고 돌아가려고 하자 그 부자가 말하기를 멀리서 왔는데 그냥 왔을 리가 없는데 온 이유를 말하라고 독촉하여 할 수 없이 총장이 대답하기를 사실은 학교를 짓는데 돈이 좀 필요해서 기부금을 얻을까 하여 찾아 왔다는 내용을 말하게 되었다. 그랬더니 그 부자는 필요한 돈이 얼마냐고 물었다. 총장은 그 당시 금액으로는 거액인 50만 불 정도가 필요하다고 말했더니 그 부자는 두 말 없이 수표책을 꺼내어 50만 불을 끊어서 내어놓았다고 한다. 그래서 그 돈이 일본 동지사 대학을 세우는 설립자금이 된 것이다. 그 부자가 촛불 한 자루도 끄는 그런 마음이 없었다면 어디에서 50만 불을 쓸 수 있는 돈이 나올 수 있었겠는가. 그렇게 어렵사리 모은 돈을 그 자리에서 선뜻 내어놓을 수 있는 마음도 그런 아낄 수 있는 마음에서 나온 것이다. 이런 마음이 바로 윤집궐중允執厥中의 마음이다. 아끼고 아끼는 마음이 유정유일惟精惟一이라면 선뜻 내어놓을 수 있는 마음은 윤집궐중의 마음이다.

그래서 오늘 나온 것처럼 죽어서 하늘나라로 간다는 것도 알아야 하고, 또 여기가 그대로 하늘나라이다, 라는 것도 알아야 한다. 그러니까 이 둘을 다 알고 살아야지 어느 하나만 갖고는 안 된다. 그래서 예수님께서는 둘 다 가르쳐 주셨다.

왕양명도 두 가지가 다 필요하다고 했다. 천천교에서 제자들과 작별할 때, 덕홍의 유선유악과 여중의 무선무악에 대한 견해를 양명은 둘 다 필요하다고 하였다. 그래서 여기서 예수님께서 말하는 하나님 나라에 간다는 것도 우리는 알아야 하고, 또한 여기가 바로 하나님 나라라는 것도 우리는 알아야 한다. 둘 다 알고 살아야지, 여기는 고해이고 죽어야 하늘나라에 간다고 해도 안 된다. 여기서도 하늘나라이고, 저기 가도 하늘나라이고, 둘 다가 하늘나라가 되어야 한다.

그리고 오늘 나온 "나는 길이요 진리요 생명이다"라는 말은, 옛날부터 가장 중요한 말로 요한복음의 핵심이다. 여기서 말하는 길이란 기독교에서는 십자가의 길이다. 그리고 생명이란 부활의 생명이다. 또 진리라고 하는 것은 말씀이 육신이 된 진리이다. 그래서 기독교에서는 이 세 가지를 교리라고 한다. 그러니까 기독교의 교리라고 하면, 성육신의 진리, 십자가의 도, 부활의 생명을 말한다.

그런데 진리라고 하는 것은 머리에 있는 것을 말하는데, 우리가 생각하는 것을 진리라고 하고, 생명이라고 하는 것은 가슴에 있는 것으로 따뜻한 마음을 생명이라고 하고, 도라고 하는 것은 우리의 배나 다리에 있다고 할 수 있는 것으로 끊이지 않는 의지력과 행行을 도라고 한다.

이화대학에서 말하는 진선미眞善美라는 것도 그것으로 진이란 진리를 말하고, 선이란 도를 말하고, 미라는 것은 생명을 말하는 것이다. 그러니까 이화여대의 진선미나 기독교의 '길이요 진리요 생명'이란 말이나 내용은 같은 것이 된다. 이것이 인간의 최고의 가치로서 인간이 찾는 것이 있다면 그것이지 다른 것이 무엇이 있겠는가.

그리고 또 진리라고 하는 것은 통일하는 것이고, 생명은 자유하는 것이고, 도는 무엇인가 하면 독립하는 것이다. 전번에도 말했지만 우리가 제대로 된 국가가 되려면 독립과 통일과 자유가 되어야 한다. 그런데 우리는 이것이 잘 안 되어 있으니까 자꾸 사고가 생기고 문제가 발생되는 것이다. 독립과 통일과 자유가 있어야 '나라'라 할 수 있는데 우리는 '나라'라고 할 수 없다. 제대로 된 '나라'라면 부실공사가 어디에 있겠으며, 부실이란 말이 바로 나라가 없다는 말이다. 나라가 있다면 부실이 있을 수가 없는 것이다.

프랑스 파리에 있는 하수도는 300년 전에 만든 것인데도 지금까지 사용하고 있다고 한다. 이태리에는 천 년이 넘는 다리를 지금도 쓰고 있다고 한다. 그것이 다 나라가 있을 때 만든 것이기 때문에 부실이라는 것이 있을 수 없는 것이다. 부실은 나라가 없다는 말이 되니까 우리도 나라가 있게 되면 부실이란 것이 없어지게 된다. 우리에게는 아직도 통일이란 것이 없기 때문에 자꾸 부실과 거짓이 나오게 되는 것이다.

그래서 나라가 되려면 통일이 있어야 하고, 독립이 있어야 하고, 자유가 있어야 한다. 그것이 또한 길이요 진리요 생명이다. 이 세 가지를 다 갖추지 못하면 나라라고 할 수가 없다. 개인도 마찬가지로 '나는 나다' 라고 할 수 있으려면 반드시 통일이 있어야 하고, 독립이 있어야 하고, 자유가 있어야 한다. 정신의 통일이 있어야 하고, 정신의 독립이 있어야 하고, 정신의 자유가 있어야 한다. 또 육체적으로도 통일과 독립과 자유가 있어야 한다.

나는 작년에 두 달간 육체가 부자유스러운 적이 있었다. 부자유스럽다는 말을 동양식으로 말하면 불인不仁이라고 말하는데, 인仁이 안 되었다는 말이다. 그런데 요즈음 또 거의 한달 반가량 다리가 부자유스러움을 느끼고 있다. 그래서 육체가 통일이 안 되는 것이다. 그리고 육체에 독립이 없어졌다. 또한 육체가 자유가 안 되었다. 그래서 이 세 가지는 따로따로 있는 것이 아니다. 통일이 되면 독립도 되는 것이고, 자유도 되는 것이다. 그러니까 건강한 사람이란, 자기 육체 전부가 통일이 되어 있고, 자기 육체 전부가 바로 설 수 있고(독립), 자기 육체 전부가 마음대로 뛰어 다닐 수 있다(자유).

그런데 지난 주 수요일쯤 일선 어떤 부대에 초청강연을 가게 되었는데 아침에 깨어 일어나려고 하는데 일어설 수가 없었다. 독립이 쓰러진 것이다. 그리고 걸을 수가 없었다. 그래서 지팡이를 찾아보라고 했지만 갑자기 집안에 지팡이가 있을 리 없었다. 그러니까 독립이 안 되고, 자유도 없어지고, 내 마음대로 할 수 있는 통일도 안 되는 것이었다. 한꺼번에 세 가지가 다 무너져 내린 것이다. 통일과 자유는 있는데 독립이 없다든지, 자유와 독립은 있는데 통일은 없다든지 하는 것은 있을 수 없다. 그래서 그 날은 할 수 없이 차가 오기를 기다려 전방까지 가서 부축을 받아 겨우 앉아서 강연을 한 시간 진행하였다.

그리고 나서 바로 병원에 가서 X-RAY를 찍어 보았더니 무릎관절에 이상이 있다는 진단이 나왔다. 관절에 염증이 생긴 것이다. 그렇게 되니까 자유와 독립과 통일이 무너지고 말았다. 그래서 이 자유와 독립과 통일이라는 것이 얼마나 소중한 것인지 다시 한 번 깨닫게 되었다. 그것이 되어야 건강한 육체가 되는 것이다. 건강한 정신도 마찬가지다. 통일과 독립과 자유가 되는 정신이래야 건강한 정신이다. 정신이 통일되지 않고 분열되어 있다든가, 정신이 독립되지 못하고 남에게 의존하고 있다든가, 정신이 자유롭지 못하고 구속되어 있다든가, 그러면 우리가 인격이라고 할 수가 없다.

우리나라도 마찬가지다. 우리가 우리나라를 지키지 못하고, 미국에 지켜 달라고 하기까지에는 독립이라고 할 수 없다. 또 우리가 통일하지 못하고, 미국에게 통일시켜 달라고 하기까지에는 통일이라고 할 수 없다. 하여튼 이 독립과 통일과 자유가 얼마나 소중한 것인지 우리는 알아야 한다.

십자가의 도가 독립이고, 부활의 생명이 자유이고, 말씀이 육신이 된 진리가 통일이다. 그렇게 될 때 나라고 할 수 있지 그렇지 못하면 나라고 할 수가 없다. 육체라고도 할 수 없고, 정신이라고 할 수 없다. 내가 나 되기 위해서는 반드시 이 세 가지를 갖추어야 한다. 그래서 나도 다리에 계속 물리치료를 받는데 매일 조금씩 차도가 있어 다시 옛날의 건강한 모습으로 돌아가고 있는 과정에 있다.

그러니까 완전히 건강을 회복하면 내가 다시 길이요 진리요 생명이 되는 것이다. 그리고 다시 독립과 통일과 자유의 '나'가 되는 것이다. 의사가 될 수 있는 대로 움직이지 말라고 해서 꼼짝하지 않고 일주일을 보냈는데 조금씩 호전되는 것 같다. 앞으로 오래지 않아 내가 길이요 진리요 생명이 회복되는 날이 곧 올 것이다.

기 도

우리들이 우리들의 죄 짐을 벗어버리고
그리스도와 언제나 같이 걸어가는,
그래서 어디에 있든지 어디에 살든지
그곳이 하늘나라임을 우리가 깊이 느낄 수 있도록
하나님께서 도와주시옵소서.

이 세상을 살면서
우리들이 천국에 사는
그런 현실을 가질 수 있도록
당신께서 도와주시옵소서.

아름다운 단풍을 바라보며
우리가 대자연의 풍성함을
깊이 맛볼 수 있도록 인도하여 주시고
우리도 하나의 자연임을 스스로 깨달을 수 있도록
당신께서 도와주시옵소서.

그래서 우리가 이 자연을
한없이 깨끗하고 아름답게 가꾸어
우리의 삼천리 금수강산을 지키고 살 수 있는
저희들이 될 수 있도록 당신께서 도와주시옵소서.

예수님 공로 받들어 기도하옵나이다.
아멘.

57. 성령의 도움

1994년 11월 6일

요한 14:12~17

내가 진실로, 진실로 너희에게 이르노니
나를 믿는 자는 내가 하는 일을 그도 할 것이요,
또한 그보다 큰일도 하리니,

이 말은 글자 그대로 받아 들여야 할 것이다. 우리도 예수님처럼 같은 일을 행할 수 있을 뿐만 아니라 더 큰일도 할 수 있다는 말이다. 또한 그렇게 해야만 이 세상이 차츰차츰 나아지게 되지 만약 예수 하나만으로 끝난다면 이 세상에는 소망이 없다. 그래서 언제나 아들이 아버지보다 나아져야(기자승어부 其子勝於父) 그 집안이 되지 아들이 아버지보다 못하면 그 집안은 안 된다.

효孝라는 것이 무엇인가 하면, 아버지보다 나아지는 것이 효다. 공자孔子가 말한 유명한 말이다. 효란 아버지에게 좋은 것을 해드리거나 제사를 잘 지내는 것이 아니라 아버지보다 나아지면 그것이 효의 본뜻이다. 그런 것이 없다면 세상에 발전이란 게 없다. 그러니까 우리도 예수보다 나아져야 우리가 예수의 제자가 될 수 있지, 밤낮 예수보다도 못하다면 그것은 예수를 욕 먹이는 일밖에 안 된다. 그래서 예수보다도 앞서야 한다는 것이 우리의 바람이지 우리는 예수보다 못하다고만 생각해서는 안 된다.

그래서 예수는 말하는 것이다. 너희는 내가 하는 일을 행할 수 있고, 나보다도 더 큰일도 행할 수 있다, 라고. 사실 사도 바울 같은 사람은 예수보다도 더 큰일을 했다고도 볼 수 있다. 실제로 생각해보면 예수께서는 그저 팔레스타인 지역 몇 백 리를 전도하기 위해 다니셨다고 할 수 있으나 바울은 몇 천, 몇 만 리를 돌아다니며 진리의 말씀을 전하기 위해 애를 썼으니 바울이 더 큰일을 했다고도 말할 수 있다. 바울 이후에도 많은 기독교인들이 더 큰일을 하였다고도 생각할 수 있는데, 예수보다 더 큰일을 할 수 있어야 그것이 진짜 예수의 제자이지, 밤낮 예수만 쫓아다니면 진짜 예수의 제자가 될 수 없다는 사실도 우리는 알아야 한다.

그래서 예수께서 한 일을 행할 수도 있고, 또 예수보다도 더 큰일을 할 수도 있다고 믿는 것이 진짜 예수를 믿는 것이지 그런 것이 없다면 예수를 믿는다고 할 수가 없다. 여기서 "나를 믿는 사람은"이라고 했는데, 믿는다는 것이 무엇인가 하면 '예수와 하나가 된 사람'이라고 우리는 말할 수 있다. 그리고 또한 '예수보다도 더 큰 사람'이 예수를 믿는 사람이란 뜻이다. 믿음의 세계라는 것은 전번에도 말했지만 통일하는 세계가 아니라 귀일歸一하는 세계이다. 하나님께로 돌아가는 것이다. 불교에서는 나무南無라고 해서, 귀의歸依라고 해석하는데 돌아간다는 뜻이다. 그래서 믿음이란 하나님께로 돌아간다는 것이 믿음이기 때문에 하나님 품을 벗어나는 것은 믿음이 아니다.

이 종교의 세계라는 것은 돌아가는 세계이니까 본래가 온전한 세계이다. "너희 하나님께서 온전하신 것처럼 너희들도 온전하라." 마태복음 5장 마지막 절(48절)의 말씀이다. 그러니까 본래가 온전한 것인데, 무엇이 잘못되었던 것을 다시 온전한 것으로 돌리는 것이다.

요즈음 나는 무릎이 아파서 신경이 많이 쓰이는데, 여러 번 말한 대로 나도 몸이 약해서 많이 아프다가 35살 때부터 회복되어 작년(75살)까지는 얼마나 뛰어 다녔는지 모를 정도로 건강하게 지냈다. 지리산도 몇 번이나 올라갔고, 몇 년 전에 한라산에 갔을 때에도 젊은 선생들을 제치고 내가 제일 앞장서서 정상까지 올라가기도 했고, 설악산, 덕유산도 몇 번이나 올라갔다.

그랬는데 작년에 도봉산에 올라 가다가 중간쯤 이르렀을 때 갑자기 무릎이 아프기 시작하여 결국 올라가지 못하고 되돌아 왔다. 그 후 두 달 가량 무릎찜질도 하고 치료를 다녔는데 금년 들어서 이번에는 그 반대쪽 다리가 또 아프기 시작했다. 통증이 전번에 비해 더 심하지만 전번처럼 곧 회복될 것이라는 믿음을 갖고 있다. 그렇게 회복될 것이라고 믿는 것이 귀일歸一이라는 사상이다. 본래의 건강상태로 돌아갈 것이라고 믿는 것이다. 그러니까 종교의 세계는 본래가 완전한 것이다. 그런데 무엇인가 잘못되어 병이 들게 된 것이다. 그래서 오늘 아침에도 나는 왜 이렇게 무릎 병이 생겼을까 하고 굉장히 많이 생각을 해보았다.

분명히 아픈 이유가 있을 터인데 왜 이렇게 되었을까 하는 원인을 찾아보는 것이다. 그런데 금년 여름부터 웬일인지 밥 먹는 양이 많이 줄었다는 것을 느꼈는데 아마도 운동부족이 아닌가 하는 생각이 들기도 한다. 여름부터 시작하여 다석多夕 일지 해설을 쓰느라고 원고를 1만 5천매를 써 내려갔는데 하루 2백매씩 해도 두 달 넘게 꼼짝 않고 써나가야 하는 양이다. 그러니까 하루 종일 책상다리를 하고 꼼짝 않고 글을 써 나가니까 밥맛도 없어지고 운동부족으로 몸도 약해져서 결국 다리에 이상이 생긴 것이 아닌가라는 생각이 든다. 기운이 꽉 차 있어야 하는데 기운이 부족하게 되니까 병이 드는 것이다. 내가 스스로 진단한 것이 바로 이것이다.

그래서 어떻게 해서라도 이 아픈 것을 회복 시켜야 한다고 생각한다. 무릎찜질을 해서 통증을 없이 해야 하는 것이다. 우리가 아프면 약을 먹고 이불(화火)을 덮어쓰고 자고 나면 회복되는데 무릎찜질이 무릎에 부분적으로 이불을 덮어씌우고 재우는 것이다. 그랬더니 조금씩, 조금씩 나아지는 것을 느끼고 있다. 무릎을 될 수 있는 대로 쓰지 않고 조심조심 하여 다시 귀일歸一할 수 있도록 노력하는 것이다. 건강을 회복하는 것이 귀일 하는 것이다.

그러니까 종교의 세계란 원래의 모습을 회복하는 것이지 앞으로 더 나아간다든지 억지로 어떻게 하는 것이 아니다. 다시 말해서 통일이 아니라 귀일하는 것이다. 어떤 일을 한다는 것도 결국 돌아가는 일이다. 그리고 믿음의 세계라고 하는 것은 내 힘으로 되는 것이 아니고 하나님의 힘으로 되는 것이다. 내가 요새 찜질을 하는데, 내가 할 수 있는 것은 찜질뿐이지 고치는 것은 하나님께서 하시는 것이다. 병원에 가면 의사들이 그렇게 말한다. 병을 고치는 것은 스스로 고치는 것이지 자기들은 그냥 낫도록 도와줄 뿐이라고 한다. 병을 고치는 것은 자연이지 자신이나 의사는 그저 소독이나 하고 병이 낫도록 도와주는 것뿐이다. 마찬가지로 신앙의 세계라는 것도 하나님께서 하시는 것이지 제가 어떻게 하는 것이 아니다.

그러니까 우리가 더 큰일을 할 수 있다는 것도 마찬가지다.

내가 바울이 더 큰일을 했다고 했지마는, 결국 바울이 한 것도 하나님께서 하신 일이지 바울이 한 일이 아니다. 모든 믿음이라고 하는 것은 하나님의 힘으로 되는 것이다.

그러니까 내 다리를 고치는 것도 결국은 자연이라고 할 수도 있고 하나님이라고 할 수도 있지 내가 하는 것은 단지 찜질을 하여 낫는 것을 도와줄 뿐이다. 일체가 하나님께서 하시는 일이라는 것을 믿는 것이 믿음이라고 하는 것이다. 이것이 제일 어렵다.

우리가 믿음 그러면 무엇을 어떻게 해야 한다고 생각하고 또 하나의 힘처럼 생각하기가 쉽다. 물론 믿음은 힘이기도 하다. 나는 그래서 믿음을 '밑힘'이라고 하기도 하는데, 아까 양명이 양지良知를 근본 지知라고 한 것처럼, 근본 힘이 믿음이다. 사람에게는 근본적으로 자기의 몸을 자기가 회복시킬 수 있는 어떤 힘이 있다. 그 힘을 근본 힘이라고 한다. 우리가 아스피린을 먹고 약을 바르고 하는 것은 하나의 도움을 줄 뿐이지, 실제로 고치는 것은 자기의 근본 힘이다. 그 근본 힘이 밑힘이다.

이 밑힘은 저절로 나오는 것인데 어떻게 노력해서 나오거나 일을 해서 얻는 것으로 생각하기 쉽다. 그래서 그저 믿는다고 하면 무엇인가 부족한 것 같아서 힘을 주어 '믿쑵니다' 라고 해야 무엇인가 믿는 것 같은 느낌을 갖기도 한다. 어떤 예배당에 가면 그것도 부족해서 손뼉치고 고함지르고 하여 어떤 것을 해야 믿음을 얻는 것처럼 행동하기도 하는데 사실은 믿음이란 그런 노력이나 억지로 되는 것이 아니다.

그런 것을 보통 성경에서는 '행함'이라고 말하는 것인데, 그런 것을 통해서 믿음이 얻어지는 것이 아니라 하나님의 힘이 우리 속에 들어와야 한다. 그러니까 결국은 우리의 마음을 비게 하는 것이다. "마음이 가난한 자는 복이 있나니 천국이 저희 것이니라"고 하였는데, 우리의 마음을 비워야(공空) 하는 것이다. 또 어떻게 말하면 나 자신을 없이 하는 것이다(무아無我). 내가 없어질 때 하나님의 힘이라고 하는 것이 들어오는 것이지, 내가 있는 동안까지는 하나님의 힘이 들어올 수가 없다. 그릇 속에 공기가 가득 차 있으면 물이 들어갈 수가 없는 것과 마찬가지 이치이다. 공기가 없어 진공이 될 때 물이 들어갈 수 있는 것과 마찬가지로 내 속에 무엇인가로 가득 차 있으면 하나님께서 들어올 수가 없다. 그것이 자기중심 또는 자만심이라고 할 수 있다. 그러니까 자기중심이 깨질 때, 그때 하나님의 힘이 들어오는 것이지 자기중심이 그대로 차 있으면 하나님의 힘이 들어올 수가 없다.

내가 어떻게 하면 믿음을 얻게 되나, 내가 어떻게 해서 믿음을 얻나, 라고 하지만 아무리 해도 믿음은 얻을 수가 없다. 그러다가 아! 내 힘으로는 도저히 안 되겠다, 라 하고 모든 것을 비우게 될 때 믿음이란 것이 들어오게 되는 것이다. 이런 것을 보통 허실생백虛室生白이라고 한다. 자기 속이 텅 비게 될 때 빛이 들어오게 된다. 방이 꽉 차있으면 빛이 들어올 수가 없다. 어떻게 하면 나를 비우게 할 수 있을까, 라고 또 생각하겠지만, '어떻게 하면' 절대 안 되는 것이다.

어떻게 하겠다는 것이 통일이란 말이다. 그것이 아니고 귀일이다. 방법이 플러스가 아니고 마이너스가 되기 때문에 어렵다. 그래서 나는 이것을 수영하는 것에 늘 비유한다. 물에 들어가서 엎드리면 빠져 죽게 되고, 누우면 살게 된다.

사실은 별것이 아니다. 종교의 핵심은 믿음이고, 믿음의 핵심은 귀일이다. 귀일이란 다름이 아니고 물에 들어가서 누우면 둥둥 뜨는 것을 가리킨다. 사실 내가 뜨는 것이 아니라 물이 나를 뜨게 해주는 것이다. 결국 물의 힘으로 뜨는 것이다. 그것이 소위 말하는 부력이다. 그것이 또한 기독교로 말하면 하나님의 힘인 것이다. 내가 내 힘으로 뜨는 것이 아니고, 물의 힘으로 뜨는 것이다. 물의 힘이란 다시 말하면 물의 무게하고 내 무게를 비교해 보면 내 무게가 물의 무게보다 가볍다는 말이다. 내 무게가 70kg이라면 물의 무게는 77kg쯤 된다는 말이다. 그러니까 자연히 배가 물위에 뜨듯이 내가 물위에 뜨게 되는 것이다.

세상의 모든 동물 가운데 물에 빠져 죽는 동물은 하나도 없다. 왜 그런가 하면 다 물에 뜨기 때문이다. 사람만이 물에 빠져 죽는다. 뱀이나 코끼리, 돼지 등 모든 짐승들은 물에 빠져 죽는 법이 없다. 사람 하나만이 물에 빠져 죽는다. 죄를 짓는 것도 사람 하나만이 죄를 짓지 뭇 짐승들은 죄를 짓는 법이 없다. 멸망하는 것도 사람만이 멸망하지 다른 동물들은 멸망할 수가 없다. 그런데 왜 사람은 빠져 죽나 하면 물위에 눕지 않고 엎드려서 그런 것이다. 누우면 살 수 있는데 엎드리기 때문에 죽는다. 그것이 차이점이다. 엎드린다는 게 통일이라면 눕는다는 것은 귀일이다. 귀일이란 가만히 누워서 물에 맡기는 것이다. 통일이란 내 힘으로 어떻게 뜨려고 노력하는 것이다. 내 힘으로 구원받겠다고 노력하는 것이다.

그러다가 믿음은 얻지 못하고 미치고 만다. 교회에 가보면 믿음을 갖지 못하고 교회에 미친 사람들이 얼마나 많은지 모른다. 믿음과 미치는 것을 구분 못하고 미친 것을 믿음으로 생각하는 사람이 많은 것이다.

뜬다고 하는 것은 물의 힘으로 뜨는 것이지 자기 힘으로 뜨는 것이 아니다. 그것은 자연법칙이 그런 것이다. 왜냐하면 내가 물보다 가볍기 때문이다. 그러니까 저절로 뜨는 것이다.

믿음도 마찬가지다. 저절로 되는 것이지 억지로 노력해서 되는 것은 아니다. 성경공부를 하거나 신학대학을 간다고 해서 믿음이 생기는 것은 아니다. 그런 것은 다 통일이란 말이 되고 만다. 믿음이란 모든 동물이 물에 들어가면 뜨듯이 그대로 자연이지 억지로 인위적으로 되는 것이 아니다.

그러니까 귀일이냐 통일이냐의 차이인데, 물에 들어가 엎드리면 통일이 되고 그것은 내 힘으로 어떻게 해보겠다는 사람으로 그렇게 되면 절대 살아날 수가 없다. 그런데 누우면 귀일이 되어 자연적으로 살아 날 수가 있게 된다. 누우면 왜 뜨는가 하면 사람의 폐 속에 들어간 공기 때문에 뜨는 것인데 그 공기의 양이라는 것이 손바닥만큼으로, 얼굴을 밖으로 내놓을 수 있는 정도이다. 눈과 코와 입을 내 놓을 수 있는 정도이지 머리 전체를 밖으로 내 놓을 수는 없다. 물론 수영 선수라면 손발을 움직여서 머리를 내어놓을 수도 있다. 그것은 특별한 기술이 필요한 경우이고 자연적으로는 안 된다. 머리 전체를 뜨게 하려니까 머리의 무게를 못 이겨서 자꾸 빠져 들어가게 되는 것이다. 그래서 결국은 숨을 쉬지 못하게 되어 물에 빠져 죽게 된다.

믿음의 세계라고 하는 것은 귀일의 세계로서 나라고 하는 것이 없어지고 하나님의 힘으로 살 때 그것을 우리가 믿음이라고 한다. 그렇게 보면 믿음이란 쉬운 사람에게는 한없이 쉬운 것이 되고, 어려운 사람에게는 한없이 어려운 것이 되고 만다. 물에 누운 사람에게는 저절로 뜨니까 한없이 쉬운데, 엎드린 사람에게는 자꾸 빠져드니까 한없이 어려운 것이 되고 만다. 그래서 이러한 태도, 즉 귀일인가, 통일인가의 차이를 분간할 수 있어야 된다.

아까도 양명이 말한 대로 양지良知와 지식知識의 차이로서,

양지란 귀일의 세계이고, 지식은 통일의 세계를 말하는데, 우리는 자꾸 지식을 가지고 어떻게 해보려고 하는데, 전습록이라도 한번 읽어야 양지가 회복되는 것처럼 생각하는 것이 잘못이란 말이다. 양지라는 것은 누구나 본래적으로 다 가지고 있는 것이지 전습록을 읽는다고 생기는 것은 아니다. 그래서 오늘 나온 "나를 믿는 사람은"이란 말은 누운 사람은 다 물에 뜰 수 있다는 말이다. 예수가 뜬 만큼 뜰 수도 있고, 예수보다도 더 잘 뜰 수도 있다. 그렇게 떠서 어디로 가자는 것인가. 아버지께로 가자는 것이다.

이는 내가 아버지께로 감이라.
너희가 내 이름으로 무엇을 구하든지
내가 행하리니,

예수가 죽으면 어디로 가나. 하나님께로 가는 것이다. 그런데 그때가 되면 나는 지금보다도 더 힘이 있게 된다. 누구의 힘인가. 하나님의 힘이다. 그러니까 너희가 나에게 무엇이든지 구하면 다 이루어질 것이다. 이것도 역시 귀일이지 통일은 아니다.

이는 아버지로 하여금
아들로 말미암아
영광을 받으시게 하려 함이라.

그래서 나만 좋은 것이 아니라 아버지께서도 좋은 것이다. 너희가 구원받으면 나만 좋아하는 게 아니라 아버지께서도 좋아하신다는 말이다. 아까도 말했지만 우리가 예수보다 더 큰일을 하면 우리만 좋은 것이 아니라 예수는 더 좋아할 것이다. 예수만 좋아하는 것이 아니라 하나님은 더 기뻐하실 것이다.

내 이름으로 무엇이든지
내게 구하면
내가 행하리라.

너희들을 내가 얼마든지 도와줄 것이란 말이다. 물의 힘으로 뜨는 것이니까 물은 얼마든지 너희들을 뜨게끔 도와주는 것이다. 물은 너희들을 가라앉게 하는 것이 아니란 말이다.

너희가 나를 사랑하면
나의 계명을 지키리라.

여기서 말하는 "내 계명"이란, 요전에 13장 34절에 나온 "서로 사랑하라"는 새 계명이다. 그런데 이 계명이 십계명의 계명과 같은 것인가. 아니다. 다른 것이다.

십계명에 나오는 계명은 "네 이웃을 네 몸 같이 사랑하라"는 것이고, 여기서 나오는 계명은 "네 이웃을 사랑하라"는 것이다. 무엇이 차이가 나는가 하면 "네 몸 같이"라는 말이 빠지는 것이다. 그러니까 상대적인 조건부 사랑이 아니다.

예수가 말한 사랑은 절대적 사랑이다. 절대적 사랑이란 자기를 없이 하고 남을 위하는 사랑이다. 그것이 또한 귀일의 사랑이다.

> 내가 아버지께 구하겠으니
> 그가 또 다른 보혜사를 너희에게 주사
> 영원토록 너희와 함께 있게 하리니,
> 그는 진리의 영이라.

그러니까 하나님이 도와주시고, 예수가 도와주고, 또 하나 도와주는 것이 무엇인가 하면 보혜사(파라클레토스)이다. 보혜사란 우리를 위로해주는 사람이란 뜻으로, 쉽게 말하면 우리를 도와주는 사람이란 말이다. 그러니까 하나님, 예수, 그리고 또 하나, 우리를 도와주는 분을 보내줄 것이란 말이다. 그래서 이 셋이 삼위일체가 되는 것이다. 성부, 성자, 성령이 그것이다. 성부, 성자, 성령이라고 해도 우리를 물위에 띄워주는 것은 다 같은 힘이다. 다 물의 힘으로 뜨는 것이지 특별히 다른 힘이 들어가는 것은 아니다.

우리가 물속에 들어가서 눈이 떴다, 코가 떴다, 입이 떴다, 라고 할 때 눈이 뜬 것을 요전에는 진리라고 하고, 코가 뜬 것을 요전에는 생명이라고 하고, 입이 뜬 것을 요전에는 길이라고 했다. 그러니까 "나는 길이요 진리요 생명이다"라는 말은 '입도 뜨고, 코도 뜨고, 눈도 떴다'는 말이다. 그래서 숨도 쉴 수 있고, 눈으로 볼 수도 있고, 입으로 먹을 수도 있게 된 것이다. 그것이 사는 것이다. 눈을 뜨게 하는 것, 그것을 우리는 하나님이라고 하고, 코를 뜨게 하는 것, 그것을 우리는 성령이라고 하고, 입을 뜨게 하는 것, 그것을 그리스도라고 한다. 그래서 성부, 성자, 성령이 뜨게 하는 데 있어서 다 같은 것이다. 그러니까 진리를 깨닫게 하면 하나님이라고 하고, 길을 얻게 하면 그리스도라 하고, 생명을 얻게 하면 성령이라고 하는 것이다. 역할만 다를 뿐이지 내용으로 보면 다 같다. 다시 말해서 다, 결국은 살려 주는 것을 말하는 것이다. 그 성령이 또한 진리를 깨닫게 해주는 영이라고 여기서는 말했다.

> 세상은 능히 그를 받지 못하나니
> 이는 그를 보지도 못하고 알지도 못함이라.

그러니까 제 힘으로 무엇을 하겠다는 사람은 성령을 받을 수가 없다. 그러나 하나님의 힘으로 받아들이는 사람은 얼마든지 받을 수가 있다. 세상 사람들은 성령을 볼 수도 없고 알 수도 없다.

> 그러나 너희는 그를 아나니
> 그는 너희와 함께 거하심이요
> 또 너희 속에 계시겠음이라.

그러니까 성령은 언제나 우리들 안에 와서 우리와 같이 있게 될 것이다. 그래서 저 하늘에는 하나님, 저 밖에는 그리스도, 우리 안에는 성령, 이런 식으로 우리는 생각하면 된다. 그래서 우리 인간이 살아가면서 역시 젊었을 때는 하나님을 찾게 되는 것이고, 좀 나이가 들어 중년이 되면 그리스도를 찾게 되는 것이고, 또 좀 더 나이가 먹어 노년이 되면 성령을 찾게 되는 것이다.

또한 시대적으로 보면 고대 그러면 하나님을 찾던 시대이고, 중세 그러면 그리스도를 찾는 시대이고, 지금의 근세에는 성령을 찾는 시대이다. 그래서 지금 시대를 포스트 크라이스트(Post Christ) 시대라 하여, 기독을 찾는 시대가 지나가고, 이제는 성령을 찾는 시대라고 말한다. 대개 시대적으로 보면 이렇게 나눌 수 있다.

또 달리 말하면 하나님을 찾던 시대는 의지적인 시대이고, 그리스도를 찾던 시대는 감정적인 시대이고, 그리고 성령을 찾는 시대는 지적인 시대이다.

고대 그러면 의지적으로 살았고, 중세 그러면 정서적으로 살았고, 그리고 근세 그러면 지적으로 살게 되니까, 요새 사는 사람들에게는 성령이라고 하는 것이 어쩔 수 없이 필요하게 되는 것이다. 결국 지정의知情意의 문제이다. 우리가 의지적으로 찾게 되면 하나님이 되고, 정적情的으로 찾게 되면 그리스도가 되고, 지적知的으로 찾게 되면 성령이 된다. 그래서 성령이란 것은 무엇인가 하면 진리의 영이 되는 것이다.

우리가 어렸을 때는 아버지를 찾게 되고, 아이가 커서 젊을 때는 남편이나 아내를 찾게 되고, 나이가 많아 늙어지면 아들을 찾게 되어 있다. 나이에 따라서 대상이 달라진다. 다시 말해서 사랑의 대상이 자꾸 바뀌는 것이다. 의지적인 시대에는 아버지를 찾게 되는데, "뜻이 하늘에서 이루어진 것처럼 땅에서도 이루어지이다"란 아버지를 찾는 시대이다. 그런데 그리스도와 결혼을 하게 된다는 말을 바울이 많이 하게 되는데 이 시대는 정서적인 시대가 되고 마는 것이다. 그러다가 어른이 되면 아들과 딸을 찾는 시대가 되고, 그런 시대가 오면 지적으로 갈 수밖에 없는 것이 되고 만다. 이것이 인간이 겪는 하나의 과정이라고 할 수 있다. 그래서 성부와 성자와 성령으로 나누어지는 것이다.

내 일생을 가만히 생각해 보면 35살까지는 성부였고, 그다음에는 성자였고, 지금은 성령이다. 그러니까 지금 나에게 필요한 것은 성령이지 성부도 아니고 성자도 아니다. 일생도 그렇게 나누어진다.

지금의 나는 근대를 말하는 것이다. 휴머니즘의 시대이다. 그런데 나도 중세에는 그리스도를 찾았다. 그리고 고대 때에는 하나님을 찾았다. 그러니까 연령에 따라 달라지는 것이다. 그래서 오늘 구절에서 너희에게 성령을 보내준다는 말을 하는 것이다. 성령의 도움 없이는 우리가 절대로 어른구실을 할 수가 없다. 어른에게는 반드시 필요한 것이 성령이다. 그래서 우리가 찾는 것이 성령이다.

기 도

저희들이 주님 앞에
겸손히 머리를 숙여 기도 드리오니
저희들을 있는 그대로
당신께서 받아주시고
위로하여 주시고
다시 힘을 주셔서
저희들이 다시 건강한 상태로 돌아갈 수 있도록
당신께서 도와주시옵소서.

아름다운 가을이 끝나가는 이 계절에
저희들의 마음을 붙잡아 주셔서
높은 하늘처럼
한 없이 높고 깨끗하게 하여 주시고
저희들이 언제나 기쁨과 즐거움을 가지고
당신 앞에 설 수 있는
저희들이 될 수 있도록 인도하여 주시옵소서.

오늘도 당신의 말씀을 저희들에게 들려주시고
우리의 마음을 열게 하시고
우리가 어둠에서 벗어나서
밝은 빛으로 살 수 있도록
당신께서 이끌어 주시옵소서.

예수님 공로 받들어 기도하옵나이다.
아멘.

58. 임마누엘

1994년 11월 13일

요한 14:18~24

내가 너희를
고아와 같이 버려두지 아니하고
너희에게로 오리라.

이것은 물론 예수님께서 제자들에게 하신 말씀이다. 너희들을 절대 혼자 내버려 두지 않겠다. 너희에게 다시 와서 너희들과 함께 하겠다. 이것을 소위 임마누엘이라고 한다. 당신들과 같이 있겠다는 말이 곧 임마누엘이다.

조금 있으면
세상은 다시 나를 보지 못할 것이로되
너희는 나를 보리니

이는 내가 살아 있고
너희도 살아 있겠음이라.

그러니까 예수의 마음속에 있는 근본생각은 무엇인가 하면 죽음이라는 것은 없다는 것이다. 죽음이라고 하는 것은 하나의 착각이나 망상이지, 없는 것이다. 그것이 근본이다. 생生이 근본이다. 아까도 말한 치양지致良知라고 하면, 건강을 회복한다는 말이다. 본래가 건강하다는 말이다. 우리는 본래가 생명이다. 죽음이라고 하는 것은 무엇이 잘못된 것이지, 그것이 우리의 본래는 아니다. 그런 근본사상이 깔려 있다.

본래는 무엇인가. 영원한 생명이다. 이것이 기독교의 근본사상이다. 죽었다고 하는 것은 잘못된 것이다. 생명이라고 하면 죽지 않고 그대로 하늘에 올라갔다는 말도 된다. 그렇게 맨 처음 나온 사람이 에녹이다. 에녹은 하나님과 동행하다가(임마누엘) 하늘로 올라갔다고 창세기에 나온다. 또 우리가 잘 아는 엘리야도 죽지 않고 하늘로 올라갔다고 열왕기하에 나온다. 병이라고 하는 것은 건강이 잘못된 것이고, 병이 없어지면 다시 건강해지듯이 죽음이라고 하는 것도 잘못된 것이고, 죽음이 없어지면 다시 생명을 얻게 된다. 이것이 소위 귀일사상歸一思想이다. 이것이 또한 종교의 핵심이다. 본래가 건강한 것인데 건강을 우리가 상실했다가 다시 얻는 것이다. 예수의 생각도 바로 그것이다. "내가 살아있고"라는 말이 너희들은 내가 죽었다고 보지만 나는 절대 죽지 않는다는 말이다. '나'라고 하는 것이 본래가 죽지 않는 존재라는 말이다. 우리의 몸으로 생각하면, 오늘 내가 손톱을 깎았는데, 떨어져 나간 손톱은 나를 떨어져 나갔으니까 죽은 것이지마는 내게 붙어있는 손톱은 살아 있는 것이다.

아까 말한 만물일체지인萬物一體之仁이라고 하는 것이 다 한 생명이라는 말이다. 한 생명이란 말은 죽었다고 하는 것이 잘못된 생각이란 말이다. 다 살아있다는 것이다. 라이프니츠 같은 사람은 그렇게 생각했다. 라이프니츠는 온 우주가 다 살아 있는 것이라고 생각했다. 돌멩이도 자고 있는 것이지 죽은 것이 아니라고 생각했다. 예수님께서도 사람이 죽은 것을 자는 것이라고 말한 적이 있다. 생명이 약해진 것이지 생명이 없어진 것이 아니라는 사상이다. 우리가 병이 든 것도 생명이 약해진 것이지 없어진 것이 아니다. 또 다시 기운을 회복하면 생명이 회복되는 것이다. 그러니까 근본은 언제나 살아 있고 끄트머리에서 언제나 약해지기도 하고, 병들기도 하고, 죽기도 하는 것이지 근본은 변함이 없다는 사상이다.

왜 그런 생각을 하게 되는 것인가 하면 우리가 우주 만물을 생각해 볼 때 우주 만물이란 것이 무엇인가 하면 다 태양의 변신인 것이다. 태양이 조금 식은 것도 있고, 더 많이 식은 것도 있고, 돌멩이를 생각해 보면 돌멩이는 태양이 많이 식은 것인데 이것이 뜨거운 불을 만나면 다시 불덩이가 된다. 석탄만 불이 되는 것이 아니라 돌멩이도 용광로에 들어가면 새빨간 불덩이가 된다. 그러니까 본래가 모두 불인 것이다. 나무도 불이고 돌멩이도 불이고 심지어는 물도 불이다.

달리 말하면 원자라고 말할 수도 있다. 원자라고 하는 것은 가운데에 양자라고 하는 불덩이가 있고, 그 주위에 전자라고 하는 불덩이가 돌아가고 있는 것 아니겠는가. 그러니까 다 태양이 변한 것이다. 언젠가 지구도 태양 같은 것이 가까이 지나간다면 다시 불덩이가 될 것이다. 그러니까 근본은 다 태양인 것이다.

이렇게 말하면 범신론 같이 되고 만다. 일체가 다 신神이라는 말이다. 나무 같지만 사실은 그것도 신이라는 말이다. 왜 우리가 자꾸 그런 생각을 하게 되나 하면 일체가 다 신비하기 때문이다. 나무가 어떻게 저런 색깔을 띠게 되나, 신비하지 않은가. 요즘 TV에 동물에 대한 프로그램이 나오는데 그것을 보면 정말 신비할 뿐이다. 요전에 해파리가 나오는 것을 봤는데 해파리가 운동을 하고 살아가는 것을 보면 신비하기 짝이 없다. 눈도 없는 것처럼 보이는데 잘 돌아다니고 잡아보면 물덩이 같은데 IQ도 상당히 높다고 한다. 큰 해파리는 직경이 50m나 되는 것도 있다고 한다. 그런 것을 보고 있으면 정말 신비하기만 하다. 아무것도 아닌 것처럼 보이는 미물 하나에도 그 속을 들여다보면 신비한 것이 한 둘이 아니다. 세상의 일들을 가만히 생각해 보면 신비하지 않은 것이 아무것도 없다.

내가 여러분에게 여러 번 말한 벌이라는 곤충도 30리 바깥까지 가서 꽃의 꿀을 따온다고 하는데 돌아올 때 도중에 비가 오면 일주일을 나무 밑에서 묵는다고 한다. 그리고 나서 다시 날아 돌아와서는 꼭 자기 집 벌통으로 들어간다고 한다. 벌통이 수백 개가 되어도 남의 벌통으로 들어가는 법이 없다고 한다. 그렇게 돌아와서 옆의 벌에게 몸짓을 몇 번 하면 바로 옆의 벌이 30리 바깥의 꿀을 따던 바로 그 꽃나무에 내려앉는다고 한다. 정말 신비한 일이 아닐 수 없다. 어떻게 벌이 정보를 교환하길래 그렇게 정확하게 그 꽃나무를 찾으며 그 먼 길을 한 치의 오차도 없이 돌아올 수 있을까. 우리는 벌 한 마리 그냥 무심히 밟아 죽이기도 하는데 그 조그마한 벌 속에도 한없는 신비가 들어 있는 것이다.

우리가 그런 생각을 갖고 주위를 돌아보면 신비하지 않은 것이 없다. 벌 하나도 그냥 단순한 벌이 아니라 하나의 신비한 신이 되고 만다. 만약 신이라고 한다면 벌도 죽는다고 볼 수가 없다. 신인데 죽을 리가 있겠는가. 신이라는 것이 생명이란 말이니까 벌도 하나의 생명이 되는 것이다. 벌 하나도 그렇게 신비하지만 사람은 또 얼마나 신비한가. 사람의 몸 구조를 생각해 보면 그 신비함이 말할 수 없다. 눈 하나만 보더라도 그것을 알려면 몇 십 년을 공부해도 알 수가 없다. 우리가 본다는 것을 생각해도 얼마나 신비한 것인지 모른다. 그렇게 생각하면 이 세상이 신비로 가득 차있다.

그래서 하나님께서 우주를 창조했다는 그런 말을 하지 않을 수가 없다. 그러므로 우리가 하나님이라고 하는 태양을 하나 인정하면, 먼 거리로 인해 좀 식고 뜨겁고의 차이는 있을지라도 결국 언젠가는 태양으로 돌아가는 것이라고 생각할 수 있다. 그러니까 우리가 태양과 돌멩이를 생각할 때 돌멩이도 하나의 태양이고, 돌멩이도 불이 와 닿으면 그냥 불덩이가 되는 것이다, 라고 생각하는 것이다. 그렇게 생각하면 우리의 생명이라고 하는 것은 근본이고, 그에 따르는 생로병사라는 것은 본래의 생명이 변한 것이지, 본래의 생명 자체에는 아무런 이상이 없는 것이다. 그러므로 본래의 생명을 회복하면 또 다시 우리는 영원한 생명을 얻는다.

그러니까 일체가 다 생명이다, 라고 말할 수 있다. 그런 생각을 가지면, 예수가 곧 죽으면서도 '나는 살아있다' 라고 말하는 것이 조금은 이해가 될 수 있을 것이다. 그러니까 죽으면 돌멩이가 되겠지만 속의 불은 그대로 있다, 라고 생각하는 것이다. 생명자체가 없어지는 것은 아니라는 것이다. 우리는 그것을 영靈이라고도 하는데, 무엇이라고 해도 좋지마는 죽지 않는 그 무엇이 우리의 본체라고 할 수 있다. 진리를 깨달았다고 하는 것이 무엇인가 하면, 내가 죽지 않는 존재라는 것을 깨달았다는 말이다. 그것이 또한 생명을 얻었다는 말과 같은 말이다. 생명을 얻었다는 말이 내가 죽지 않는 존재라는 것을 확실하게 알게 되었다는 말이다. 그래서 나라고 하는 것은 죽음이 아니다, 나는 생명이다, 나는 길이다, 나는 진리다, 라고 하는 말이 다 같은 말이 되는 것이다. 나는 거짓이 아니고, 진리가 나이다. 나는 죽음이 아니고, 생명이 나이다. 나는 잡초가 아니고, 길이 나이다. 진선미가 나이지 진선미가 아닌 것은 나가 아니다. 그것을 우리가 믿는 것이다. 그래서 우리가 예수가 죽었다가 다시 살았다고 믿지 그냥 죽었다고만 생각하지 않는다. 부활해서 제자들과 함께 있다가 다시 승천했다고 믿는다. 그래서 지금까지 우리와 함께 한다고 믿는다. 생명이라고 하는 것은 살아 있는 것을 말한다. 그래서 예수는 '내가 살아있고, 너희도 살아 있을 것이다' 라고 말하는 것이다.

그 날에는 내가 아버지 안에,
너희가 내 안에,
내가 너희 안에 있는 것을
너희가 알리라.

그러니까 그 날에는 아버지도 살아 있고, 나도 살아 있고, 또한 너희들도 살아 있고, 일체가 다 살아 있는 생명임을 알게 될 것이란 말이다.

나의 계명을 지키는 자라야
나를 사랑하는 자니.

그러니까 제일 중요한 것은 명령이다. 요전에도 나왔지만 '하나님의 명령이 영원한 생명이다' 라고 했다. 그래서 '명령을 얻었다' 는 것이 소위 천명天命이라는 말이다. 우리가 제일 알기 쉬운 것은 중용中庸의 맨 처음에 나오는 천명지위성天命之謂性의 천명과 그다음의 솔성지위도率性之謂道의 도道와 수도지위교修道之謂教의 교敎라는 말인데 기독교도 이렇게 생각하면 쉽게 알 수 있다. 하나님의 명령(천명天命)과 그것을 따르는 것이 도道이고, 그것을 전하는 것이 교敎이다, 라고 말할 수 있다.

불교에서는 맨 처음에 견성見性이라는 말이 나오는데 자력종교이기 때문에 천명이라고 말하기 어렵다. 그러니까 불교에서는 진리를 깨달았다, 라고 말하는 것이다. 그런데 기독교에서는 진리가 마지막에 나온다. 생명이 먼저이고, 도가 그다음이고, 진리가 마지막에 나오게 된다. 중용도 그렇게 되어 있다.

그러나 불교가 되면, '진리를 깨달았다' 가 먼저가 되지 천명을 먼저 말할 수가 없다. 그러니까 진리를 먼저 깨닫고, 그다음에 도를 얻고, 마지막에 생명을 얻는 것으로 생각할 수 있다. 결국 말의 차이인데 기독교 같이 타력종교인가, 아니면 불교같이 자력종교인가의 차이로 타력을 말하면 아무래도 천명이란 생각을 하지 않을 수 없게 된다. 그렇게 보면 유교도 타력으로 천명이란 말이 먼저 나오게 된다. 우리가 천天(하나님)을 인정한다든지, 또 아까도 말했듯이 선생(그리스도)을 인정하게 되면, 반드시 그 명령을 무시할 수가 없다. 그래서 선생님의 명령을 따르게 되고, 숙제를 내주면 숙제도 해야 하고, 숙제를 함으로써 또 알게 된다. 그래서 선생을 가졌다는 것이 타력이 되는 것이다.

그런데 선생도 없이 나 혼자 알게 되었다고 하면 천인사天人師 혹은 독각獨覺이 된다. 그렇지만 선생을 가졌다고 해도 마지막 단계에 가면 독각이 되는 것이다. 전번 시간에 정명도가 천리天理, 두 자만은 내가 체득한 것이다, 라고 했는데, 불교라고 해서 일체 선생은 무시하고 저 혼자만 깨달았다고 할 수가 없다. 불교에서도 선생을 자꾸 찾아다니다가 마지막에 가서는 독각이 되는 것이다. 그러니까 어느 것을 더 강조하느냐 하는 차이이지, 불교라고 하여 일체 선생을 부정한다든지 기독교라고 해서 하나님의 힘만 의존하는 것은 아니다. 불교에서도 불佛이 있고 조사祖師가 있듯이 그것을 무시하고는 안 된다. 불법승佛法僧의 삼보三寶에서도 불佛이 먼저 나온다. 그러나 아까 말한 것처럼 천리天理를 체인體認한다는 것이 되면 각覺이라고 하지 않을 수가 없다. 밤낮 선생을 쫓아다니다가도 한번은 선생을 넘어서는 경험을 가져야 한다. 그렇게 넘어설 때가 각이다. 제가 깨닫는 것이지 선생이 깨닫게 해주는 것은 아니다. 그렇게 되어야 사람이 자기만의 독자성을 갖게 되는 것이고 그러한 독자성을 갖게 될 때 창조적 지성이 될 수 있다.

하여튼 여기서는 기독교이니까 '내 계명을 받아서 지키는 사람은 나를 사랑하는 자다'라고 하는 것이다. 다시 말해 선생님이 주시는 숙제는 해야만 한다는 말이다.

> 나를 사랑하는 자는
> 내 아버지께 사랑을 받을 것이요
> 나도 그를 사랑하여
> 그에게 나를 나타내리라.

그러니까 하나님 아버지와 그리스도, 제자의 셋이 언제나 삼위일체三位一體가 되는 것이다.

> 가룟인 아닌 유다가 이르되
> 주여, 어찌하여 자기를 우리에게는 나타내시고
> 세상에는 아니하려 하시나이까.

왜 우리 제자에게만 가르쳐 주시고 온 세상 사람들에게는 가르쳐 주시지 않습니까, 하고 제자가 예수에게 물었다. 그것이 사람의 한계일 것이다. 온 세상 사람들을 언제 다 가르쳐 주겠는가. 군대에 가도 한 사람이 가장 잘 통솔할 수 있는 인원이 12사람이라고 한다. 그래서 한 분대가 12사람으로 되어 있는 것이다. 그런 것을 보면 학교에서도 한 학급 인원이 12명이 가장 좋을지도 모르겠다. 그 이상이 되면 다루기가 어렵다고 한다. 그러니까 예수에게도 열두 제자이다. 그 이상은 가르치기가 어렵다는 말이다. 공자도 십철十哲이고, 석가도 십대 제자이다. 열 명 정도의 제자이지 그 이상은 제자로 거두기가 어렵다.

> 예수께서 대답하여 이르시되
> 사람이 나를 사랑하면 내 말을 지키리니
> 내 아버지께서 그를 사랑하실 것이요
> 우리가 그에게 가서 거처를 그와 함께 하리라.
> 나를 사랑하지 아니하는 자는
> 내 말을 지키지 아니하나니
> 너희가 듣는 말은 내 말이 아니요
> 나를 보내신 아버지의 말씀이니라.

아까도 말했지만 선생의 말귀를 알아듣는다는 것이 쉬운 일이 아니다. 말귀를 알아들어야 말을 지키고 실천도 할 수 있다. 그런데 그 말을 알아듣는다는 것이 굉장히 어려운 일이다. 나도 경험한 사실이다. 나는 선생님의 말귀를 알아듣는데 꼭 6년이 걸렸다. 6년 만에야 선생님의 말귀를 알아듣고, 아, 이것이 이런 말이로구나 하고 그다음에는 실천을 하게 되었다. 그러니까 사람이 말귀를 알아듣고 실천을 한다는 것이 여간 어려운 것이 아니다.

요즘 서예를 하는데 대나무 그림의 잎사귀 하나를 2달 동안 그리는데도 아직도 잘 되질 않는다. 한 만 번은 그린 것 같은데 별로 신통치 않다. 무엇이든지 요령을 잡는다는 것이 쉽지 않은 것이다. 아무리 선생이 가르쳐주고 보여주고 해도 그것이 잘 되지 않은 것이다. 나도 처음 선생님한테 대나무 그림을 배울 때 잘 되지 않아 굉장히 애를 먹었다. 한 일一 자를 쓰기도 어렵지만 대 잎사귀 그리는 것은 더 어려운 것 같다. 그렇게 애를 쓰다보면 결국 요령이라는 것을 잡게 되고 대 잎사귀가 나오게 된다. 그래서 알고 실천한다는 것은 선생 없이는 도저히 안 되는 것이다. 선생을 가져야만 할 수 있는 일이다. 그래서 선생이 필요한 것이다. 그리고 선생은 또한 선생 이상이 될 때 진짜 선생이 된다.

여기서 "나를 사랑하는 사람"이란 뜻은 나를 따르는 사람들이라고 생각하면 되겠다. 나도 내가 배운 붓글씨를 다른 사람들에게 가르치기 시작한 후 몇 해 동안 아마도 나를 좇아온 사람들이 50, 60명은 되었을 것이다. 그러나 지금까지 줄곧 배우고 있는 사람은 대여섯 명 밖에 되지 않는다. 왔다가 가고 왔다가 가고 결국 다 떨어지고 몇 명만 남게 되었다. 아까도 얘기했지만 선생에게 무엇을 배우려면 적어도 5, 6년은 계속 배워야 하는데 그 5, 6년을 계속하지 못한다. 학이시습지學而時習之가 되어야 하는데 시습時習이 안 되는 것이다. 그러니까 그냥 학學으로 끝나고 만다. 우리나라의 잡지 중에 창간호가 나오고 두 번째 잡지가 안 나오는 경우가 80%나 된다는 말을 들은 적이 있는데, 처음 창간호를 낼 때는 누구든지 꽤 오래 낼 것이란 생각을 했을 것이다. 그런데 그것이 잘 안 된다. 우리나라 사람의 제일 문제가 끈기가 없다는 것이다. 무엇인가를 해내기 위해서는 끈기가 필요하다. 그러니까 감정적으로 하게 되는 경우가 많다는 말이다. 조금 하다가 어려우면 그만 집어 치우고 만다. 이것도 하다가는 그만 두고, 저것도 하다가는 그만 두고, 무엇인가 끈기 있게 지속을 하지 못한다.

아까도 나왔지만 중국 사람들에게 필요한 것이 무엇인가 할 때 '성의誠意'이다, 라고 했는데, 이 성의라는 말이 바로 끈기라는 말이라고 할 수 있다. 최선을 다해 계속해 나가는 것이다. 내가 대만에 갔을 때 제일 신기하게 본 것은 나무로 컵을 깎아 만들었는데 컵 속에 또 컵이 들어가고 계속 조금씩 작은 컵이 들어가는데 몇 개의 컵이 있는가 하면 67개가 된다고 했다. 67개의 컵이 하나의 컵 속에 조금씩, 조금씩 작게 만들어 계속 들어가 있는 것이다. 또 하나의 코끼리 상아를 깎아 둥근 구슬 모양으로 만들었는데, 그 구슬 속에 또 둥근 구슬 모양으로 깎고, 또 속의 구슬 속에 다시 둥근 구슬을 깎아 모두 17개의 구슬을 조금씩, 조금씩 작게 깎아 나갔는데 각각의 구슬들이 다 따로따로 놀게끔 만들어 놓았다. 그런 컵과 구슬들을 만들려면 몇 해는 걸려야 할 것으로 생각 되는데 그런 것을 보면 중국 사람들의 끈기에 대해 대단하다는 생각이 든다. 그런 것을 대학大學에서는 '성의' 라고 한다. 우리에게는 그런 것이 부족하다. 무엇인가 감정적으로 불쑥 시작하고는 끝맺음을 하지 못하고 중도에서 그만 두는 경우가 많다. 의지력이 약하다는 것이다.

중국에 가면 오백년 된 요리 집이 있다고 한다. 그런데 우리나라에는 백년이 되는 요리 집도 없다. 우리에게는 그런 끈기가 부족하다. 계속해 나간다는 것이 중요한 것이다. 중국을 청나라가 3백 년을 지배했지만 조금도 흔들림이 없었다. 또 몽고가 2백 년을 지배했지만 아무런 동요가 없었다. 우리나라는 일본이 36년을 지배했는데 중국의 처지에 비하면 아무것도 아니다. 중국은 그렇게 몇 백 년을 지배당하고도 계속 중국의 정신을 유지해 나간다. 그 사람들은 자기네 역사 속에 청조淸朝라고 하고 그냥 인정하고 만다. 청조 때 만든 건물들을 자기네 것이 아니라고 다 헐어버리겠다는 생각을 하지 않는다. 우리네가 중앙청을 헌다고 해서 일본이 망하는 것도 아니다. 웬통 일본 전자제품을 다 사서 쓰고 아이들이 보는 만화는 전부 일본서 온 것이라고 하는데 멀쩡한 건물하나 부순다고 해서 일본이 없어지는 것은 아니다. 우리나라의 근본이 서 있는가가 중요하지 그까짓 건물하나 없앤다는 것이 중요한 것은 아니다. 하여튼 우리에게는 무엇인가 끈기 있게 해 나가는 의지력이 부족하다.

"너희가 듣는 말은 내 말이 아니요 나를 보내신 아버지의 말씀이니라." 이 말은 앞으로도 자꾸 나오는 말인데, 내가 말하는 말은 하나님의 말씀이요, 진리이다. 그러니까 내 말을 들어야 한다는 말이다.

오늘 나온 구절에는 "나를 사랑하는 사람"이란 말이 자꾸 나왔는데 아까도 말했지만 사랑한다는 것도 문제가 있어야 사랑하게 되지 문제가 없으면 사랑할 수도 없다.

자기 속에 병이 있을 때 병원에 가면 의사를 사랑하게 되지 아무 문제도 없는데 어떻게 의사를 사랑하게 되겠는가. 그러니까 자기 속에 문제의식이 있는가, 없는가, 그것이 중요하다. 유영모 선생을 6년 동안 쫓아 다녔는데 왜냐하면 문제의식을 가졌기 때문이다. 내가 내 문제를 풀어야 하는데 그것을 6년 동안을 쫓아다녀서 푼 것이다. 내가 유영모가 좋아서 쫓아다닌 것이 아니라 내 속에 있는 문제 때문에 쫓아다닌 것이다. 유영모와 나는 아무 상관이 없지만 내 속에 있는 문제를 유영모라는 의사가 제일 잘 해결해 줄 것이라는 생각이 들어서 6년을 쫓아다녀서 내 속에 있는 병이 낫게 된 것이다. 그래서 6년을 쫓아다닌 것이지 그런 것이 없다면 6년을 쫓아다닐 이유가 없다. 그러니까 자기 속의 문제에 따라서 3년이 걸릴 수도 있고, 6년이 걸릴 수도 있고, 10년이 걸릴 수도 있다. 자기의 병에 따라서 치료기간이 짧을 수도 있고 길 수도 있는 것뿐이다.

교회에 다니는 것도 마찬가지다. 우리가 어떤 문제의식을 가지고 교회를 다니면 몇 년 만에 그 문제를 해결할 수가 있다.

그런데 그런 문제의식 없이 교회 다니는 것은 마치 병도 없는 환자가 밤낮 병원에 가서 사는 것과 마찬가지가 되고 만다. 그래서 우리가 문제의식을 가졌을 때 선생을 사랑하게 되지 문제의식 없이는 선생을 사랑하게 될 수가 없다.

기 도

가을을 맞이해서 모든 백곡이
무르익어서 낫을 기다리고 있는
그런 시기가 되었습니다.

오직 사람들만 무르익지 못해서 추수하지 못하는
우리의 현실을 저희들은 안타깝게 생각합니다.

우리 한국 사람들도 좀 더 성숙하고 무르익어서
많은 사람들에게 존경을 받는
그런 사람들이 될 수 있도록 도와주시고
쭉정이가 아니고 알곡의 저희들이
될 수 있도록 도와주시옵소서.

그리하여 우리 사회에 모든 부실이 없어지고
모든 거짓이 없어져서
언제나 진실과 참의 믿음의 세계가 될 수 있도록
당신께서 도와주시옵소서.

그래서 우리나라도 힘과 빛의 나라가 되어서
우리의 문화를 온 세상에 알릴 수 있는
그런 나라가 될 수 있도록
당신께서 도와주시옵소서.

이 모든 말씀
예수님의 이름 받들어 기도하옵나이다.
아멘.

59. 무릅, 부름, 푸름

1994년 11월 20일

요한 14:25~31

요한복음 14장을 예수님의 마지막 유훈이라고 한다. 본래는 이 14장으로 끝나도록 되어 있는데 여기서는 15장, 16장, 17장까지 계속 된다. 학자들도 이렇게 된 것에 대해 그 이유를 잘 알지 못한다.

내가 아직 너희와 함께 있어서
이 말을 너희에게 하였거니와,
보혜사 곧 아버지께서 내 이름으로 보내실 성령
그가 너희에게 모든 것을 가르치고
내가 너희에게 말한
모든 것을 생각나게 하리라.

결국은 하나님, 예수, 성령인데, 하나님은 행行의 세계이고, 예수는 정情의 세계이고, 성령은 지知의 세계이다. 그러니까 성령이란 지知를 통해서 정情에 도달하고, 정情을 통해서 의意(행行)에 도달하는 것이다. 보혜사(변호사)란 파라클레토스라는 말로서, 우리를 변호해주는 사람, 우리를 도와주는 사람이란 뜻이다. 그런데 우리는 구체적으로 성령에 부딪치는 그런 경험이 있어야 한다. 심즉리心卽理란 말도 그런 경험을 말한다. 심心이란 말을 계시라고 할 수도 있는데 성령이 우리에게 와서 부딪치는 그런 경험, 우리는 그것을 영감靈感이라고도 하는데, 영감이 떠올라서 시를 짓는다든지 영감이 떠올라서 작품을 만든다든지 하는 경우를 예술 하는 사람들은 많이 얘기한다. 릴케가 시를 지을 때 영감이 떠올라서 지었다든지 그림을 그리거나 조각을 하는 작가가 영감을 받아 작품을 만들었다, 라는 말을 하기도 한다. 이러한 영감이 우리하고도 연결이 되어서 우리가 갖고 있는 어떤 문제가 영감을 통해 풀려야 그것이 진짜 해결되는 것이지 그렇지 않고는 문제를 풀었다고 할 수가 없다.

그래서 유영모 선생께서는 언제나 "무름, 부름, 푸름"이라고 하였는데 '무름(물음, 문제)'의 'ㅁ'이 터지면 'ㅂ'이 되고, 'ㅂ'이 또 사방으로 터지면 'ㅍ'이 되어 무, 부, 푸로 변화되게 된다. 우리의 훈민정음은 다 마찬가지로 이렇게 3단계로 되어 있다. ㅅ, ㅈ, ㅊ의 3단계, ㅁ, ㅂ, ㅍ의 3단계이다. 물, 불, 풀이다. 물과 불이 합친 것이 풀이다. 그러니까 유영모 선생이 말한 무름, 부름, 푸름이란 첫째 무름, 즉 언제나 문제를 가져야 한다는 말이다. 문제를 갖지 않고 강의를 다니거나 교회를 다닌다는 것은 있을 수 없다는 말이다. 꼭 어떤 문제의식을 가져야 한다. 문제의식이란 우리 기독교식으로 말하면 죄의식이란 것이다. 죄의식을 갖는다는 것이 요새 말로 말하면 문제의식을 갖는다는 말이다.

아까 나는 믿음이 없다는 것이 나의 문제의식이라고 했는데, 나는 아무리 해도 믿음이 생기지 않았다. 교회를 밤낮 다니는데도 믿음이 없다, 라는 것이 나의 문제의식이었다. 이 문제를 풀어야 하는데 이 문제를 풀기 위해서 이 사람, 저 사람의 말도 들어보고 이 책, 저 책을 다 뒤져보고 애를 쓴 것이다. 이렇게 노력하는 것을 유영모 선생은 부름이라고 했다. 정월 보름날 먹는 딱딱한 열매를 부름이라고 하는데, 호도나 마른 밤 같은 것은 정말 단단한데 그런 것을 먹기 위해 물속에 넣어두거나 입속에 넣어 불리는 것이 부름이다. 그렇게 자꾸 불리게 되면 종당에는 물렁물렁해져 먹기 좋게 풀리게 된다. 그래서 무름, 부름, 푸름이 되는 것이다.

그러니까 내가 반드시 물음(문제)을 가져야 한다. 그리고 선생님 말씀을 듣는 것이 부름이다. 자꾸자꾸 조금씩, 조금씩 불려가는 것이다. 불려 간다는 말은 어떻게 보면 문제가 점점 더 많아진다고 생각할 수도 있다. 처음에는 내 문제가 하나였지만 선생님을 자꾸 만나게 되면 문제가 점점 더 많아진다. 그러다가 아까도 말했지만 심즉리心卽理가 되어, 어떤 순간에 영감을 통하여, 혹은 계시를 받아서, 아니면 성령을 받아서 그 문제가 풀리는 것이다. 그래서 푸름, 완전히 풀리고 마는 것이다. 그러니까 무름, 부름, 푸름을 우리의 일상생활 속에서 계속 경험하고 살아야 한다. 어떤 문제를 가지고 계속 생각하다가, 생각한다는 것이 부름이다. 그러다가 어떤 순간에 가서 영감을 받아 결국 풀리는 경험을 하는 것이다. 그렇게 풀리면 마음이 한 없이 평온해지는 것이다. 그것을 우리는 평안, 평화라고 하는데 번뇌가 없어졌다는 말이다.

평안을 너희에게 끼치노니

그러면 모든 것이 다 풀리고 만다.

곧 나의 평안을 너희에게 주노라.

그때가 되면 내가 친히 너희에게 한 말들이 사실임을 알게 될 것이다. 우리의 마음속이 한없이 평안해지는 것이다. 그것이 평화이다. 모든 문제가 해결되는 것이다. 그것을 우리가 속죄라고 한다. 우리의 죄가, 죄라는 것이 곧 문제란 말이다. 우리에게 걸려 있던 모든 문제가 그냥 풀려 나가고 만다. 그래서 마음에 한없는 평안을 얻게 되는 것이다. 예수도 모든 문제가 해결이 된 것이다. 마음속에 아무런 문제가 없다. 그리고 예수만 문제가 없는 것이 아니라 너희들도 문제가 없도록 하겠다고 했다. 왜냐하면 성령을 보내어 우리의 무름을, 부름을 통해 다 푸름이 되게 할 것이기 때문이다.

> 내가 너희에게 주는 것은
> 세상이 주는 것과 같지 아니하니라.
> 너희는 마음에
> 근심하지도 말고 두려워하지도 말라.

아까도 말했지만 이러한 과정은 아주 쉽게 되는 것이지 어려운 것이 아니다. 양명은 이어명백자易於明白者이고 난어명백자難於明白者라고 했는데, 쉽게 풀리는 것이지 어렵게 잘 안 풀리는 것이 아니다. 대학을 졸업했다고 풀리는 것도 아니다. 우부우부愚夫愚婦라도 다 풀 수 있는 일이라고 양명은 말했다. 그러니까 양지양능良知良能이란 말이다. 그래서 예수는 말한다. 마음에 근심하지 말고 두려워하지도 말아라.

> 내가 갔다가
> 너희에게로 온다
> 하는 말을 너희가 들었나니,

이것은 예수님의 부활이다. 예수님께서 "내가 하나님께로 간다" 하고 사흘 만에 다시 이 땅에 와서 40일 동안 지내면서 제자들에게 나타나고, 500명의 사람들에게도 나타났으며, 나중에는 사도 바울에게도 나타났다. 그러니까 죽음이라는 것이 무無가 아니고 영靈이란 것이다. 죽음이라는 것은 없어지는 것이 아니라 영靈으로 사는 것이다. 영靈으로 산다는 것이 어떤 것인지 잘 모르겠지만 하여튼 애벌레처럼 사는 것이 아니고 나비처럼 사는 것을 말한다고 생각할 수 있다. 지금은 부자유스럽게 살지만 그때에는 좀 더 자유스럽게 살게 될 것이다. 지금은 시간, 공간에 붙잡혀서 살지만 그때에는 시간, 공간을 넘어서 산다는 말이다. 그러니까 죽는다고 하는 것은 해탈이지, 다시 말해 몸을 벗는 것이다. 뱀이 허물을 벗듯이 허물을 벗어버리고 새로운 생명으로 더 잘 사는 것이다. 그것을 보여준 사람이 예수다. 부활했다는 것이 그 얘기 아니겠는가. 그래서 그것을 제자들도 보았고 500명의 사람들이 보게 된 것이다. 죽음이라는 것이 죽는 것이 아니라 더 잘 살게 되는 하나의 계단이로구나, 라는 것을 보게 되었다는 말이다. 아까 찬송에서 익은 곡식들이 낫을 기다린다고 했는데 죽음이라는 것은 추수하는 것이지 없어지는 것(무無)이 아니다. 허무가 아니라 결실을 맺는 것이다. 불교에서는 이것을 절대무라고 하는데 존재의 세계란 말이다. 형이상의 세계이다. 이것이야말로 참의 세계이다. 그것을 보여

준 것이 예수이다.

"너희는 내가 갔다가 너희에게로 다시 온다고 한 내 말을 들었다." 예수는 꼭 온다고 하였다. 다시 부활하여 제자들을 다 만나보고 자신을 보여 준 것이다. 기독교의 특색이라면 그것이다. 말하자면 '나타난다'는 것이다. 하나님께서 나타났다, 누구에게 나타났나 하면 모세 앞에 나타난 것이다.

그래서 나타나지 않은 하나님을 기독교에서는 '엘리'라고 하고, 나타난 하나님을 '야훼'라고 하고, 부르는 말이 다르다. 그러니까 '엘리야'라고 하면 '엘리'라는 말은 나타나지 않은 하나님이고 '야'는 나타나는 하나님이란 말이다. 그래서 계시의 종교라는 것이 기독교의 특색이 되는 것이다. 유대교도 마찬가지다. 기독교에서, 부활했다는 것이 무엇인가 하면 계시했다는 것이다. 다시 말해 절대세계가 상대세계에 보여 주었다는 말이다. 그것이 계시라는 뜻이다. 아까도 내가 마음 심心을 계시라고 설명했는데, 계시라는 말이 상대계가 절대계에 부딪친 것이다. 혹은 영원이 시간에 부딪쳤다라고도 한다. 그것이 카이로스이다. 아까 말했듯이 영감靈感이다. 영靈을 우리들이 느끼는 것이다. 그것이 소위 영원과 시간의 일치이다. 그런 경험을 하게 되는 것이 기독교의 특색이다. 그래서 계시종교라고 하는 것이다. 단순히 이성종교가 아니다. 그저 생각하고 마는 것이 아니다. 반드시 절대와 부딪치는 경험, 그것을 소위 근본경험이라고 하는데, 하나의 근본경험을 가지는 것, 그것이 기독교의 특색이다. 그것을 가진 사람이 모세이고, 예수이고, 바울이다. 그 후에도 많은 크리스천들이 그것을 경험하고 사는 것이다.

그런 경험이 있으면 성령이라는 것도 문제가 안 되고, 부활이란 것도 문제가 안 된다. 그런 경험 때문에 예수가 부활했다는 것이 의미가 있지 그것이 없으면 예수가 2,000년 전에 부활했다는 것이 나와 무슨 상관이 있겠는가. 부활이라고 하는 것은 지금의 내 경험이지 무슨 2,000년 전의 경험이 아니다. 그러니까 근본경험이란 것이나 부활경험이란 것이 내 경험이지 옛날 예수 제자들의 경험이라는지 바울의 경험을 말하는 것이 아니다. 이것을 소위 동시설同時說이라고 한다. 키르케고르가 말한 동시설이다. 예수의 2,000년 전의 시간이나 지금의 나의 시간이나 같은 시간이란 뜻이다. 석가성불釋迦成佛에 산천초목동시성불山川草木同時成佛이란 말이 있다. 다 같은 말이다. 그러니까 부활이 내 경험이지 무슨 사도 바울의 경험은 아닌 것이다. 그렇게 될 때 그것이 믿음이지 그렇지 않으면 믿음이라고 할 것이 무엇이 있겠는가. 그래서 그런 경험은 옛날 사람만 얻는 것이 아니라 지금의 우리도 갖게 되는 것이다.

나를 사랑하였더라면
내가 아버지께로 감을
기뻐하였으리라.

여러 번 말한 대로 우리는 왔다가 가는 것이지, 났다 죽는 것이 아니다. 유영모 선생께서 "인생은 죽음으로부터"라고 했는데, 우리가 지금 사는 것은 애벌레의 때이고, 죽은 후에는 나비가 되는 것이다. 그러니까 왔다 가는 것이 인생이지, 났다 죽는 것이 인생이 아니다. 여래선서如來善逝이다. 왔다가는 것이다. 그것을 믿는 것이 신앙이다. 그렇게 되기 위해서는 거기에는 반드시 진실眞實이라고 하는 것이 들어가야 한다.

결국은 열매를 맺어야 부활하는 것이지 쭉정이가 되어서는 부활이란 것이 될 수가 없다. 왜 낫을 기다리게 되는가 하면 열매를 맺었으니까 낫을 기다리는 것이다. 이것을 실존이라고 한다. 밀알 한 알이 되었을 때 낫을 기다리는 것이지 밀알이 익지 못하면 낫을 기다릴 수가 없다. 예수는 왜 이런 말을 하나 하면 예수 자체가 실존이 되었기 때문이다. 예수 자신이 성숙해졌으니까 낫을 기다리는 것이다. 예수의 낫은 무엇인가, 십자가라는 것이다. 죽음을 지금 기다리는 것이다. 스스로 자신이 죽음으로 들어가는 것이지 누가 죽여주는 것이 아니다. 이것이 자발적이니까 이야기가 되는 것이지 누군가가 강제로 끌고 가서 죽인다고 한다면 무슨 의미가 있겠는가. 그러니까 죽음이라고 하는 것은 아버지께로 가는 것이지 내가 없어지는 것이 아니다.

아버지는

나보다 크심이라.

우리는 죽으면 어떻게 될지 아무도 모른다. 그러나 그것을 걱정할 것이 없다. 왜냐하면 아버지께서는 다 잘 알아서 해주실 것이기 때문이다. 아버지에게 모든 것을 맡기면 되지 내가 가면 어떨까 하고 걱정할 필요가 없는 것이다. 아버지께서는 정말 크신 분이기 때문이다.

이제 일이 일어나기 전에
너희에게 말한 것은
일이 일어날 때에
너희로 믿게 하려 함이라.

내가 죽게 될 때, 십자가를 지게 될 때, 너희들이 마음이 약해지거나 슬퍼할까봐 나는 미리 이런 말을 해 두는 것이다. 알곡이 무르익으면 거두어 곡간으로 들어가게 되지 불에 태워 없애는 법은 없다. 그것을 예수께서는 말하는 것이다.

이런 말들이 결국은 나에게 와 닿게 되어야 한다. 아! 나도 이제 낫을 기다려야 하겠구나, 이젠 나는 죽어도 아무렇지도 않다, 라고 자꾸 나에게 구체화가 되어야 한다.

이 후에는
내가 너희와 말을 많이 하지 아니하리니

이 세상의 임금이 오겠음이라.
그러나 그는 내게 관계할 것이 없으니,

이제 곧 나는 잡혀가게 될 것이다. 얼마 후에 로마 군인들이 예수를 잡으러 올 것이기 때문이다. 그들이 와 나를 잡아 죽인다 해도 나를 죽일 수 있는 것은 나의 껍데기일 뿐이지 나의 속에 대해서는 조금도 손을 대지 못한다. 정미소에 들어가도 벗겨지는 것은 껍질인 겨뿐이지 속의 알곡은 어떻게 할 수 없는 것과 마찬가지다. 몸뚱이는 그 사람들이 찢고 죽인다고 하지만 그것은 나의 껍데기일 뿐 나의 속에는 아무런 힘이 미치지 못한다.

오직 내가 아버지를 사랑하는 것과
아버지께서 명하신 대로 행하는 것을
세상이 알게 하려 함이로라.
일어나라. 여기를 떠나자 하시니라.

아버지께서 내게 명한 것은 무엇인가. 성숙한 알곡이 되는 것이다. 불교서 말하는 성불成佛이다. 기독교로 말하면 성인成仁이다. 인仁이 알곡이라는 말이다. 세상의 왕은 하나의 정미기이다. 로마 제국이 하나의 정미소이다. 빌라도나 그 당시의 왕들이 모두 예수라는 알곡을 깎는 정미기에 불과한 것이다. "일어나라. 여기에서 떠나자." 그러니까 기다릴 것도 없이 우리가 가자는 말이다.

죽음이란 무엇인가. 정미소에 들어가서 겨가 깎여 나가고 알곡이 되어 나오는 것이다. 결국 세상의 지배자들이 한 것이라고는 예수가 알곡이라는 것을 세상에 알리는 것뿐이다. 로마의 빌라도나 유대 왕, 가롯 유다가 한 일이라는 것이 바로 그것이다. 그러니까 그 사람들이 예수의 존재를 알리는 역할을 한 것이고 도와준 것밖에 되지 않는다. 그러니까 그렇게 되면 일체가 다 포함이 되고 마는 것이다. 만물일체지인萬物一體之仁이다. 빌라도나 바리새인이나 예수가 인仁을 이루기 위한 조연 역할을 한 것뿐이다. 이것이 소위 알곡이 할 수 있는 말이다. 알곡이 되어야 이런 말을 할 수 있지 쭉정이는 그런 말을 할 수가 없다. 아직 껍질을 나라고 생각하는 사람은 그런 말을 할 수가 없다. 육체를 자기라고 생각하는 사람들은 나는 죽는다고 생각하지만 영체가 나라고 생각하는 사람들은 죽음이라는 것에 대해 무서워 할 것이 하나도 없다. 껍질을 벗는 세계이다. 헌옷을 벗고 새 옷을 갈아입는 것이다. 죽음이란 변화의 하나의 과정이라고 보는 것이다. 그래서 육체라고 하는 것이 나인가, 정신이라고 하는 것이 나인가, 영혼이라고 하는 것이 나인가, 어떤 것이 나인가를 생각해 보는 것이다. 육체라고 하는 것이 나인가, 정신이라고 하는 것이 나인가, 영혼이라고 하는 것이 나인가, 어느 것이 나인가, 그럴 때 '정신이 나이다'가 되면 심즉리心卽理

가 되는 것이다. 혹은 '영혼이 나이다' 라고 생각할 수도 있다. 이렇게 자꾸자꾸 생각하여 더 높이 올라가면 결국은 철학적인 표현으로 말하면, '나 아닌 것이 나다' 라는 것이 나오게 된다. 그러니까 나라고 하는 것은 언제나 나 아닌 것이 나이다. 이 말은 '나라고 하는 것은 언제나 나를 초월해 있는 것이 나이다' 란 말이다. 다시 말해 '나' 라고 하는 것은 가슴이나 얼굴을 말하는 '나' 가 아니고, 나를 초월해 있는 것이 '나' 이지, 보이는 '나' 나 느끼는 '나' 가 '나' 가 아니란 말이다. 자꾸 그런 생각에 도달하게 되는 것이다.

그러니까 결국은 보이는 것보다 더 큰 세계가 나이지, 또 다시 말하면 절대가 나이지 상대는 나가 아니다 라는 말이다. 절대가 나이지 났다 죽는 이것은 나가 아니다. 나기 전부터 있었고 죽은 후에도 있는 것, 그것이 나이다. 그러니까 영원한 것이 나이지, 일시적인 것은 나가 아니다. 그래서 서산대사가 팔십년전八十年前 거시아渠是我, 80년 전의 그것이 나이고, 팔십년후八十年後 거시아渠是我, 80년 후의 그것이 나이지, 지금 나라고 생각하는 나는 나가 아니다 라고 했다.

이런 말은 다 우리의 정신 때문에 나오는 것인데 정신이란 것이 없으면 이런 생각을 할 수가 없다. 정신이란 것을 생각하게 되면 육체라고 하는 나를 나라고 하기가 어려운 것이다. 물론 육체라는 것도 중요하다. 그러나 육체라고 하는 것을 나라고는 할 수가 없다. 그러니까 이런 생각을 자꾸 하게 되면 육체라고 하는 것보다 더 높은 세계가 나이다, 라는 것에 도달하고 만다. 그렇게 되면 그것은 신비의 세계인데, 우리는 어느 정도 신비의 세계를 조금은 인정할 수밖에 없다. 아까도 말한 계시를 받았다든지, 깨달았다든지 하는 말들도 다 신비의 세계이다.

저번 시간에 벌이 정말 신비하다, 라는 얘기를 했는데, 가톨릭에 가면 성 젬마라는 신비한 여자 얘기가 있다. 젬마는 이태리 사람으로 25살에 죽었는데 이 여자의 특징이 무엇인가 하면 탈혼脫魂을 한다는 것이다. 자기침대에 가만히 앉아있으면 얼굴이 빨개지고 눈이 아주 빛나게 되면, 그다음에는 탈혼이 일어난다고 한다. 그 사람의 영혼이 몸에서 나가게 되는 것이다. 그러면 몸을 칼로 찔러도 모르게 된다. 그러다가 한 시간쯤 뒤에 다시 영혼이 돌아온다. 그래서 사람들이 "어디에 갔다 왔느냐"라고 물으면 "천국에 다녀왔다"고 대답했다고 한다. 천국의 어느 곳을 다니고 성모 마리아도 만났다는 얘기를 했다고 한다. 도서관에 가보면 장면 박사가 쓴 『젬마 갈가니』라고 하는 책이 있는데, 1953년에 나온 오래된 책이다. 그 책에 보면 이런 얘기들이 나온다. 어떤 때에는 젬마가 집이 있는 로마에서 탈혼하여 나폴리에 다녀온 얘기도 했는데, 나폴리에 가서는 신부 아무개를 만났는데 그 신부가 자기에게 편지를 쓰고 있는 것을 보고 왔다고 했다. 그런데 그 신부가 쓴 편지내용까지 보고 왔다는 것이다. 그 후 사흘 뒤 정말 나폴리에 있는 그 신부로부터 편지가 왔는데 사람들이 읽어보니 젬마가 한 이야기 그대로였다고 한다. 이런 것을 탈혼이라고 한다. 그러니까 젬마는 살아있으면서 몸을 벗어난 것이다.

이런 것을 소위 유정각有情覺이라고 한다. 그러니까 몸을 쓰고 깨닫는다는 말이다. 이에 반해서 무정각無情覺이라고 하면 죽어서 탈혼한다는 말이 된다. 젬마는 몸을 갖고 마음대로 탈혼하는 여자였다.

인도 사람 중에 샹카라라고 하는 요가의 교주가 있었는데 이 사람도 탈혼을 했다고 한다. 또 서양 철학자 가운데, 네오플라토니즘의 프로티누스라는 철학자도 일생에 네 번의 탈혼을 경험했다고 되어 있는데, 이상하게도 이 세상에는 그런 사람들이 있는 것도 사실이다.

젬마에게는 또 하나의 신비한 일이 있었다고 하는데, 고난절이 다가와 예수님이 십자가에 못 박힌 성 금요일이 되면 젬마의 손바닥에 못 자국이 나타나고 피가 흘렀다고 한다. 오전 9시에 나타나기 시작해서 오후 3시까지 피가 흘렀다고 하는데, 그와 함께 고통을 느끼는데, 그것이 바로 십자가의 고통으로, 피를 멈추기 위해 솜으로 상처를 막고 손을 꽉 쥐고 그 고통을 참아나가는데 오후 3시가 되어서야 멈춘다고 한다.

그런데 젬마의 일생 기도제목이 무엇인가 하면, "나도 한 번 예수님께서 십자가 위에서 당했던 그 고통을 맛보게 해 달라"는 것이라고 한다. 우리의 기도는 고작 몸의 병을 낫게 해 달라든가, 아들 잘 되게 해 달라는 것뿐인데, 젬마의 기도는 예수의 고통을 그대로 맛보게 해 달라는 것이었다. 그런데 정말 그러한 기적이 일어난 것이다. 그래서 예수가 9시에 십자가에 달려서 오후 3시에 죽었다는 것이 젬마를 통해서 밝혀지게 되었다고 한다. 젬마는 그 6시간을 극심한 고통 속에 구슬땀을 흘리며 견뎌냈다고 한다. 그런 것을 보면 정말 성녀聖女였다.

지금도 천주교에 가면 젬마 회會라는 모임이 구성되어 있다. 세상에는 그런 사람도 나온다. 그런데 젬마는 25세의 나이에 일찍 죽었는데, 마지막에는 밥을 먹지 않아 죽었다고 한다. 매일 성찬식(미사)때 주는 한 조각 빵으로 연명하다가 결국 죽고 만 것이다. 그러니까 저 세상을 가보니까 이 세상에서 산다는 것이 싫어졌다는 말이다. 그래서 빨리 저 세상으로 간 것이다.

젬마 같은 사람이 이 세상에 나타나는 것을 보면 정말 신비하다. 그 젬마를 통해 탈혼이라는 것이 우리들에게 현실적인 것으로 나타난 것이다. 그런데 손바닥의 못 자국에서 피를 흘리는 소위 성흔聖痕은 젬마뿐 아니라 성 프란시스라는 사람에게도 나타났다고 한다. 그래서 성 젬마나 성 프란시스를 우리는 성인聖人이라고 부르는데, 그런 성인들이 이 세상에 나타나서 이 세상이 전부가 아니라 이 세상보다 더 높은 차원의 세계가 있다는 것을 우리에게 알려주려고 한 것이 아닌가, 라는 생각이 든다. 그런 얘기들을 자꾸 듣게 되면 마음에 근심하지 말고 담담하게 죽음을 맞이해야겠다는 생각도 하게 된다.

제 15 장

사　랑

기 도

날씨가 갑자기 차가워지는 이때에
저희들의 건강을 지켜주시고
오늘도 저희들이 기쁜 마음으로
당신을 찬양할 수 있게
인도하여 주시옵소서.

언제나 우리의 마음을 비게 하고 겸손히 하여
당신 앞에 무릎을 굴할 수 있는
저희들이 될 수 있도록
인도하여 주시옵소서.

언제나 당신을 사랑하면서
이 일생을 당신의 뜻대로 살아가는
저희들이 될 수 있도록
인도하여 주시옵소서.

오늘도 당신의 말씀을 통해서
저희들에게 당신이 친히 음성을 들려주시고
당신의 음성을 통해서
당신의 말씀을 듣는
저희가 될 수 있도록
인도하여 주시옵소서.

예수님 이름 받들어
기도하옵나이다.
아멘.

60. 선생을 붙잡다

1994년 11월 27일

요한 15:1~8

나는 참 포도나무요,
내 아버지는 농부라.
무릇 내게 붙어 있어
열매를 맺지 아니하는 가지는
아버지께서 그것을 제거해 버리시고
무릇 열매를 맺는 가지는
더 열매를 맺게 하려 하여
그것을 깨끗하게 하시느니라.

사과나무 같은 것도 보면 열매를 맺지 않는 가지가 있는데, 그것을 도장지徒長枝라고 하는데, 그 가지는 잘라 내버려야지 그렇지 않으면 그런 가지가 영양을 다 섭취하고 말게 된다. 그래서 쭉쭉 뻗어 나오는 그런 도장지는 다 잘라내어 버리고 열매를 맺는 가지만 남겨 두어 더 많은 열매를 맺도록 한다.

너희는 내가 일러준 말로 이미 깨끗하여졌으니,
내 안에 거하라.
나도 너희 안에 거하리라.
가지가 포도나무에 붙어 있지 아니하면
스스로 열매를 맺을 수 없음 같이
너희도 내 안에 있지 아니하면 그러하리라.
나는 포도나무요 너희는 가지라.
그가 내 안에,
내가 그 안에 거하면
사람이 열매를 많이 맺나니
나를 떠나서는
너희가 아무것도 할 수 없음이라.
사람이 내 안에 거하지 아니하면
가지처럼 밖에 버려져 마르나니
사람들이 그것을 모아다가
불에 던져 사르느니라.
너희가 내 안에 거하고
내 말이 너희 안에 거하면
무엇이든지 원하는 대로 구하라.
그리하면 이루리라.
너희가 열매를 많이 맺으면
내 아버지께서 영광을 받으실 것이요,
너희는 내 제자가 되리라.

집에서 과수원을 해 본 사람들은 다 잘 아는 이야기이다. 본 나무에 가지가 나오면 쓸데없는 가지는 다 잘라 없애 버리고 과일도 쓸데없는 것은 다 따내어 버려서, 정말 필요한 가지와 과일만 남겨 두어 자라게 한다. 이것이 과수원에서 하는 일들이다.

이런 말들이 인생에 있어서도 가장 중요한 말들이다. 이것이 아까 말한 대로 양지良知라는 것이다. 이런 얘기는 예수가 학문이 많아서 하는 얘기도 아니다. 다 누구나 아는 얘기를 한 것뿐이다. 농사를 지어본 사람은 누구나 다 알 수 있는 이야기이다. 가지가 나무줄기에 붙어 있어야 열매를 맺을 수 있지 그렇지 않으면 열매를 맺을 수 없다는 것은 누구나 다 아는 이야기이다. 이것이 요전시간에 말한 효孝라는 것이다. 또한 인리仁理라고 말했다. 하나의 법칙이다.

가지가 나무에 붙어 있다는 말은 쉽게 말하면 선생님을 가지고 있다는 말이다. 선생님을 가진 사람은 자꾸 발전하게 되고 나중에는 많은 열매를 맺을 수 있게 된다. 이것도 누구나 다 아는 말이다. 그런데 문제는 이 세상에서 선생님을 가진 사람이 정말 몇 사람이나 되는가 하는 것이다. 정말 자기가 선생님을 가졌다고 말할 수 있는 사람은 그리 많지 않다. 거의 선생님을 갖지 않고 살지, 선생님을 갖고 사는 사람은 별로 없다. 세상에서 제일 중요한 것이 선생님을 갖는다는 것인데, 선생님을 가질 때 자신이 발전하게 되고, 선생님을 갖지 못하면 발전이 없게 된다. 좀 더 극단적으로 말하면 선생님이 있으면 살고, 선생님이 없으면 죽은 것이다. 그러니까 선생님 없이 산다는 것은 다 죽은 것이나 다름없지 살아있다고 할 수 없다, 란 말이다. 학문의 세계도 그렇고, 예술의 세계도 그렇고, 철학의 세계, 신학의 세계도 다 마찬가지다. 어디에나 다 선생님이 있다. 그 선생님을 붙잡느냐, 못 붙잡느냐, 그것이 문제다.

그것이 양명이 말한 진성측달眞誠惻怛이다. 진짜로 선생님을 붙잡느냐, 못 붙잡느냐, 그것 하나 때문에 사느냐, 죽느냐가 결정되고 마는 것이다. 하여튼 행복이라고 하는 것은 사는 데에 있는 것인데, 산다고 하는 것은 자기가 발전해 나가는 것이고 발전하기 위해서는 선생님을 붙잡아야 한다. 선생님을 붙잡지 않고서는 자신의 발전이 있을 수 없다.

인생의 비결이라고 하는 것은 간단하다. 사느냐, 죽느냐, 그것이 전부이다. 우리가 살기 위해서는 선생님을 붙잡아야 하는데, 대학에 들어가기 위해서 열심히 공부하고 직장에 들어가기 위해서도 열심히 노력하는데, 정말 선생님을 붙잡기 위해 애쓰는 사람은 거의 없는 것 같다. 대학을 가고 직장을 가졌어도 선생님을 붙잡은 사람은 아마 거의 없을 것이다. 이렇게 생각해보면 이 세상이란 것이 정말 얼마나 황량하고 허무함 속에 있는지 우리는 알 수가 있다. 선생님이 있는 세계, 그것이 정말 기쁜 세계이고, 선생님이 없는 세계, 그것은 정말 슬픈 세계이다. 선생님이 있는 세계가 행복한 세계이고, 선생님이 없는 세계는 불행한 세계이다. 선생님을 많이 가진 나라가 선진국이고, 선생님을 많이 못 가진 나라가 후진국이 되는 것이다. 그래서 선생님을 가진다는 것이 얼마나 소중한 것인지 모른다. 우리가 일생을 통해서 깨닫는 것이 있다면 바로 이것이라고 할 수도 있다. 우리가 '예수 믿어라' 고 하는 것도 중요하지만 그것보다도 더 현실적인 것은 '선생님을 가져라' 는 것이라고 할 수 있다.

구체적으로 우리가 선생님을 갖고 쫓아가는 것하고, 그런 것 없이 그냥 한 주간 한 주간씩 교회를 다니는 것하고는 다른 것이다. 무엇인가 구체적으로 자신이 발전해 나가는 것이 있어야지, 그런 것도 없이 예수를 믿는다든가 하는 것은 아무런 의미가 없다. 그래서 우리는 이러한 것을 깊이 생각해 보고, 나의 선생은 누구인가를 또한 생각해 보아야 할 것이다. 그리고 그 선생님의 배후에는 여기서 말하는 '포도원의 농부' 가 있다. 그래서 선생님을 통해서 포도원의 농부를 알게 되는 것이다. 그러니까 선생을 통해서 예수를 믿어야 그것이 진짜 믿는 것이지, 선생님 없이 예수를 믿는다는 것은 말이 안 되는 것이다. 전번 시간에 도여기道與器라는 장에서 '심즉도心卽道, 도즉천道卽天, 지심즉知心卽 지도지천知道知天' 이란 말이 나왔는데, 지심즉知心卽 지도지천知道知天이란 말이 '선생님을 붙잡아야 예수님을 알게 되고, 또 예수님을 붙잡아야 하나님도 알게 된다' 는 말이다.

그러니까 선생님을 못 붙잡게 되면 예수님도 못 붙잡게 되고 하나님도 못 붙잡게 되는 것이다. 또한 아까 말한 형이상학形而上學이란 말이 배후라는 말이다.

우리가 선생님을 붙잡지 못하면 그 배후도 알 수가 없다. 기독교에서는 이것을, 성령을 붙잡지 못하면 그리스도를 알 수가 없고, 그리스도를 붙잡지 못하면 하나님을 알 수가 없다, 라고 말한다. 그런데 우리가 성령은 어떻게 붙잡는가, 그것은 선생님 밖에 성령을 붙잡게 해줄 분이 없다. 선생님을 통해서 성령을 붙잡게 되고, 성령을 통해서 그리스도를 붙잡게 되고, 그리스도를 통해서 하나님을 붙잡게 된다. 그래서 선생님을 못 붙잡게 되면 결국은 성령도 그리스도도 하나님도 다 못 붙잡게 되는 것이다. 그러니까 가장 중요한 것은 선생님을 붙잡는 것이다. 그래서 이 요한복음 15장이 중요한 말이다.

다음에 17장에 가면 이것과 꼭 같은 말이 또 나온다. 17장 3절에 보면 영생永生이라는 것이 무엇인가 대해서, “유일하신 하나님을 알고 그의 보내신 자, 그리스도를 아는 것”이라고 했다.

이 말이나 “나는 참 포도나무요, 내 아버지는 농부라”는 말이나 마찬가지다. 이렇게 차례를 아는 것, 그것이 또한 양지良知라고 할 수 있다. 더 쉽게 말하면 달 그러면 달의 근원은 무엇인가, 지구이다. 지구의 근원은 또 무엇인가, 태양이다. 태양의 근원은 무엇인가, 은하계이다. 이렇게 자꾸 근원을 찾아가는 학문, 그것이 형이상학이다.

그런데 달의 근원이 지구인 줄 아는 사람도 별로 없다. 달은 지구에서 떨어져 나간 것이 달인데, 달의 크기가 얼마 만한가 하면 태평양의 크기만 하다. 왜냐하면 태평양 부분만큼이 떨어져 나간 것이 달이 되었기 때문이다. 지구는 또 어디서 왔나, 태양에서 떨어져 나온 것이다. 태양의 근원은 또 무엇인가, 은하계 별 중에 하나일 것이다. 이렇게 생각해 나가면 끝이 없다. 그러나 보통은 서너 가지의 근원으로 끝이 나게 된다.

그러니까 성령, 성령을 통해서 그리스도, 그리스도를 통해서 하나님, 그렇게 알아 나가는 것이다. 아까 양명의 말로 하면, 성령은 마음 심心, 그리스도는 길 도道, 하나님 그럴 때는 하늘 천天, 또 그렇게 생각할 수도 있다. 맹자의 말로 하면, 진심盡心, 지성知性, 지천知天으로 말하기도 한다.

또 중용에서는 교教, 도道, 성性, 천天으로 말하였다. 그러니까 무엇이든지 어떤 순서를 통해서 그 근원을 알게 되어 있지 그런 순서 없이 되어 있는 것은 없다. 그래서 우리가 공자의 일생을 보아도, 십오十五에 지우학志于學, 열다섯에 배우기 시작하여, 삼십三十에 입立, 사십四十에 불혹不惑, 오십五十에 지천명知天命, 육십六十에 이순耳順, 칠십七十에 불유구不踰矩이다. 이렇게 다 단계가 있는 것이다. 그러니까 지심知心에서 지도知道, 그리고 지도知道에서 지천知天의 단계로 가는 것이다. 그래서 우리가 이러한 단계를 붙잡아 보는 것이 굉장히 중요하다.

또 거꾸로 하늘을 붙잡으면 도를 붙잡고, 도를 붙잡으면 마음을 붙잡고, 마음을 붙잡으면 선생을 붙잡게도 될 수 있다. 그러니까 그 순서가 반대로 될 수도 있다는 말이다. 하여튼 그러한 순서를 통해 그 배후를 알아나간다는 것이 중요하다.

결국 선생을 붙잡는다는 것이 좋은 배우자를 만나는 것보다 더 힘든 것이다. 결혼은 누구나 다 할 수 있지만 선생을 갖는다는 것은 아무나 가질 수가 없다. 왜냐하면 결혼하기보다도 더 힘들기 때문이다. 이렇게 보면 사제관계라는 것이 굉장히 중요한 것인데, 사제관계를 갖는다는 것이 보통 어려운 일이 아니다. 공자라고 하는 큰 스승이 나와서 그 제자가 삼천 명이나 되었지만 그의 사상을 계승한 제자가 없어 그의 도道가 끊어지고 만다. 그래서 이백년이 지나 맹자가 나와서야 다시 공자의 도를 이어 받게 된다.

예수도 예수를 따라다니던 사람이 12제자를 비롯해 많이 있었지만 예수의 도를 이어받은 사람은 훌쩍 건너 뛰어 바울이 되는 것이다. 그러니까 꼭 가까이 있다고 해서 되는 것도 아니다. 도리어 멀리서 보아야 산을 진짜로 볼 수 있지 너무 가까이서 보면 산을 제대로 볼 수가 없다. 그래서 사제관계가 된다는 것이 보통 어려운 것이 아니다. 아까도 양명은 양지부대어견문

良知不滯於見聞, 부잡어견문不雜於見聞이란 말을 했는데, 이 말이 곧 부즉불리不卽不離란 말로서 너무 멀어도 안 되고, 너무 가까워도 안 되고, 알맞게 맞추어 가는 것이 소위 중용中庸이란 말로서, 인간관계라는 것이 그래서 어렵다고 말하는 것이다. 부부간의 관계도 너무 가까워도 안 되고, 그렇다고 해서 너무 멀어서도 안 되고 알맞게 가는 것, 그것을 사랑이라고 하는 것이다. 그러니까 너무 정으로 치우쳐서도 안 되고, 그렇다고 너무 이성으로 치우쳐서도 안 되고, 그것을 알맞추어 가는 것, 그것이 아까도 말한 진성측달시양지眞誠惻怛是良知라는 말로서, 어떻게 하면 사랑과 지혜가 조화를 이루는가 하는 것이다. 여러분들도 다 선생님을 가져보았으니까 잘 아는 사실일 것이다.

나는 김응섭金應燮이라는 선생으로부터 붓글씨를 배웠는데 7년 동안을 배우고 그 선생이 세상을 떠나는 바람에 더 배우지 못하였다. 사군자까지는 배웠는데 소나무나 포도그림을 그리는 것은 배우지 못하였다.

그런데 그 선생님의 제자를 찾아보아도 별로 없는 것 같다. 우리 이화여대 선생들 30명이 모여서 붓글씨를 그분에게 배우기 시작했는데 7년 마지막까지 쫓아다닌 사람은 몇 사람이 되질 않는다. 그나마도 제대로 다 배운 사람은 없는 것 같다. 나도 체본을 보고 아무리 혼자서 해보려고 해도 잘 안 된다. 그러니까 선생님이 살아 계실 때 선생님 앞에서 해 보아야 제대로 할 수 있는데 혼자서 하려니까 되지 않는 것이다. 그래서 배운다고 하는 것이 선생님께서 그렇게 가르쳐주려고 애를 썼는데도, 30명의 이화여대 선생들이 따라다녔어도, 제대로 배운 사람이 없다. 배운다는 것이 하나의 문화의 계승인데 문화의 계승이란 것이 그렇게 어려운 것이다. 고려청자나 이조백자만 어려운 것이 아니다. 모든 예술이란 것이 가르치기도 어렵고 학생 되기도 어려운 것이다. 또한 다 교수라는 직업을 가진 사람들이 24시간 예술 한다고 그럴 수도 없다.

그러니까 좀 직장에 신경을 쓰다보면 선생님 숙제는 못하게 되고 발전이 없게 되는 것이다. 추사체라는 우리 한국의 고유한 서체를 꼭 배워야 하는데 그것을 결국은 배우다 말게 되었다. 그 선생께서는 일생을 배워주려고 애를 쓰셨지만 지금 그 분의 제자라고 내세울만한 사람은 별로 없다. 그러니까 대가 끊어지고 만 것이다. 배우려고 하고 배워주려고 하는 정열이 뭉쳐서 무엇이 이루어지는 것인데 그것이 정말 어려운 것이다. 그래서 나는 붓글씨를 배워 보고서 예술을 전수 받는다는 것이 얼마나 어려운 것인가를 느끼게 되었다. 7년을 배웠는데 10년을 채우지 못한 것이 한스럽다. 조금만 더 했더라면 좀 더 나아질 수 있었을 것인데 그런 기회를 놓친 것이다.

나도 선생님에게 배운 것을 내가 아는 만큼이라도 남에게 가르치려고 애쓰는데 그것도 문제이다. 아무리 가르쳐 주려고 해도 잘 안 된다. 그러니까 가르친다, 배운다는 것이 실제로 해보면 좀처럼 잘 안 되는 것이다. 배우는 사람도 정말 생명을 내어놓고 배워야 되고, 가르치는 사람도 정말 생명을 내어놓고 가르쳐야 되고 그래야 그것이 진성측달眞誠惻怛이 되고 그래서 정말 감이수통感而遂通이 되어 서로 통하지 않는 바가 없는 경지까지 올라가야 하는 것이다.

그것은 스승과 제자의 관계뿐 아니라 부자지간에도 마찬가지일 것이다. 아버지는 어떻게 해서라도 아들을 잘 되게 해 보려고 애를 쓰고, 아들도 아버지의 뜻을 따르려고 노력을 다하지만 무엇인지 잘 되질 않는다. 인간관계가 그렇게 어려운 것이다. 부자관계도 그렇고 부부관계도 그렇고 다 쉬운 일이 아니다. 또 붕우朋友관계라는 것도 쉽지 않고, 장유長幼관계라는 것도 쉽지 않고, 이렇게 인간관계라는 것이 다 쉽지 않은 것이다. 학교에서 교수를 해도 총장하고의 관계가 실제로 지나보면 정말 어려운 것이다.

그러니까 세상에서 이 인간관계처럼 어려운 것이 없다. 그것을 제대로 할 수 있으면 아까 말한 대로 그것이 인仁이요, 인人이 되는 것이다. 그런데 그것이 정말 제대로 안 된다. 이렇게 어려운 인간관계는 어디에서 풀어가야 하는가, 역시 선생과 학생 사이에서부터 풀어갈 수밖에는 길이 없다.

왜냐하면 진리를 가르치는 것은 그 길 밖에 없기 때문이다.

부모가 자식에게도 그것은 가르칠 수 없는 것이다. 공자도 자기 아들은 자신이 가르칠 수가 없었다. 그래서 결국은 선생에게 갖다 맡기는 수밖에 없는 것이다. 그것이 역자교지易子敎之라는 말이다. 아들은 바꾸어서 가르쳐야지 자기 아들은 자기가 가르칠 수가 없다는 뜻이다. 사람 사는 데에는 다 마찬가지다. 그래서 선생님을 갖고 진리를 배워 계승해 전해 내려간다는 것이 정말 중요하고 또 어려운 일이다.

여러분들도 이 문제에 대해 많이 생각하고, 나도 또한 많이 생각하여 우리가 이 문제에 대해 정말 깊이 반성을 해야 할 것이다. 어쨌든 선생님을 붙잡는다는 것만 해도 얼마나 행복한 것인지 모른다. 내가 김응섭 선생을 붙잡았다는 것이 얼마나 행복한 것인지 모른다. 또한 유영모 선생을 붙잡았다는 것이 얼마나 행복한 것인지 모른다. 서로 인연이 와 닿아야 하고 또 마음이 통해야 되지, 그냥 스승과 제자의 관계가 이루어지는 것은 아니다.

유영모 선생 그러면 유영모 선생을 따라 다닌 사람이 아마도 수천 명은 되었을 것이다. 그렇지만 그 사람들 중에서도 유영모 선생의 생각이라면 생각, 핵심이라면 핵심을 붙잡은 사람은 거의 없다. 유영모 선생께서 40년을 넘게 종로 YMCA에서 강의를 계속 했는데, 수많은 사람들이 그 강의에 드나들었는데 내가 그 강의에 참석할 때에도 보면, 많으면 5명, 없을 때는 한,

두 명이 있을 때도 있었다. 45년 동안이나 그곳에서 가르치기 위해 그렇게 애썼는데도 그것이 잘 되질 않는 것이다. 그러니까 선생님의 정성도 대단해야 하지만 학생들의 정성도 또한 대단해야 하는 것이다. 그렇지 않으면 선생과 제자의 관계가 이루어질 수가 없다. 그러니까 지극한 정성과 정성이 부딪칠 때 무엇인가가 이루어질 수 있지 그렇지 않고는 될 수가 없다. 선생님께서도 정신을 일깨우고 학생들도 정신을 일깨워서 서로 정성을 다해야 되는 것이다.

포도나무에 붙어 있는 가지라고 하면 쉬운 것 같지만, 실제로 포도나무에 붙어있는 가지라는 것은 거의 없다. 그렇지만 우리는 꼭 포도나무에 붙어 있는 가지가 되도록 애를 써야 한다. 그 말은 우리가 꼭 선생님을 붙잡아야 한다는 말이다. 선생님을 붙잡지 않고 자기의 발전을 꾀한다는 것은 있을 수 없다. 물론 살아있는 선생님을 붙잡을 수 있으면 가장 좋은 것이고, 살아 있는 선생님을 붙잡을 수 없다면 죽은 사람 중에서 선생님을 붙잡을 수밖에 없다. 우리가 예수를 믿는다든지 공자를 배운다든지 하는 것이 다 죽은 사람 중에서 선생님을 붙잡는 것이다. 어쨌든 어떤 경우가 되든지 간에 자기보다 더 높은 존재를 하나 붙잡고 그곳에 도달하기 위해 애를 쓰는 그런 과정이 없이는 사람이 될 수가 없다. 사람이란 계속해서 올라갈 때 사람이 될 수 있지 올라가지 않는 사람은 사람이 될 수가 없다. 왜 인간은 그렇게 되었는지 아무도 모른다.

우리는 포도나무 줄기를 붙잡아야 열매를 맺을 수 있다는 오늘 구절을 깊이 생각해서 어떻게 하면 선생님을 붙잡을 수 있을까에 대해서도 생각해 보아야 할 것이다. 또한 선생님을 따라만 다닌다고 해서 선생님을 붙잡는 것이 아니라는 것도 알아야 한다. 선생님의 핵심을 붙잡아야 하는 것이다. 붓글씨를 배운다면 선생님의 필법을 붙잡아야 한다. 선생님의 필법을 붙잡지 못하면 백년을 따라다닌들 무슨 소용이 있겠는가. 필법을 붙잡게 돼야 나도 선생님처럼 그런 글씨를 쓸 수 있게 되는 것이다. 아까 말한 체득體得이 되어야 한다는 말이다. 그래서 내가 쓰는 글씨도 선생님의 글씨와 같게 되어야 한다. 그렇게 되기까지 노력에 노력을 다 기우려야 하는 것이다. 진성측달盡性惻怛이란 말이 그런 말이다. 온갖 정성을 다해야 될 수 있지 그렇지 않고는 될 수가 없다는 말이다. 아까 말한 유영모 선생님의 강의에도, YMCA에서 추운 겨울에 강의실에 불도 때지 않아도 추위를 무릅쓰고 선생님의 강의를 듣는 그런 노력과 성의가 있을 때 무엇인가가 이루어질 수 있지 춥다고 그만 둔다면 이루어질 수가 없다.

그래서 나는 '나가 누구인가'란 할 때에, 나는 언제나 '나 아닌 것이 나다'라고 말한다. 나 아닌 것이 누구인가 하면 바로 선생님이다. 선생님이 나인 것이다. 영원한 생명이 무엇인가, 선생님이 영원한 생명이다. 선생님을 붙잡는 것이 영원한 생명을 붙잡는 것이다. 선생님을 붙잡지 못하면 영원한 생명을 붙잡지 못하는 것이다. 플라톤이 잘 났다는 것은 무엇인가 하면 소크라테스를 붙잡았다는 것이다. 그러니까 플라톤이 있게 되었지 그렇지 않다면 플라톤이 될 수가 없다. 바울이 잘났다는 것은 무엇인가, 예수를 붙잡았다는 것이다. 바울이 예수를 붙잡지 못했다면 바울이 될 수가 없는 것이다. 바울은 베드로보다도 더 예수를 잘 붙잡은 것이다. 그러니까 꼭 만나야 되는 것만도 아니다. 못 만나도 좋다. 그러나 그 핵심을 붙잡으면 되는 것이다. 그래서 붙잡느냐, 못 붙잡느냐가 사느냐, 죽느냐의 가장 중요한 관건이 되는 것이다.

선생님을 붙잡으면 내가 살게 되는 것이다. 영생이란 무엇인가, 내가 선생님을 붙잡으면 그것이 영생이고 선생님을 못 붙잡으면 그것이 죽음이다. 선생님을 붙잡으면 사는 것이다. 선생님을 붙잡으면, 난초를 그리면 난초가 살아있다. 그런데 선생님을 못 붙잡으면 아무리 잘 그려도 난초가 살지 못한다. 왜냐하면 법대로 그리지 못했기 때문이다. 필법을 따라하지 못하면 죽고 마는 것이다. 그래서 법이 중요하다. 불교에선 불佛, 법法, 승僧이라고 하는데 불佛은 선생님이란 말이고, 선생님의 핵심은 법法이라는 말이고, 선생님의 핵심을 붙잡은 사람들이 교단인 승僧이라는 말이다. 이화여대에 만 오천 명의 학생들이 있지만 과연 “네 선생이 누구인가”라 물었을 때 “내 선생은 누구이다”라고 대답할 학생들이 몇 명이 있겠는가. 학점만 땄지 선생이 없는 것이다. 그러니까 교육부재란 말이 나온다. 그래서 선생을 붙잡는다는 한마디가 그렇게 중요한 것이다.

기독교의 핵심이라면 그것이 기독교의 핵심이지, 다른 것이 없다. 믿음 그러면 믿음이 무엇이겠는가, 선생님을 붙잡는 것, 그것이 믿음인 것이다. 그 외에 믿음이란 것이 또 무엇이 있겠는가. 그래서 성경말씀 가운데에서도 요한복음 15장 같은 ‘포도나무의 비유’가 핵심내용이 되는 것이다. 이런 ‘포도나무의 비유’가 없다면 요한복음도 헛된 것이 되고 만다.

선생님을 붙잡으면 많은 열매를 맺게 되고, 선생님을 붙잡지 못하면 그냥 죽고 말게 된다는 오늘 포도나무의 비유를 잘 생각해 보기 바란다.

기 도

하나님의 한없으신 사랑으로
오늘까지 살게 해주신
그 은혜에 대해서 진심으로 감사를 드립니다.

벌레보다 못한 저희들이지마는
하나님께서 저희들 속에
당신을 아는 지식을 넣어 주시고
또 저희들을 위해서 그리스도를 보내주시고
그 후에 성령을 통해서 저희들에게 역사하셔서
저희들이 다시 살 수 있는 길을
얻게 해주신 데 대해서
진심으로 감사를 드립니다.

오늘 하루도 나 자신을 돌아보면서
깊이 생각할 수 있게 하시고
이 나라를 생각하고
세계를 생각하면서
힘차게 살아가는
오늘 하루가 될 수 있도록
인도하여 주시옵소서.

오늘 당신의 이름으로 모이는 모든 모임에
당신께서 같이 하여 주시옵기를 바라옵고

예수님의 공로 받들어 기도하옵나이다.
아멘.

61. 십자가의 의미

1994년 12월 4일

요한 15:9~17

아버지께서
나를 사랑하신 것 같이
나도 너희를 사랑하였으니

"아버지께서 나를 사랑하신 것"이란 내용이 무엇인지 확실하지 않지만 결국 아버지께서 예수님에게 하나님을 알게 해주신 것이 사랑이라고 생각할 수 있다.

인간의 핵심은 역시 아는 것이라고 볼 수 있다. 아는 것이 없다면 인간이라고 할 수가 없다. 우리가 인간을 이성적 동물이라고 하는데, 아는 것과 생각할 수 있는 것이 인간의 특징이란 말이다.

아버지께서 나를 사랑하신 것이란 말이 결국은 하나님을 알 수 있는 그 능력을 주셨다는 것이다. 그것을 우리는 한문으로 말할 때는 바탈 '성性' 자를 쓴다. 천명지위성天命之謂性이다. 하나님께서 우리들에게 이성理性을 집어넣어 주셨다는 말이다. 이성이란 오성悟性에 대립하는 말이 아니고 지성知性을 넣어 주셨다는 말이다.

또 "나도 너희를 사랑하였다"라는 말은, 예수님께서 제자들을 사랑하였다는 것으로 이 말도 결국은 하나님의 말씀을 제자들에게 알게 해주었다는 뜻으로 생각할 수 있다. 스피노자의 말로 하면 지적애知的愛라는 말이다. 사랑 가운데 제일 큰 사랑이 무엇인가 하면 알게 해주는 것이란 말이다. 불교에서는 법보시法布施라는 말을 쓴다. 사랑이란 말 대신에 보시라는 말을 쓰는데 그 뜻은 넓게 베푼다는 말이다. 사랑 가운데 제일 큰 사랑이 무엇인가 하면 법보시로서, 법이란 진리란 말이니까, 진리를 알게 해주는 그 사랑이 제일 큰 사랑이란 말이다. 그러니까 하나님께로부터 예수님이 받은 것도 진리이고, 예수님께서 제자들에게 전한 것도 진리이고 그밖에 또 무엇이 있겠는가.

나의 사랑 안에 거하라.

내가 너희들에게 가르친 그 진리 안에서 떠나지 말라. 요한복음 8장 32절을 보면, 너희들이 내 안에 거하면 진리를 알지니 진리가 너희들을 자유롭게 하리라, 라고 되어 있다. 너희들이 진리 안에서 자유이지 진리 밖에는 나가지 말라는 말로 법안에서 자유이지 법밖에는 나가지 말라는 말이다.

계명이 바로 진리이다. 당신들이 내가 가르친 진리를 지키면 언제나 나와 같이 있는 것이나 마찬가지다. 석가가 죽을 때 제자들이 선생님이 안 계시면 저희들은 어떻게 할까요 했을 때, 내가 가르친 법에 의지해라. 법의 등을 밝히고 걸어가면 나와 같이 있는 것이나 마찬가지다, 라고 했는데 같은 말이다. 예수께서 내가 앞으로 진리의 성령을 보내겠다. 그 성령과 함께 하면 나와 함께 있는 것이나 마찬가지다, 라는 말도 같은 말이다. 내가 너희들에게 가르친 그 진리(사랑) 안에 머물러 있으라는 말이다.

내가 아버지의 계명을 지켜
그의 사랑 안에 거하는 것 같이
너희도 내 계명을 지키면
내 사랑 안에 거하리라.

나는 나의 아버지의 진리를 지키고, 아버지께서 주신 진리 속에서 머물러 있다. 아까 공자는 70이 되어서 종심소욕불유구從心所欲不踰矩라고 했는데, 이 말도 70에서야 진리 안에 거하게 되었다는 말이다. 또한 공자는 70이 되어서 자유를 얻었다는 말도 되고 아까 말한 4차원이란 것도 바로 그 말이다.

내가 이것을 너희에게 이름은
내 기쁨이 너희 안에 있어
너희 기쁨을 충만하게 하려 함이라.

내가 왜 이런 말을 하는가. 진리라는 것이 무엇인가. 진리가 기쁨의 원천이다. 고린도전서 13장 6절에 보면, 진리와 함께 기뻐하며, 라 되어 있는데, 기쁨이란 다른 데 있는 것이 아니라 진리와 함께 기뻐하는 것이다. 논어論語 1장 1절에는 "학이시습지불역열호學而時習之不亦說乎"라 되어 있는데 이 말도 진리 안에 있으면 기쁘지 아니한가, 라는 말이다. 다 같은 말이다. 그러니까 기쁨이란 것은 진리에 있는 것이다. 이것을 한문으로 말하면 '법열法悅'이라고도 한다. 진리가 곧 기쁨이지 진리를 떠나서 기쁨이 있을 수 없다. 우리가 말하는 세속의 기쁨은 진짜가 아니다. 우리에게 참 기쁨이 있다면 진리에 있는 것이다. 예수께서도 "내가 너희들에게 참 기쁨을 주노니"라는 말을 했는데, '참 기쁨'이란 진리를 말하는 것이다. 그래서 "내가 이렇게 기쁜 것처럼 당신들도 기쁨을 가지게 하려는 것이다." 우리가 기독교를 '기쁨의 소식'이라고 하는데, 결국은 내가 가진 기쁨을 남에게도 전한다는 말이다. 기쁨이 없다면 그것은 진리가 아니다. 내가 진리를 깨달았는지, 아닌지를 알려면, 내 속에서 기쁨이 솟아 나오는지, 아닌지를 알면 된다. 기쁨과 진리는 항상 같이 있는 것이다. 기쁨이 곧 진리이고 진리가 곧 기쁨이 되는 것이다.

내 계명은
곧 내가 너희를 사랑한 것 같이
너희도 서로 사랑하라 하는
이것이니라.

내가 너희에게 부탁하는 것은 무엇인가 하면, 내가 너희에게 진리를 가르친 것처럼 너희도 나아가 진리를 가르치기를 바라는 것이다. 진리를 가르치는 것이 사랑이지 또 무엇이 있겠는가. 그것이 바로 법보시法布施이다.

사람이 친구를 위하여
자기 목숨을 버리면
이보다 더 큰 사랑이 없나니,

진리를 가르친다는 것은 무엇인가. 목숨을 내어 던지는 것이다. 우리가 진리를 위해서 목숨을 내어 던지는 것이지 그밖에 또 무엇이 있겠는가. 목숨을 내어 던지지 않고는 진리를 또 어떻게 깨닫겠는가. 세상에서 제일 큰 것이 무엇인가. 진리이다. 목숨을 내어 던지는 것보다 더 큰 사랑을 가질 수가 없다. 그것이 진리탐구이다. 진리를 위해서 목숨을 내어 던지는 것이다. 과학자들을 보면 목숨을 내어 던지고 연구를 한다. 그 사람들이야말로 정말 진리탐구 하는 사람들이다. 우주선에 탄 사람들도 다 진리탐구 하는 사람들이다. 우주선이 폭발하면 다 죽게 되지만 그것을 각오하고 우주선을 타는 것이다. 그래서 진리라고 하는 것은 언제나 생명과 연결이 된다.

그러니까 생명을 바쳐서 진리를 탐구하는 것이다. 진리를 얻으면 생명을 얻는 것이고, 진리와 생명은 말이 다를 뿐이지 같은 말이다. 진리를 사랑한다고 하는 것은 자기의 목숨을 내어던지는 일보다 더 큰 일이다. 나라를 사랑하는 것도 마찬가지이다. 나라를 위해서 목숨을 던지는 것도 진리를 위해서 목숨을 던지는 것이나 마찬가지이다.

> 너희는 내가 명하는 대로 행하면
> 곧 나의 친구라.

내가 당신들에게 가르친 진리대로 살아가면 당신들이야말로 나의 친구다. 이제는 제자라고 할 수가 없다. 이제 당신들도 다 선생이니까, 나와 같은 사람이란 말이다. 석가도 마지막에 가면 제자들을 보고 나는 이제 너희들을 제자라고 하지 않겠다. 너희들은 이제 나의 친구이다, 라고 했는데, 제자들이 자꾸 자라서 선생이 되는 것이다. 학생들을 한참 가르치다 보면 학생들이 선생보다 뛰어난 사람도 나오게 된다. 그래서 학생들에게 오히려 배우게 되는 것이다. 공자도 '후생가외後生可畏' 라는 말을 했는데, '학생들이 정말 두렵다' 는 뜻으로 학생들을 가르치다 보면 정말 그런 것을 느끼게 된다. 머리가 좋고 힘이 좋은 학생들은 빨리빨리 발전하니까 내가 30년에 걸려 한 일을 그런 학생들은 10년이면 졸업하게 되고 결국은 나를 앞서게 되고 만다. 그래서 여기서는 친구라고 했지만 좀 더 과장해서 말한다면 너희들이 이제 내 선생이다, 라고 할 수 있다.

이제부터는 너희를 종이라 하지 아니하리니
종은 주인이 하는 것을 알지 못함이라.
너희를 친구라 하였노니
내가 내 아버지께 들은 것을
다 너희에게 알게 하였음이라.

너희는 내가 아는 것은 다 알고 있다. 그러니까 이제 친구이다.

너희가 나를 택한 것이 아니요,
내가 너희를 택하여 세웠나니
이는 너희로 가서 열매를 맺게 하고
또 너희 열매가 항상 있게 하여,

선생은 학생을 고르게 되고, 또 학생은 선생을 고르게 되는 것은 다 같은 것이다.

내 이름으로
아버지께 무엇을 구하든지

다 받게 하려 함이라.

그래서 이제는 예수님 이름으로 아버지에게 빌면 아버지께서 다 이루어 주신다.

내가 이것을 너희에게 명함은
너희로 서로 사랑하게 하려 함이라.

내가 너희를 가르쳤으니 너희도 나아가 가르쳐라. 사랑하라는 말이 가르치라는 말이나 같다. 일생을 살아보면 정말 배우는 것처럼 행복한 것은 없다. 나도 이제 과거를 가만히 돌이켜 보면 유영모 선생님에게 배울 때가 가장 행복했다는 생각이 든다. 여러분들은 지금 난방이 되는 따뜻한 중강당에서 공부를 하지만 내가 배울 때는 겨울 내내 불도 때지 않은 창고에서 배웠다. 그렇지만 유영모 선생님께서 3시간, 4시간을 계속 강의하였어도 그렇게 재미있을 수가 없었다. 정말 인생의 기쁨이란 것은 역시 진리 속에 있다는 것을 느끼지 않을 수가 없었다. 그래서 나는 이런 글을 읽으면 그때의 예수의 제자들은 얼마나 행복했을까라는 생각을 하게 된다. 예수에게 배우는 제자들의 행복은 말로 표현할 수 없었을 것이다.

그래서 배우고 가르친다는 것이 내가 늘 말한 대로, 거룩할 성聖 자로서 귀 이耳 변과 입 구口 자 밑에 임금 왕王 자로 되었는데, 귀라고 하는 것은 배운다는 것이고, 입이라고 하는 것은 가르친다는 것이고, 그래서 학이불염學而不厭, 아무리 배워도 싫지 않고, 교이불권敎而不倦, 아무리 가르쳐도 싫지 않은, 그것이 바로 성聖이란 뜻이지 그 외에 다른 뜻은 아무것도 없다.

예수도 결국 그런 사람이지 다른 무엇이 없다. 그냥 배운 사람이고 가르친 사람이지 그 이상 무엇이 있겠는가. 그러니까 기쁨이란 것이 그 속에 있는 것이지 또 어디에 있겠는가. 그래서 사람이 진리에 대한 기쁨을 알고 산다는 것, 그 이상 더 행복은 없다. 그것은 돈 가지고 되는 일도 아니다. 돈이 많다고 해서 기쁨을 얻을 수 있나 하면 그것도 아니다. 순전히 자기의 정성에 따라 진리의 기쁨은 얻을 수 있는 것이다. 선생이라고 하는 것은 찾아보면 어디에나 있다. 그래서 공자는 이렇게 말했다. 두 사람이 가면 그 가운데에 한 사람은 내 선생이다. 사실 그렇다. 선생은 어디에 가도 있지, 선생 없는 데는 없다. 우리가 선생을 찾지 않아서 그렇지, 찾기만 하면 어디서나 만날 수 있다. "찾으라, 만날 것이요. 두드려라, 열릴 것이요. 구하라, 주실 것"이란 성경말씀처럼 찾기만 하면 언제나 붙잡을 수 있는 것이 선생이다.

요전 시간에도 선생님이 얼마나 소중한가에 대해서 얘기를 했는데 배운다는 것이 얼마나 소중하고, 가르친다는 것이 얼마나 소중한지를 우리는 알아야 한다. 우리가 "배우고 생각하지 않으면 쓸데없다"라는 말을 배웠는데, "배우고 반드시 가르쳐야 한다"는 말도 마찬가지다. 가르치지 않으면 밥만 먹고 소화시키지 않는 사람이나 같아서 그것도 망忘이 되고 만다. 그리고 자기가 가르쳐 보아야 발전이 있지, 가르치지 않으면 발전이 없다.

내가 요즘 사군자를 난곡 선생의 대를 이어 가르치고 있는데 가르치지 않으면 벌써 다 잊어버린 지 오래가 되었을 것이다. 가르치다 보니 아직도 그리는 법을 기억하고 있는데 지금은 학생들이 나보다 훨씬 앞서 가고 있다. 그래서 이제는 학생들에게 오히려 배우면서 가르치고 있나. 이러한 것은 사실이다. 가르치는 것이 없다면 계속 이어갈 수가 없다. 계속 이어가기 위해서는 배울 때 배우고, 가르칠 때 가르쳐야 계속 이어갈 수 있지 그런 것 없이 계속 이어간다는 것은 있을 수 없다.

지금은 난곡선생이 세상을 떠났으니까 내가 가르쳐야 하겠다고 나선 것인데 잘해서 가르치는 것도 아니다. 내가 배운 만큼만 가르치는 것이다. 그래서 지금까지도 계속 이어가는 것이다. 아까 생각한다는 말을 했는데 생각한다는 것이나 계속 한다는 것이나 같은 것이다. 생각한다고 할 때는 진리라고 하고, 계속한다고 할 때는 도道라고 한다. 진리를 생각하고, 도를 행하는 것이 세상에서 가장 중요한 일이 된다.

나도 이제는 가르치는 것을 그만 두어야 하겠다는 생각을 많이 한다. 그러나 한 사람이라도 아직 내 말이 필요하다는 사람이 있다면 계속 가르쳐야 한다는 생각으로 가르치는 것이다. 한동안 다리가 아플 때는 이제 이번 학기만 하고 그만 두어야겠다는 생각을 했었는데 지금은 90% 정도 회복이 되어서 다시 계속해야겠다는 생각을 하게 된다. 한 사람이라도 더 가르쳐야 한다는 생각을 하는 것이다.

유영모 선생께서는 반쪽이라도 가르쳐야 한다고 말씀하셨다. 이 이야기를 할 때 언제나 비유하기를, 기차를 탔을 때 만석이 되면 좌석의 팔걸이에 엉덩이의 절반만이라도 걸쳐 앉으면 얼마나 편한지 모른다는 이야기를 늘 하셨다. 그러니까 반쪽이라도 중요하다는 말이다. 그런데 유영모 선생님의 강의에 어떤 때는 반쪽도 없을 때도 있었다. 아무도 오지 않는 것이다. 그러면 유영모 선생께서는 두 시간을 기다리고 있다가 그냥 집으로 돌아간 적도 있었다. 그런 때가 여러 번 있었다. 그래서 나는 그때 생각하기를, 내가 나를 위해 강의에 나가지 않고 선생님을 위해 강의에 참석해야 하겠다고 생각하고 강의에 참석했다.

그러다가 한동안 유영모 선생께서 자꾸 건망증이 심해져서 그 전 주에 한 내용을 그다음 주에 그대로 강의하셨다. 한 번 정도는 그냥 들을 수 있겠는데 어떤 때는 5번 정도 반복하시는 것이었다. 그런데도 선생님께서는 알지 못했다.

나도 요즈음 강의하다 보면 똑같은 말을 몇 번씩 할 때가 있는데 예화例話는 물론 같은 내용을 몇 번 말할 때가 있다. 나이가 늙어지니까 한 주일이 굉장히 길게 느껴진다. 그래서 한 주일 만에 만나는 것이 몇 달 만에 만나는 것 같은 느낌이 들 때가 있다. 나는 이것을 4차원의 시간이라고 말하는데, 광속의 우주선을 타고 가면 지구 위에서는 2만 년이 걸리는 시간이 우주선 속에서는 10일간의 시간이 된다고 한다. 지구 위에서는 2백만 년이 걸리는데 우주선 속에서는 보름의 시간이 걸린다고 한다. 이런 내용이 "4차원이 무엇인가"라는 과학신서에 나와 있다. 내가 본 것이 그것인데 그 설명이면 모든 것을 다 말해 준다. 그러니까 4차원 안에서의 열흘이 바깥에서는 2만 년이 걸리는 시간이 된다는 것이다.

그래서 한 주일의 시간이 굉장히 긴 시간으로 느껴질 수도 있다. 왜 그런가 하면, 하이데거에게 배운 내용을 보면 4차원의 시간이란 것이 무엇인가 하면, 미래가 아니고 장래將來이고, 과거가 아니고 기재旣在이며, 현재가 아니고 현존現存이다. 그러니까 3차원의 세계에서는 과거, 현재, 미래로 쏜살같이 지나가 2만 년, 2백만 년이 금방 지나가지만 4차원 속에서는 10일, 보름 정도의 시간 밖에 지나가지 않는 것이다. 나는 이것을 영원한 생명이라고 생각한다. 시간이 가지 않는 것이다. 그러니까 내가 사는 시간이라고 하는 것은, 하이데거가 말한 대로 미래가 나에게로 '다가오는 시간(장래)' 인 것이다.

쉽게 말하면 한 주일의 시간에서 일요일이 나에게 다가오는 것이다. 일요일이란 내가 여기 와서 2시간 동안 강의를 해야 하는 시간이다. 그것이 나의 책임이다. 내가 그 책임을 다하지 못하면 여러분은 여기 왔다가 다 빈탕으로 가게 된다. 그러니까 집에서는 반드시 오늘 공부할 요한복음 15장 9절에서 17절까지 읽어보고 완전히 알도록 애쓰는 것이다. 마치 학생들이 시험 치는 것이나 마찬가지다. 아이들이 시험 날짜는 다가오고 준비가 덜 되어 있으면 걱정하는 것이나 같다. 그래서 책임 있는 시간은 자꾸자꾸 다가오는 시간이지 그냥 말하는 미래가 아니다. 이것이 소위 하이데가가 말하는 '죽음에의 존재' 라는 말이다. 죽음에의 존재란 말은 우리가 만일 암에 걸렸다면, 어느 날 어느 시에 죽는다는 사형선고를 받는다는 말이다. 그렇게 되면 그 날이 다가올수록 사람들은 자꾸 초조해진다. 우리는 이런 경험을 많이 해 보았을 것이다.

미래란 막연히 앞으로 다가오는 죽음이라는 것으로 그렇기 때문에 우리는 특별히 죽음을 생각지 않는다. 그러나 우리가 진짜 우리 자신이 죽는 날을 알고 있다면 그 다가오는 죽음을 항상 느끼며 사는 것이다(장래). 그래서 유영모 선생은 언제나 자신이 며칠날 죽는다는 것을 정하고 살았다. 왜 그렇게 했나 하면 다가오는 시간을 한번 느껴보기 위해서였다. 선생님은 누구에게 그것을 배우고 정했는지는 잘 모르겠지만 나는 하이데거의 글을 읽어보고 그것을 알게 되었다. 하여튼 선생님께서는 '다가오는 시간(장래)'을 한번 경험해 보기 위해서 자신은 67세 되는 4월 26일 죽는다고 정했다. 그러니까 시간이 다가온다는 것, 그것을 한번 경험해 보는 것이 필요하다.

내가 자꾸 여러분에게 한번 가르쳐 보라고 권하는 것은 가르친다는 책임을 가져보라는 것이다. 내가 여기서 대나무 그리는 법을 가르친다고 하면, 대나무 체본을 그리기 위해서는 확실히 내가 그리는 법을 체득해야만 한다. 내가 체득하지 않고는 남을 가르쳐 줄 수가 없다. 그러니까 그 책임을 다하려면 확실히 알아야 한다. 정말 진리가 될 만큼 완전하게 알지 못하고는 가르쳐 줄 수가 없다. 그리고 가르치려면 가르치는 재료가 있어야 한다. 오늘 우리가 배우는 요한복음 15장 9절에서 17절이 재료이다.

물론 이 성경내용은 2천 년 전의 것이다. 그런데 이렇게 계속 불변하는 성경의 내용을 기재旣在라고 한다. 이것이 인류의 문화유산이다. 모든 과거가 축적된 것이다. 이것은 지나가는 것(과거過去)이 아니다. 앞으로 만년이 지나가도 성경말씀은 그대로 있지 이것은 없어지는 것이 아니다. 이 기재라고 하는 것이 과거 대신에 나에게 붙는 것이다.

오늘부터는 집에 가면 맨 먼저 하는 일이 15장 18절부터 27

절까지 읽어 보는 것이다. 왜냐하면 다음 일요일 날 내가 말해야 될 내용이기 때문이다. 그래서 그 내용을 확실히 알기 위해서 도서관에 가서 책도 찾아보고 또 다른 책도 읽어보아 완전히 알게 될 때까지 애써야 하는 책임이 나에게 있는 것이다.

그래서 장래와 기재라는 것이 하나의 시간과 공간이 되는 것이다. 오는 것이 시간이라면 계속 있는 것은 공간이다. 그런데 어떻게 하면 시간 공간이 일치하느냐가 문제이다. 3차원의 공간과 1차원의 시간이 어떻게 일치 하는가. 공부하고 공부해서 알아야 하는데 하나님의 말씀이란 것이 책을 찾고 공부한다고 잘 알아지는 것이 아니다. 그래서 이것을 알려고 노력하다가 그래도 안 될 때는 기독교식으로 말하면 기도를 해야 한다. 또 쉽게 말하면 깊이 생각을 해야 한다. 나는 생각한다는 것이나 기도한다는 것이 같다고 생각한다. 하나님 말씀을 생각하는 것이 기도이다.

자꾸자꾸 생각해 나가서, 한 주일이 골고다 언덕을 무거운 십자가를 지고 올라가는 한 주일이 되는 것이다. 계속 올라가다가 어떤 날, 금요일이든 토요일 아침이든 하나님의 계시를 받게 되어야 한다. 십자가를 지고 올라가서 죽는 것이 아니다. 산꼭대기에 가서 하나님의 계시를 받아야 하는 것이다. 그래야 십자가가 의미가 있지 그렇지 않고는 십자가를 지는 의미가 없다. 그래서 하나님의 계시를 받는 순간, 그것이 현존現存이 되는 것이다. 존재가 나타나는 것이다. 하나님의 계시를 받아야 모든 문제가 풀린다. 진리가 너희들을 자유롭게 한다는 말이 그 말이다. 풀려야 알아지지 그렇지 않고는 알아지지 않는다. 그래서 알면 힘이 생기게 된다. 그래서 중강당에 가서 가르쳐야겠다는 자신이 생기는 것이다. 그러니까 여기서 한 시간 가르치는 시간이 언제 지나갔는지 모르게 지나가게 된다. 시간을 넘어가는 것이다. 그러니까 나에게는 한 주간이 몇 달 만에 오는 느낌이 드는 것도 사실이다.

3차원의 시간으로 보면 몇 달이 지나는 것 같고 4차원의 시간으로 보면 아주 짧은 시간이 지나가는 것과 같다. 이런 시간적인 경험을 느끼는 것을 우리는 4차원의 시간이라고 한다. 이러한 시간을 우리는 보통 근본적인 시간이라고 한다. 그러니까 기쁨은 언제 있나 하면 하나님을 만나는 순간, 기쁨이 있게 된다. 진리와 함께 기뻐한다는 말을 하는데 진리라는 것이 무엇인가 하면 하나님을 만나는 것이 진리이다. 그것이 견성見性이란 말이다. 또는 계시라는 말이다. 다 같은 말이다.

한 주일에 한 번씩 그런 경험을 하고 살면 '한 주일 살이'가 되고 매일매일 그런 경험을 하고 살면 유영모 선생께서 말한 대로 '하루살이'가 되는 것이다. 하루 사는 것으로 족하게 되는 것이다. 더 많이 살 필요를 느끼지 않는다. 70에 종심소욕불유구從心所慾不踰矩라고 했는데 하루하루가 종심소욕불유구이다. 그것을 유영모 선생은 '하루살이' 라고 한 것이다. 하루면 족하지 이틀도 필요없다는 말이다. 이런 말들은 자신이 구체적으로 경험하지 않고는 도저히 하기가 어려운 말들이다.

그런 계시를 받는 경험을 갖는 것이 일생에 한 번 있어도 좋고, 한 달에 한 번 있어도 좋은데 나이가 들어 차츰차츰 그런 경험을 자주 갖게 되어 매일매일 갖게 되면 시간이라는 것이 자꾸 길어져서 사는 것이 영원을 살게 되고 그것이 영원한 생명이 되는 것이다.

기 도

하나님께서
저희들 속에 빛을 집어 넣어주시고
이 빛이 영원히 꺼지지 않는
빛이 되게 해주신 데 대해서
진심으로 감사를 드립니다.

우리가 이 속에 있는 빛을 잘 가꾸고 길러서
큰 빛이 될 수 있도록 하여 주셔서
당신 앞에 영광을 돌릴 수 있도록 인도하여 주옵시고
이 빛이 더욱 커져서 이 나라가 더욱 밝아지고 참되고
아름다운 나라가 될 수 있도록
당신께서 은혜를 베풀어 주시옵소서.

그리하여 우리나라의 온 국민들이
한 사람 한 사람 다 깨어나서
이 나라를 참으로 아름답고 올바른 나라로 만들어 나가는
그런 역사적인 운동을 벌려 나갈 수 있도록
당신께서 인도하여 주시옵소서.

오늘도 당신의 뜻 가운데에서
하루를 지나게 해주시고
이 시간을 당신께서 친히 주관하여 주셔서
당신의 거룩한 빛이 이 방을 가득 찰 수 있도록
인도하여 주시옵소서.

예수님 이름 받들어 기도하옵나이다.
아멘.

62. 박해와 고난

1994년 12월 11일

요한 15:18~25

세상이 너희를 미워하면
너희보다 먼저 나를 미워한 줄을 알라.

이것이 유대 나라의 전통이다. 유대 사람이 미움을 받은 것으로 제일 잘 아는 사실은 히틀러에게 미움을 받아 2차대전시 600만의 유대인이 학살당한 사건이다. 그러니까 미움을 받는다는 것이 유대 민족의 독특한 운명이다. 물론 여러 가지 이유가 있겠지만 역사적으로 볼 때 계속 미움을 받아왔다. 여기서 말하는 "세상이 너희를 미워하거든"이란 예수님의 제자들이 미움을 받는다는 얘기다. 로마 시대에 기독교인들이 로마 사람들에게 미움을 받고 많은 사람들이 박해를 받아 죽게 되는데 그때에 제일 중요한 이유가 기독교인들이 무신론자들이라는 것 때문이었다.

무신론이란 무엇인가 하면 로마 사람들이 섬기는 신들, 즉 자연신인 제우스, 아폴로 등의 신전에 가서 절을 하지 않는다는 것이다. 유대인들은 자기들의 계명인 "네 앞에 다른 신을 섬기지 말라"는 것 때문에 다른 신을 섬기지 않는 것인데 로마 사람들은 그것을 무신론으로 생각하는 것이다. 소크라테스가 죽는 것도 그것 때문이다. 그리스 신전에 가서 섬기지 않는다는 죄목이 그것이다. 그러니까 이러한 종교적인 갈등은 어디에나 있다. 더구나 이 시대에는 더 심했다고 볼 수 있다.

기독교를 제일 많이 박해했던 사람이 로마 황제인 네로였다. 기원 64년에 네로가 로마 시내에 불을 지르고 그것을 보면서 음악을 연주하게 하고 시를 읊었다는 이야기가 전하는데 이 사실을 안 로마 시민들이 항의를 하자 불을 지른 사람은 자기가 아니고 기독교인들이 그랬다고 하여 기독교인들을 모두 잡아 죽이는 일이 벌어지게 된다. 마치 일본 동경 대지진 때 한국 사람들을 모함하여 잡아 죽이는 것과 마찬가지다. 그 당시에도 한국 사람들이 불을 지르고 다닌다고 소문을 퍼뜨려 다 죽이게 되었다. 지진이 나서 정신없는 지경에서 한국 사람들이 불을 지를 경황이 어디 있었겠는가. 그런데도 일본 사람들은 한국 사람들이 미우니까 말도 안 되는 이유로 다 죽이고 마는 것이다.

또 한 번 기독교인들이 많은 박해를 받는 것은 도미니치우스라는 로마의 황제 때인데 그때에도 많은 기독교인들이 죽게 된다. 이렇게 두 황제 때에 가장 많이 기독교인들이 박해를 받은 것으로 알려져 있다. 네로 황제는 잘 알다시피 자기 아버지와 어머니를 죽이고 선생님과 아내도 죽인 사람이니까 기독교도를 죽이는 것쯤은 아무것도 아닌 사람이었다. 그 당시에 폭군들의 횡포는 말할 수 없는 것이었다. 신약 묵시록 13장에 보면 666이란 숫자가 나오는데 이것이 네로에 대한 말이라고 해석하는 사람이 있고, 또 어떤 사람은 도미니치우스 황제를 가리키는 것이라고도 하는데 666이란 숫자가 이 두 황제의 이름과 연관이 있다는 분석이다. 그만큼 이 두 황제 때 기독교가 가장 많은 박해를 받았다는 것을 나타낸다.

너희가 세상에 속하였으면
세상이 자기의 것을 사랑할 것이나

"너희가 세상에 속하여 있다면" 하는 구절은 여기서는 출세간出世間의 뜻처럼 번역했는데, 다른 성경을 보면 "당신들이 세상에 속하였으면"으로 번역하여 '당신들이 세상에 붙어있다'는 뜻이 된다. 그래서 당신들이 세상에 붙어 있으면 세상이 당신들을 하나로 생각할 것이란 말이다.

너희는 세상에 속한 자가 아니요

도리어 내가 너희를 세상에서 택하였기 때문에
세상이 너희를 미워하느니라.

그러나 예수께서 그 사람들을 세상에서 뽑아냈기 때문에 세상은 그 사람들을 미워한다는 말이다.

우리나라에서 기독교인들이 미움을 받은 것은 대원군 시절에 천주교의 박해를 들 수 있다. 그 당시 천주교도들은 다 잡혀 죽게 된다. 동학의 최수운도 사형선고를 받은 판결문을 보면 기독교인이라는 이유로 죽이게 되는 것이다. 최수운도 성경을 많이 본 사람이다. 그래서 하나님을 모셔야 되겠다는 말이 시천주侍天主란 말이다. 기독교로 말하면 임마누엘이란 말이다. 이런 말을 하니까 기독교인이 되는 것이다. 그래서 최수운도 동학을 한다고 했지마는 결국 기독교인으로 몰려 죽게 되었다. 그 당시에 기독교인들이 미움을 받아 많이 죽게 된다.

내가 너희에게 종이 주인보다
더 크지 못하다 한 말을 기억하라.

이 말은 '너희들도 미움을 받고 박해를 당하지만 나같이 그렇게 심하게 당하지는 않을 것이다. 나는 너희들보다 몇 배 더 박해를 당할 것이다' 란 뜻이다.

사람들이 나를 박해하였은즉

너희도 박해할 것이요,
내 말을 지켰은즉
너희 말도 지킬 것이라.

나도 박해를 받고 당신들도 또한 박해를 받겠지만, 그 가운데에는 박해하는 사람들만 있는 것이 아니라 내 말을 옳다고 하여 지키는 사람도 있을 것이다. 그 사람들은 당신들의 말도 또한 지킬 것이다.

그러나 사람들이 내 이름으로 말미암아
이 모든 일을 너희에게 하리니
이는 나를 보내신 이를 알지 못함이라.

예수라는 이름이 하도 유명하니까 예수를 따르는 사람들도 모두 박해한다는 말이다. 그러면 사람들이 왜 그렇게 못살게 구는가. 예수가 하늘이 보낸 사람이기 때문이다. 더 쉽게 말하자면 예수가 하늘의 아들이기 때문이다. 이 말의 뜻은 또한 나를 죽이려는 사람들은 하늘에서 가만 두지 않을 것이다. 반드시 벌을 내려 멸망을 시킬 것이다, 라고 생각할 수 있다.

내가 와서
그들에게 말하지 아니하였더라면
죄가 없었으려니와

내가 하늘이 보내 온 자라는 것을 그들에게 말하지 않았다면 그들이 나를 죽이려 하지 않았을 것이다.

지금은 그 죄를 핑계할 수 없느니라.

내가 확실히 하늘에서 보낸 자라는 것을 그들에게 말하였으므로 그들이 모르고 죽이려 했다는 것은 변명이 될 수가 없다.

나를 미워하는 자는
또 내 아버지를 미워하느니라.

나를 미워하는 것은 결국 하나님을 미워하는 것이 된다. 하늘을 미워하면 결국 천벌 받는 것 밖에 더 있겠는가.

내가 아무도 못한 일을
그들 중에서 하지 아니하였더라면
그들에게 죄가 없었으려니와,

나는 또 그냥 말로만 한 것이 아니라 실제로 기적을 행하여서 내가 하늘에서 온 것을 보여 주었다. 그러한 기적을 보지 못했다면 그들에게 아무 책임(죄)이 없을 것이다.

지금은 그들이 나와 내 아버지를 보았고 또 미워하였도다.
그러나 이는 그들의 율법에 기록된 바,
그들이 이유 없이 나를 미워하였다
한 말을 응하게 하려 함이라.

이런 일이 이번에만 있었던 일은 아니다. 세상에는 그러한 일이 자꾸 되풀이 되고 있다. 그래서 의인이 박해를 받는 일이 유대인의 역사에 수십 번 나타난다. 맨 처음 그런 일이 창세기에 보면 나오는데 아담에게 가인과 아벨 두 아들이 있었는데, 아벨이라는 의인을 가인이 죽인다. 이 사실을 근거로 해서, 로마 사람들이 기독교인들을 박해하는 것은 가인이 아벨을 죽이는 것과 같다, 라고 쓴 책이 어거스틴의 『신의 나라』라는 책이다. 세계사상 전집에는 『신국론神國論』이라고 되어 있는데, 이 책에서는 역사를 선과 악의 대립으로 보고 있다.

그다음에는 모세도 많은 핍박을 받았고, 다윗도 사울에게 몇 번이나 죽을 뻔하였고, 그다음에도 엘리야, 예레미야, 아모스, 호세아 등 구약에 나오는 모든 선지자가 박해와 시련을 받게 되었다. 그런데 이러한 사실들은 성서의 말씀을 이루기 위함이다. 왜 이러한 역사적인 사실들이 있게 되는가. 성서의 이런 내용을 어떻게 해석해야 하는가. 그것이 오늘의 문제다.

그것을 지금 다음에 나오는 말들로 생각해 보기로 한다. 공자의 말인데, 추사秋史의 그림 중에 세한도歲寒圖라는 것에 나오는 글이 있다.

> 세한연후歲寒然後
> 지송백지후조야知松栢之後彫也.

날씨가 아주 추운 뒤에야
소나무가 홀로 푸른 것을 알 수가 있다.

날씨가 추워지면 다른 나무의 잎사귀는 다 떨어지는데 소나무만은 독야청청이다. 성삼문의 유명한 시에 "백설이 만건곤할 제 독야청청하리라"라고 되어 있는데 신숙주, 정인지가 다 떨어져 나가는데 성삼문만 독야청청이다.

다음은 맹자孟子의 말이다. 맨 마지막 진심盡心편 바로 전에 고자告子 하下 15장에 나오는 말이다.

천장강대임어시인야 天將降大任於是人也,
필선고기심지 必先苦其心志,
노기근골 勞其筋骨 아기체부 餓其體膚 공핍기신 空乏其身
행불란기소위 行拂亂其所爲
소이동심인성 所以動心忍性
증익기소불능 曾益其所不能

하늘이 이 사람을 꼭 뽑아 써야 하겠다고 하면 반드시 그 사람은 괴로움을 당하게 된다. 하늘이 크게 쓸 사람은 박해를 받게 되는 것이다. 성삼문이 죽게 되는 것은 물론 세조때 정치적인 문제 때문이긴 하지만 이것을 종교적인 관점 즉, 종교관으로 해석해 보면 하늘이 성삼문이라는 의인을 한국에 내기 위해서 세조를 시켜 핍박하게 하는 것이다, 라고 생각할 수 있다. 그러한 고난을 겪고 나서야 독야청청이 나오는 것이다.

왜 원균이 그렇게 이순신을 못살게 구는가. 그런 모함과 핍박을 받고서야 나오는 것이 백의종군하는 이순신이다. 그렇지 않고 계속 좋은 대접을 받았다면 이순신이 나올 수가 없다. 그렇게 견딜 수 없는 고통을 당하고 나서야 이순신이라는 위대한 인물이 나오는 것이다. 필선고기심지必先苦其心志이다. 그 사람을 견딜 수 없는 고통 속으로 몰아넣는 것이다. 노기근골勞其筋骨, 몸을 고통스럽게 하고, 아기체부餓其體膚, 배고픔도 당하게 한다.

우리도 6·25를 겪은 사람들은 그러한 고통을 안다. 지금 이 나라를 일으켜 세운 사람들은 대개 그러한 고통을 겪은 사람들이다. 그 고통을 겪었으니까 죽을 힘을 써서 나라를 세우기 위해 노력하는 것이다. 공핍기신空乏其身, 공연히 많은 박해를 받게 되는 것이다. 행불란기소위行拂亂其所爲, 다 먹는데 소위所爲는 먹지 않는다는 말이다. 그러니까 남들이 다하는데 자기는 하지 않는다는 것이 보통 어려운 일이 아니다. 소이동심인성所以動心忍性, 보통 사람이면 많은 유혹에 넘어 가게 되지만 이것을 이겨내려면 많이 고민하고 생각을 해야 한다(인성忍性). 어떻게 사는 것이 바르게 사는 것인가를 고민하고 생각하는 것이다. 증익기소불능曾益其所不能, 보통 상식으로 생각하면 도저히 될 수 없는 그런 인격이 결국은 되는 것이다. 좋은 환경에서는 도저히 나타날 수 없는 그런 인격이 드러나게 된다. 도산 안창호도 감옥에 들어가지 않았다면 도산 안창호가 나올 수 없다. 감옥 속에 들어가서 도산 안창호가 나오는 것이다.

인생에서 고통이란 것이, 물론 세상적으로 보면 팔자가 사나운 것이지만, 종교적으로 보면 사람을 한없이 고상하게 만드는 것이다. 그래서 옛날 사람은 괴로울 고苦 자와 높을 고高 자를 같이 생각했다. 고생苦生이 고생高生이다. 고통을 안고 사는 것이 높은 생이다.

요즘 우리 젊은이들이 고통을 싫어한다고 하는데 고통을 싫어하면 사람이 되지 않는다. 고난을 통해 단련이 될 때 사람이 되는 것이지 그런 것 없이 사람되기가 어렵다. 점점 풍요해지는 세상에서 자발적으로 고통을 받는다는 것이 점점 더 어려워진다. 그렇지만 정말 운이 나빠서 고통을 받게 되는 경우도 생기게 된다. 우리가 6·25도 비극이라고 하지만 종교적인 역설로 말하자면 하늘에서 우리를 단련시키는 하나의 시련이었다고 생각할 수도 있다. 36년간의 일제치하도 마찬가지다. 생각해보면 하나의 비극이었지만 또 다르게 생각해보면 우리를 단련시키려는 하나님의 사랑이었다, 라고 볼 수 있다.

그래서 불능不能, 보통 사람이 될 수 없는 그런 사람이 나오게 되는 것이다. 요즘 아이들을 배낭여행 보내고 하는 것이 다 그런 것 아니겠는가. 그렇게 고생하고 다니다 보면 깨닫게 되는 것이 있기 때문이다. 집에서는 불능한 것이 그렇게 다니다 보면 되는 수도 있게 된다.

다음의 말은 장자莊子 2장 제물론에 나오는 말이다. 참만고일성순參萬古一成純, 만고萬古는 영원이란 뜻이 있다. 그러니까 영원에 참여하여 그 순수함을 이루어낸다는 말이다. 그런데 우리가 고古 자를 괴로울 고苦 자로 생각하면 더 뜻이 확실해진다. 많은 고난에 참여해서야 정말 순수함을 얻을 수 있다. 6년 고행 후에야 성불成佛이 있지, 석가가 궁전 속에 있었다면 성불할 수 있겠는가. 고통을 통해서 능히 순수한 인격을 이룰 수 있는 것이다. 용광로 속에 들어가서야 순금이 나올 수 있다. 그렇게 보면 고통이라는 것이 순금을 만드는 하나의 과정이 되는 것이다.

그래서 바울 같은 사람은 로마서나 빌립보서를 읽어보면, "너희들에게 한없는 고통이 오더라도 그것이 하나님의 은혜이니 기쁘게 받아들이라"는 말을 자꾸 하는 것이다. 우리가 보통 상식으로는 이 말이 무슨 말인지 모르지만 정말 사람이 된다는 것으로 생각해보면, 그런 고통을 겪지 않고는 사람이 될 수 없다는 말이다. 그래서 기독교에서 제일 중요하게 생각하는 것이 십자가이다. 예수가 십자가를 지지 않고 그냥 죽었다면 어떻게 세계적인 성인이 될 수 있었겠는가. 십자가를 지고 죽었으니까 세계의 성인으로 추앙받을 수 있지 그렇지 않았다면 성인이 될 수가 없는 것이다. 그런 의미에서 십자가가 예수에게는 참만고

일성순參萬苦一成純이다. 성인으로 만드는 방법이 되는 것이다. 그렇기 때문에 십자가가 하나님의 사랑이 되는 것이다.

다음에 나오는 말은 금강경의 핵심이다. 응무소주이생기심應無所住而生其心, 도저히 견딜 수 없는 고생, 그것을 통과해야 생기심生其心이다. 금강석이 되어서 나오는 것이다. 나무가 어떻게 해서 금강석이 되는가. 땅속에 들어가서 도저히 견딜 수 없는 큰 압력을 이겨내야 금강석이 되지, 그렇지 않고는 금강석이 될 수가 없다. 우리나라의 금강산도 마찬가지다. 금강산 꼭대기의 비로봉에 조개껍질이 있다고 한다. 그러니까 금강산이 본래는 바다 속에 있었던 것이나. 바다 속 깊숙이 있던 것이 산꼭대기까지 되려면 얼마나 많은 어려움이 있었겠는가. 그것이 응무소주應無所住이다. 도저히 견딜 수 없는 그 고통을 겪고 나서야 금강산이 되었지 그냥 금강산이 될 수는 없다.

그러니까 모든 사람이 다 자기를 반성해보면, 역시 고생한 것이 나를 사람 되게 한 것이라는 것을 알 수 있다. 이렇게 보면 금강경, 장자, 맹자에 나오는 말들이 다 같은 말이다. 공자에게 제자들이 묻기를, 글자 한 자로 사람 되는 것이 무엇입니까 라 하니, 어려울 난難 자이다, 라고 대답했다고 한다. 어려움을 겪지 않으면 사람이 될 수 없다는 말이다. 석가는 괴로울 고苦 자이다. 일체개고一切皆苦이다. 모든 것이 괴로움이다. 기독교에서는 고苦 자와 난難을 합쳐서 십자가의 고난苦難이라고 한다.

그러니까 기독교나 불교나 유교나 다 마찬가지다. 고난을 통하지 않고서는 인간이 될 수가 없다.

그래서 초대 기독교인들은 항상 고난을 당하면서도 감사하게 생각했다. 온갖 박해를 당하면서도 기쁨으로 그것을 견뎌냈다. 예수의 산상수훈에 나오는 팔복八福 속에도 "의를 위해서 핍박을 받는 자는 복이 있나니 천국이 저희 것이다"가 나오고 계속해서 "나로 인하여 욕되고 핍박받고 악한 말을 듣는 자는 복이 있나니 기뻐하고 즐거워하라. 전에 있던 선지자들도 이같이 핍박을 받았느니라"라고 되어 있다.

그러니까 사람은 핍박을 받고 고생을 해야 사람이 되지 그렇지 않고는 사람이 될 수 없다는 맹자의 말이나 같은 말이다. 하늘이 그 사람을 사람 되게 하기 위해서는 반드시 고통을 주지, 그런 고통 없이는 사람 되기가 어렵다. 아까 나온 맹자의 말 다음에는 또 이런 말이 나온다.

입즉무법가불사入則無法家拂士, 출즉무적국외환자出則無敵國外患者, 국항망國恒亡, 연후지생어우환然後知生於憂患, 이사어안락야而死於安樂也. 국내에는 반드시 옳은 말하는 신하나 선비가 있어야 하고, 밖에는 반드시 우리를 노리는 적이나 원수가 있어야 한다. 그래야 언제나 정신이 깨어 있게 되지 그렇지 않으면 망亡이다. 정신 못 차리게 되고 만다. 우환이 있어야 살게 되지 안락만 있으면 죽게 된다. 그러니까 고통과 어려움이 있어야 좋다는 것이다.

기독교에서 말하는 악마라고 하면, 굉장히 나쁜 놈이긴 하지만, 이런 관점에서 보면 악마라는 것도 있어야 하는 것이다. 용광로 없이는 순금이 나올 수 없다. 그러니까 차원이 다른 것이다. 그저 괴로움은 싫다, 복만 받겠다, 라는 차원하고는 달라지는 것이다. 한 차원 더 높아지게 되면, 정말 인격을 완성하기 위해서는 이런 고통이 반드시 필요하다. 그러니 고통을 달게 받자는 생각까지 도달하게 된다. 이런 것이 성경이나 다른 경전에서 가르쳐주는 진리이다. 결국은 사람 되자는 것이 문제이다.

참만고일성순參萬苦一成純, 장자에 나오는 말 중에 정말 좋은 말이다. 또 응무소주이생기심應無所住而生其心이다. 응당 주한 바 없는 데에서 그 마음을 일으켜 내어야 한다. 보통은 "주한 바 없다"는 뜻을 '집착 없는 데'라는 말로 많이 해석하는데, 나는 이 말이 금강경이니까 '고난'이란 말로 해석해 본다. 그래서 도저히 보통 사람 같으면, 아까 말한 맹자에 나오는 불능의, 견딜 수 없는 그 고난을 견디고 나와야 금강석이 될 수 있다는 말이다. 돌멩이는 땅속에 들어가서 아무리 고난을 겪어도 쓸데가 없지만 나무가 들어가 고난을 받으면 금강석이 된다. 또 달리 말하면 열매가 땅속에 들어가야 싹이 트지 열매가 안 되면 싹이 틀 수가 없다.

그러니까 언제나 고통을 받는 사람은 요새 말로 말하면 실존이 되어야 한다는 말이다. 실존이 된 사람이라야 고통을 받으면 더 빛이 나게 되지, 실존이 되지 못한 사람은 고통을 받아 보았자 별 도움이 되지 못한다. 아까 말한 하늘에서 큰일을 맡길 사람이나, 하늘에서 보낸 사람은 고통을 받을수록 더 큰 사람이 된다. 실존만이 고통을 당하면 더 정신을 차리게 되지, 실존이 되지 못한 사람은 오히려 원망만 하게 된다. 십자가를 달게 질 수 있는 사람, 그 사람이 실존이다.

기 도

오늘도
주님의 지혜로운 말씀을 듣기 위해
이 자리에 모두 모였습니다.

우리가 더욱더 깊이 생각하고
진리를 깨달아 하나님의 뜻을 알고
그 뜻을 이루어 나갈 수 있는
빛과 힘을 갖게 해주시옵소서.

지금 우리나라에는 많은 어려움이 있습니다.
우리들이 우리들의 조국에 대해서 더 많은 것을 생각하는
그런 시간이 될 수 있도록 도와주시옵소서.

그래서 온 세계가 하나가 될 수 있는
그런 시대를 생각할 수 있게 하시고
조그마하지만 좁은 세계에서부터
하나의 세계를 이루어가는
저희들이 될 수 있도록 인도하여 주시옵소서.

오늘 이 시간에도 당신께서 저희들과 같이 하셔서
저희들의 마음을 열어주시고
겸손한 마음으로 당신의 말씀을 받아들이는
저희들이 될 수 있도록 인도하여 주시옵소서.

예수님의 이름 받들어 기도하옵나이다.
아멘.

63. 증거와 증인

1994년 12월 18일

요한 15:26~27

내가 아버지께로부터
너희에게 보낼 보혜사
곧 아버지께로부터 나오시는
진리의 성령이 오실 때에
그가 나를 증언하실 것이요,
너희도 처음부터 나와 함께 있었으므로
증언하느니라.

여기 오늘 나온 구절에서, "나에 대하여 증거할 것이요"라는 말과 "내 증인이 되리라"라는 말에서 '증거'와 '증인'이 기독교에서 나오는 하나의 독특한 단어라고 보아야 하겠다.[1] 다른 종교에도 이런 말이 있는지는 확실치 않다. 하여튼 기독교에서는

1. 고병려(1987), p. 53

이 '증거', '증인'이란 말이 특색이 아닌가 하는 생각이 든다. 요전 구절에서도 말했지만 기독교는 로마 시대를 거치면서 갖은 박해를 받았고, 그 박해를 받은 이유도 연구해 보면 그 이유가 다 있겠지만, 현실적으로 많은 박해를 받은 것은 사실이다. 그 박해 속에서 기독교를 유지하려는 사람들이 죽기까지 기독교의 신앙을 지켜가게 되는데, 이런 사람들을 소위 '증인' 이라고 한다. 그래서 '증인' 이라고 하면 반드시 '피' 가 연결되어 있다.

요한 계시록 17장 6절에 보면, 그때는 로마라는 말을 쓰지 않고 바빌론이란 말을 썼는데, 바빌론이 땅의 음녀淫女와 가증한 것들의 어미인데, "성도들의 피와 예수의 증인들의 피에 취한지라"라는 구절이 나오는데, 이것은 기독교인들의 피를 너무 흘리게 해서 이제는 피에 대해서 아무 감각도 없어졌다는 말이다. 수많은 기독교인들이 로마 제국 때에 피를 흘리고 죽게 되는데 그 수가 얼마인지는 역사적인 기록에 연구되어 있겠지만 이렇게 자기 신앙을 지키기 위해 피를 흘린 사람들이 증인이 되는 것이다.

그 증인의 근거가 예수라면 예수도 결국 피를 흘리고 죽게 되는데 그것이 증거이다. 예수에게 있어서는 하나의 증거이고, 그 후세에 기독교를 지킨 사람들에게 있어서는 증인이 되는 것이다. 그래서 이 증거와 증인이 기독교의 특색이 되는 것이다.

요한 계시록 12장에 보면 "어린 양의 피"라는 말이 나오는데 이 어린 양의 피가 증거가 되고, 이 증거하는 말로 인하여 자기 생명을 아끼지 아니하고 피를 흘린, 그 당시의 많은 사람들은 증인이 되는 것이다. 그래서 이 증證 자가 붙으면 언제나 '피' 하고 연결이 된다. 다른 종교에는 이 '피' 라는 말이 많지 않다. 더구나 동양 종교에는 더욱 그러하다. 물론 신라 때 이차돈의 순교에 나오는 '피' 라는 말이 있기는 하지만 기독교처럼 그렇게 많은 피를 흘리는 종교는 없었을 것이다.

그래서 '피' 라고 하는 것과 언제나 연결되어 '증거' 니 '증인' 이니 말이 나오게 된다. 증거와 증인이란 말은 하나의 글을 쓰고 도장을 찍는다는 말인데 예수가 진리를 위해서 피로써 도장을 찍는다는 말이다. 그래서 기독교에서는 물과 피와 성령으로 세례를 받는다는 말을 많이 쓴다. 그러니까 증거, 증인이란 말이 기독교에서 나오는 독특한 단어라고 볼 수 있다.

우리나라에 천주교가 처음 들어올 때 정약용, 정약전 형제를 비롯하여 김대건 등 많은 사람이 피를 흘리고 죽게 된다. 그래서 우리나라에서도 이런 사람들을 증인이라고 한다. 그러니까 '증인'과 '증거'란 말이 언제나 '피'하고 연결된다는 사실을 우리는 알아야 한다.

물론 여기서 나오는 '증거' 란 말은 무엇을 증거하나 하면 '예수가 구세주'라는 것을 증거한다. '구세주'란 말은 '그리스도' 란 말이다. 아까 양명학 시간에 말한 철인이다. 철인정치, 즉 철인이 나와야 세상을 바로 다스릴 수 있다는 말이다. 그것이 기독교에서는 구세주란 말이고 그리스도란 말이다. 예수란 사람이 철인이란 말이다. 그래서 그것을 증거한다는 말이다.

우리가 대통령을 뽑을 때 온 국민이 국민투표를 해서 뽑는데, 예수가 그리스도이다, 라는 것은 누가 증거하는가 하면 세 가지로 생각할 수 있다. 하나는 예수 자신이 '나는 철인이다' 라는 것을 증거하는 것으로 예수 자신이 자기의 실력을 나타냄으로써 자신을 증거하는 것이다. 이것이 요전에 요한복음 5장 36절에 나오는 "내게는 요한의 증거보다 더 큰 증거가 있으니, 나의 하는 그 역사役事가 증거한다"는 말로서 예수가 실력을 보여 줌으로 자신이 철인(그리스도)임을 증거한다는 말이다.

그다음의 하나는 하나님께서 증거하시는 것으로, 요한복음 8장 18절에 보면 "내가 나를 위하여 증거하는 자가 되고, 나를 보내신 아버지도 나를 위하여 증거하신다"라고 되어 있다. 하나님이 그리스도임을 증거하는 것이 또 어디에 나오는가 하면 마태복음 3장 마지막 구절에, 예수께서 세례를 받고 나올 때 하늘이 열리고 성령이 비둘기같이 내려 임하며 하늘에서 소리가 있어 "이는 내 사랑하는 아들이요, 내 기뻐하는 자라"는 말이 나온다. 이것이 하나님께서 증거하는 것이다. 하나님의 아들이 예수 그리스도란 말로서, 한문으로 말하면 '천자天子' 이다. 천자란 세계를 다스리는 왕王이란 말이다. 그래서 우리가 크리스마

스 때가 되면 "만왕의 왕"이 오셨다는 말을 하는데 그것이 세계를 다스리는 왕이란 말이다.

이 사상은 언제부터 나오게 되는가 하면 이사야로부터 나오게 된다. 선지자 이사야가 가만히 생각해 보니, 북쪽에는 앗시리아 바빌론이라는 강대국이 있고, 남쪽에는 강한 이집트가 있고, 이 큰 강대국에 둘러싸인 유대라는 조그마한 나라가 도저히 독립할 수가 없다는 것이다. 유대 사람들의 특색이라면 어떻게 해서라도 독립을 하겠다는 것인데, 하나님을 믿는다는, 가장 핵심이 되는 것도 결국 독립하겠다는 것으로 생각할 수 있다.

이사야는 생각하기를, 세계가 하나가 되어 평화로운 세계가 될 때 유대인이 독립할 수 있을 것이 아닌가 한 것이다. 그것이 '세계정부'라는 것으로, 세계가 하나의 정부가 되고 모든 나라는 하나의 주州가 되어 자치국가가 되는 것이다. 소련과 미국이라는 나라가 그와 같은 생각으로 다 시작된 것으로 볼 수 있는데 그런 '세계정부'가 될 때 독립이 될 수 있지 그렇지 않고는 약소국가인 유대 나라의 독립은 있을 수 없다고 생각한 것이다. 그래서 세계정부가 이루어지고 그 정부의 대통령이 나와야 하는데 그 대통령이 메시아란 말이다. 메시아란 말을 희랍말로 번역한 것이 '그리스도'이다. 그러니까 세계가 하나 되기 위해서는 우선 세계를 다스릴 수 있는 사람이 나와야 되지 않겠는가. 큰사람이 나와야 세계를 다스릴 수 있지 소인배로는 될 수가 없다는 것이다.

지금 아프리카 같은 곳의 가장 큰 문제는 사람이 없다는 것이다. 큰사람이 안 나오니까 싸움들만 하고 어떻게 할 수가 없는 것이다. 나라를 다스리려면 나라를 다스릴 수 있는 사람이 나와야 하고, 세계를 다스리려면 세계를 다스릴 수 있는 사람이 나와야 하는데, 그 사람이 누구인가 하면 바로 그리스도란 말이다. 그러니까 이 이사야가 처음으로 세계정부라는 사상을 낸 사람으로 UN을 맨 처음 시작할 때 읽었던 성경말씀이 이 이사야서이다.

이사야서 11장에 나오는 말씀인데 UN을 시작한 것도 상차 세계정부를 향하여 가는 것을 전제로 한 것이다. 여기에서 세계정부라는 사상이 나오게 되고, 세계정부를 다스리는 대통령이 '하나님의 아들' 곧 그리스도란 말이다. 하늘의 아들이 태양인데 태양처럼 온 우주 만물을 살려내는 사람이 나와야 한다는 말이다. 이런 사람이 나오는 것을 기대하고 기다리는 것이 곧 구세주 사상이며 유대인들의 근본사상이 되는 것이다. 그래서 하나님께서 '이 사람이 세계의 대통령이 될 만하다'고 증거했다는 것이 마태복음 3장 17절에 나오는 하늘에서 소리가 있어 "이는 내 사랑하는 아들이요, 내 기뻐하는 자"라는 말이다.

그리고 마지막 하나는 마태복음 17장에 나오는 산상변화이다. 예수께서 베드로, 요한 등의 제자들과 함께 높은 산에 올라갔을 때 모습이 변화되어 얼굴이 해같이 빛나며 옷이 빛과 같이 희어졌고, 그때에 모세와 엘리야가 나타나 예수와 함께 얘기를 나누었다는 구절이 나오는데, 그때 또 하늘에서 소리가 들려 말하기를 “이는 내 사랑하는 아들이요, 내 기뻐하는 자니, 너희는 저의 말을 들어라”는 것이 나오는데, 이렇게 하늘에서 증거하는 말이 두 번 나오게 된다. 하늘에서 “이 사람이야말로 세계의 대통령이다”라는 증거가 두 번 나온다. 그래서 제자들도 그렇게 믿고 따랐는데 현실이 그렇게 되지 않은 것이다.

결국은 예수가 죽게 되고 그러고 나서 기독교란 조그마한 집단이 생겨나게 되었다. 그 조그마한 기독교가 그 당시 세계정부라고 할 수 있는 로마와 싸우게 된다. 이 조그마한 기독교집단의 주인이 그리스도이다. 이 조그마한 집단과 로마와의 싸움에 대한 이야기가 묵시록에 나온다. 묵시록에 나오는 이야기가 바로 초기 기독교 집단과 로마와의 싸움 이야기이다.

그렇게 싸우다가 AD 427년 로마의 콘스탄틴 대제가 그리스도를 자기의 주인으로 섬기게 되고 로마 전체가 기독교 일색으로 변하게 되는 것이다. 예수는 결국 죽었지만 나중에는 로마가 예수의 발아래 무릎을 굴하고 말게 되었다. 초기 기독교 집단이 로마와 싸울 때에 수많은 사람들이 피를 흘리고 죽게 되었다. 이것이 소위 ‘증인’들이다.

그러니까 예수는 살아서 세계를 지배하겠다는 생각을 하지 않은 것이다. 나는 죽어서 세계를 지배하겠다는 것이 소위 '십자가 사상'이다. 그래서 결국 죽었지만 세계를 지배하게 된 것이다. 예수의 증거와 후세 사람들의 증인이 하나가 되어 로마를 굴복시키고 나중에는 신성로마 제국이 나오게 된 것이다. 그래서 하나님께서 증거하는 것 하나와 사람이 증거하는 것으로 세례 요한이 "이 사람이 하나님의 아들이다. 이 사람이 세계의 대통령이 되겠다"라고 증거하고, 예수 자신이 스스로를 증거하는 세 가지를 생각할 수 있다. 이렇게 하나님, 세례 요한, 예수 자신의 세 가지 증거를 우리는 말할 수 있다.

그리고 나중에 또 하나의 증거를 말한다면 '진리의 영'이신 성령께서 증거하는 것이다. 예수께서 떠나고 나면 보내어질 변호자인 진리의 영이 예수가 세계의 왕이라는 것을 증거하는 것이다.

이렇게 보면 모두 네 가지의 증거가 있게 된다. 아까 말한 하나님, 세례 요한, 예수 자신과 지금 말한 진리의 영(성령)의 네 가지 증거이다. 증거란 무엇을 증거하는가 하면 예수께서 그리스도임을 증거하는 것이다. 그래서 "믿음은 바라는 것들의 실상이요, 보지 못하는 것들의 증거이다"에 나오는 것처럼 '증거'라는 말이 '믿음'의 핵심 중에 하나이다. "바라는 것들의 실상"이 '증인'이라면 "보지 못하는 것들의 증거"가 '증거'가 되는 것이다. 그래서 기독교라는 것은 언제나 증거와 증인으로서 이루어진다.

그러니까 나라를 세우려면 대통령이 나와 등극을 하는 것, 그것이 증거이고, 그다음에 그 나라를 지키기 위해 싸우는 것, 그것이 증인들이다. 기독교에서 증인들이 나오는 것은 맨 처음에 사도행전 7장에 나오는 스데반이 싸우다가 돌에 맞아 죽게 되고, 그다음에는 바울이 나와서 다시 싸우는 얘기가 사도행전 9장부터 나온다. 예수를 위해서, 기독교로 말하면 하나님의 나라를 위해서 싸우는 증인들이 나오는 것이다.

우리나라로 말하면 이순신 장군 같은 사람이다. 이순신 장군이 우리나라를 위한 증인이다. 나라를 지키기 위해서 피를 흘린 사람이 증인이다. 윤봉길 의사, 안중근 의사, 이런 사람들이 다 나라를 위해서 죽은 사람들이다. 그러니까 우선 대통령이 있어야 하고, 대통령이 있어서 나라가 서게 되면 나라를 지키는 사람들이 있어야 한다. 나라를 지키는 사람들이 많아지게 되면 히브리서 12장 1절에 나오는 것처럼 "구름같이 둘러싼 허다한 증인들이 있으니"라는 말이 나오게 된다. 이것은 기독교란 종교만 그런 것이 아니라 모든 것이 마찬가지다. 우리에게 제일 중요한 것은 대통령이 나와야 하고, 그다음에는 나라를 지키는 사람들이 필요하다. 군대뿐만 아니라 모든 관리들이 다 나라를 지키는 사람들이 되어야 한다.

이스라엘 같은 나라는 조그마하지만 나라를 세우고 지키기 위해 여자들까지 다 군대에 나가서 싸운다. 처음에는 200만 정도의 국가가 지금은 500만으로 늘어났다고 하는데 세계에 있는 유대인은 누구든지 어디에서 오든지 다 받아 준다고 한다. 또 유대인들은 재력가가 많다. 미국의 재벌 중에서도 유대인 출신이 많다. 이러한 재벌들이 이스라엘에 많은 지원을 하고 있다. 그래서 사해死海도 지중해와 연결시키자는 말까지 한다. 어쨌든 이스라엘은 군인과 관리들이 나라를 지키기 위해 애를 쓰고 있다. 이러한 사람들이 모두 나라의 증인들이다. 그리고 대통령이 정말 나라를 사랑하는 대통령이 나온다면 그것이 하나의 증거이다. 우리가 그렇게 생각하면 이해할 수 있다.

증거하는 사람이 엄밀히 말하면 셋이다. 하나님과 그리스도와 성령이다. 물론 세례 요한도 증거하는 사람으로 생각할 수도 있다. 그리고 증인으로는 바울을 비롯한 여러 제자들, 많은 초대 교회 신도들, 후에 예수를 따르는 모든 그리스도인들이 다 증인이다. 그래서 하나님 나라를 어떻게 이루고 이어나가는가 하는 것이 증거와 증인의 문제이다. 우리나라 교회의 역사도 바로 어떻게 하면 하나님의 나라를 이루어 나가느냐 하는 것이다. 기독교라는 것이 본래가 세계 문제를 해결하자는 데서 나온 것이다. 우선 세계 평화가 이루어져야 유대 나라가 설 수 있다는 근본 생각에서 시작된 것으로 볼 수 있다.

우리나라의 사정도 마찬가지다. 우리가 '자유'를 얻은 것도 일제가 망해서 된 것이고, '독립'도 소련이 약해져서 된 것이고, 앞으로 남은 '통일'이란 것도 세계적으로 해결되어야 되는 것이지 다른 방법이 없다. 북한이 우리와 손을 잡고 평화적으로 통일하는 것은 아니다. 어떻게 해서든지 북한은 자기네 힘으로 한번 통일해 보겠다는 것이 그들의 속셈이다.

그러니까 우리의 통일문제는 미국을 위시한 세계가 풀어야 할 문제이지 다른 길이 없다. 그래서 우리나라의 문제도 세계 문제가 해결될 때 우리 국가 문제도 해결되는, 그런 실정에 놓여 있는 것이다. 그렇다고 마냥 세계 문제가 해결될 때까지 기다릴 수는 없다. 남쪽만이라도 똑똑한 지도자가 나와야 하고, 온 국민이 한마음이 되어서 나라를 바르게 만들고 굳게 지켜나가는 의지를 가져야 한다. 그렇지 않고는 나라가 제대로 되어갈 수가 없다.

내년이면 해방된 지 50년이 되는데 아직도 부실과 부정이 매일 터져 나오는 그런 나라로서는 제대로 될 수가 없다. 이런 부실과 부정을 없이하고 정말 튼튼하고 깨끗한 나라를 만들기 위해서는 우리 모두가 하나의 증인이 되어야만 한다. 세계는 세계대로 문제해결을 위해 움직이고 있으니까, 다시 말해 하나의 세계로 나아가고 있으니까 우리는 우리대로 또 하나의 나라로 가기 위해 노력을 해야 한다. 그것이 바로 증거와 증인의 문제이다. 그래서 증인은 군인이라고 생각하면 되고 증거는 대통령이다, 라고 생각하면 된다. 증거라고 하는 것은 나라를 세우는 것이 문제이고, 증인이라는 것은 나라를 지키는 것이다, 라고 생각해도 좋다. 나라를 세우는 것도 어렵지만 나라를 지키는 것도 어려운 것이다. 그래서 증거와 증인, 이 두 가지가 합해져서 기독교라고 하는 종교가 되는 것이다.

기독교뿐만 아니라, 개인도 역시 마찬가지고 나라도 또한 마찬가지다. 개인으로 말하면, 세우는 문제는 아는 것이고, 지키는 문제는 행하는 것이다. 그래서 왕양명은 지행일치知行一致를 주장한다. 그러니까 견성見性이 세우는 문제라면 수도修道는 지키는 문제가 된다. 그래서 성性과 도道가 언제나 일치가 되어야 한다. 사람에게는 언제나 세우는 문제와 지키는 문제의 두 가지가 반드시 있어야 한다. 공자는 이것을 학이시습지學而時習之라고 했는데 학學은 세우는 문제이고, 시습時習은 지키는 문제이다. 그러니까 학學만 가지고도 안 되고 또 시습時習만 가지고도 안 된다. 반드시 이 두 가지가 다 이루어져야 한다. 그래서 '나' 라고 하는 것은 서는 문제와 지키는 문제의 두 가지가 곱해져야 '나' 가 되는 것이다. 그것이 바로 4차원이다. 서는 문제가 공간이고, 지키는 문제는 시간이고, 그래서 시간과 공간이 곱해져야 4차원이 된다. 그렇지 않고는 4차원의 세계가 될 수가 없다.

오늘 나오는 증거, 증인의 두 마디가 내용은 짧은 말이지만 의미는 한없이 중요한 의미를 내포하고 있다. 로마 시대에 나타나는 기독교의 시작과 핍박을 깊이 알지 못하면 이러한 말의 뜻을 해석할 수가 없다. 그리고 예수라는 분이 왜 나오게 되었는지를 알지 못하면 또한 이해할 수 없는 내용이다. 예수라고 하는 사람이 나오게 된 것은 결국 세계 문제를 해결하기 위해서 나온 것이다. 아까 첫 시간에 나온 천하일가天下一家를 만들기 위해서이다. 그리고 지키는 문제는 각 나라가 독립하기 위한 것이다. 그래서 세계의 문제와 국가의 문제, 이 둘을 해결하기 위한 것이 바로 기독교의 역사라고 할 수 있다. 세계 문제를 해결함으로써 국가 문제를 해결하자는 것이다. 이것이 기독교의 세계관이다. 세계 문제의 해결 없이는 국가 문제도 해결될 수 없다는 것이다.

그렇게 보면 유대 나라의 사정이 우리나라의 사정과 비슷하다. 한국이 뒤에는 소련이 있고, 앞에는 미국이 있고, 옆에는 중국과 일본이 있고 그래서 이 틈 바구니에 끼여서 밤낮 짓밟히고 핍박받아온 민족이 바로 우리나라의 사정이다. 그래서 우리가 가장 바랐던 것이 대한 독립만세이다. 이 독립을 위해 얼마나 많은 선열들이 죽어 갔는지 모른다. 일제 때 만주에서 수많은 사람들이 죽어가며 부르짖은 것이 바로 대한 독립만세이다. 그렇게 바라던 독립이 자꾸 외세에 눌려서 제대로 독립다운 독립을 해본 적이 없었다. 우리나라의 지금의 현실이 이스라엘과 마찬가지다. 그래서 세계 문제는 세계 문제대로 우리나라를 위해서 해결되는 방향으로 나아가고 있다. 일본도 망했고, 소련도 붕괴되고, 중국도 개방되어가고 있다. 이제 북한만 무너지면 우리의 문제가 해결될 것이다. 문제는 앞으로 김정일이 어떻게 할 것인가이다. 미국의 압력에 변해갈지 아닐지는 두고 보아야 할 일이다.

하여튼 자유와 독립과 통일 없이는 나라가 될 수가 없다. '나라'라고 하는 것은 언제나 자유가 있어야 한다. 두 다리가 있어야 자유롭게 걸어 다닐 수 있다. 그리고 몸(척추)은 꼿꼿하게 서서 독립해야 하고, 머리는 언제나 통일되어 있어야 한다. 그래서 다리와 몸과 머리가 곧 자유, 독립, 통일이다. 이 세 가지 없이는 아무것도 될 수가 없다.

조선조 오백년은 통일이 되지 못했다. 이것이 소위 사색당파이다. 고려 시대는 독립이 되지 못했다. 중국과 몽고에 짓눌려 한 번도 나라다운 세력을 유지하지 못했다. 그리고 신라 때는 자유를 상실했다. 그 당시에 고구려, 백제와 힘을 합쳐 중국을 제압하였더라면 우리는 자유와 독립과 통일을 이룩할 수 있었는데 그런 기회를 놓치고 오히려 중국의 세력을 끌어다가 백제와 고구려를 쳤기 때문에 그만 그 넓은 만주 땅과 흑룡강 부근을 다 넘겨주고 청천강 이남의 좁은 감옥 속에 갇힌 형상이 되고 만 것이다. 안방을 내어주고 사랑방에 내쫓긴 꼴이 된 것이다. 그것이 신라의 역사다. 그때 자유를 상실하니까 고려 시대에 가서 독립마저 유지하지 못한 것이다. 독립이 안 되니까 조선조 때 가서는 통일마저 잃게 된다. 그리하여 결국 36년 일제의 암흑을 맞이하게 된 것이다.

그랬다가 1945년에 다시 자유를 얻게 되었고, 그 후 독립이 되고 이제 통일을 바라보고 있다. 이렇게 우리나라의 운명이 기구하다. 그래서 이번만은 제대로 우리가 이 세 가지를 갖추고서, 제대로 된 나라를 이룰 때 정말 나라다운 나라로 위상을 세울 수 있지 그렇지 않고는 대한 독립만세라고 할 수가 없다.

제16장

성부, 성자, 성령

기 도

오늘 성탄절을 맞이해서
온 세계가 하나님의 한 집이라는 것을
온 세계 사람들이
조금이라도 느끼면서 살아갈 수 있는
그런 날이 될 수 있도록 도와주시고,
온 인류가 한 형제자매라는 것을
조금이라도 생각하면서 사는
그런 하루가 될 수 있도록 인도하여 주시옵소서.

본래 하나님의 나라는 한 집이요 한 형제였는데
우리가 어떡하다가 하나님의 집을 떠나서
이제 길가에서 헤매고
서로 싸우고 다투면서 사는
시대가 되었습니다.
하나님께서 저희들을 불쌍히 여기시고
저희들을 용서하여 주시고
우리들이 또 다시 하나님께로 돌아가는
그런 저희들이 될 수 있도록
인도하여 주시옵소서.

오늘 당신의 이름으로 모이는
모든 교회에 당신께서 같이하여 주시고
온 세계가 한 집이라는 것을
당신께서 이끌어주시기를 바라오며
예수님 공로 받들어 기도하옵나이다.
아멘.

64. 나무땜, 불사름, 내가남

1994년 12월 24일

요한 16:1~4

53페이지[1] 16장 1절부터, 사실 요전에 15장 끝내고 방학했으면 좋았을 건데 오늘까지 하면서 16장을 또 시작하게 되었다.

주역에 그렇게 되어 있다. 주역 읽어본 사람은 다 알겠지만 주역이라고 하는 건, 맨 끄트머리가, 끝나는 것으로 끝내는 게 아니라, 시작하는 것으로 끝을 낸다. 주역의 마지막 궤가 그렇게 되어 있다. 이상하지 않은가. 수화기제水火旣濟로 끝나는 게 아니고, 화수미제火水未濟로 끝이 난다. 또 다시 시작이라는 것이다.

대학大學에 보면 언제나 끝은 종시終始라고 되어 있지, 시종

---

1. 고병려(1987), p. 53

始終이라고 되어 있지 않다. 우리말에도 "너 종시 그럴 테냐?" 그런 말이 있다. "시종 그럴 테냐?" 이게 아니고, "종시 그럴 테냐?" 언제나 끄트머리가 시작으로 끝을 맺는다. 그래서 난 이것이 참 좋다고 생각한다.

내가 이것을 너희에게 이름은
너희로 실족하지 않게 하려 함이니,

그러니까 믿음의 세계에서 떨어지지 않게 하기 위함이다, 라는 말이다. 믿음의 세계라는 것이 무엇인가. 하나의 세계다.

사람들이 너희를 출교할 뿐 아니라,

아주 출교를 시킨다는 것이다. 제일 대표적인 사람이 스피노자[2]다. 스피노자가 교회에서 쫓겨난다. 이 유대 사회는 교회가 중심이 되는 사회니까, 시나고그[3], 교회당이 중심이 되는 사회니까 교회당에서 쫓겨나면 그 사람의 생명을 보장해주는 데가 없어진다. 누가 죽여도 아무 문제가 안 된다. 우리는 지금, 생명이라는 것을 국가에서 보장해주지만 유대 사람들은 생명이라는 것을 교회에서 보장해주고 있다. 교회에서 쫓겨나면 죽은 거나 마찬가지다.

---

2. Baruch de Spinoza(1632~1677), 김흥호, 『서양철학 우리 심성으로 읽기: 인물 중심의 철학사(합리론 편)』, 서울: 사색출판사, 2006, pp. 284~96 참조
3. the synagogue: 시나고그, 예배에 모인 유대인의 집회, 혹은 유대교회.

그래서 스피노자는 아마 열여섯 번인가, 얼만가 집을 옮겨 다녔다. 자꾸 죽이려고 쫓아다녔는데, 한번은 저녁때 나갔다가 칼에 맞았다. 죽는 줄 알았는데 겨울이라 외투를 두껍게 입었기 때문에 그래도 상처가 깊진 않았다. 그래서 스피노자는 일생을 숨어 살았다. 그러니까 교회당에서 쫓겨났다는 게 보통 문제가 아니었다.

루터도 마찬가지다. 루터도 그때 가톨릭에서 쫓겨났다. 그러면 그건 죽은 거나 마찬가지다. 독일 사람들이 루터를 지키고 있으니까 루터가 살았지, 독일의 제후들이 루터를 지키지 않았으면 그대로 죽는 거다. 그러니까 이 교회에서 쫓겨 났다는 게, 이게 보통 문제가 아니다. "사람들은 당신들을 교회당에서 내어 쫓을 것이다."[4]

때가 이르면 무릇 너희를 죽이는 자가,

내쫓기면 죽인다는 말이다.

생각하기를, 이것이 하나님을 섬기는 일이라 하리라.

하나님을 위해서 죽인다는 말이다. 그러고 하나님을 위해서 내쫓는다.

이 죽는 사람 가운데 가장 유명한 사람은 소크라테스다. 하

4. 고병려(1987), p. 53.

나님을 믿지 않는다고 해서 소크라테스를 죽이는 것이다. 소크라테스가 죽게 되는 이유가 거기에 있다. 무신론이라는 것이다. 그때 이 사람들의 심정에는, 그는 아테네의 신을 믿지 않는다. 그러니까 아테네의 신을 위해서 우리가 죽여야 된다, 라는 것이다.

소크라테스가 죽게 되는 이유가 두 가지다. 하나는 아테네의 신을 믿지 않는다는 것, 또 하나는 청년들을 타락시켰다는 것이다. 이것은 2천 년이 지난 지금 생각해봐도 말도 안 되는 소리다.

소크라테스라는 사람은 하나님의 음성을 들은 사람이다. 『이상 국가』를 읽어보면 맨 처음에 나온다. 소크라테스는 길 가다가도 우뚝 서있다. 친구들은 그냥 간다. 소크라테스는 하나님의 말씀을 듣고 있으니까 우리 방해하지 말고 가자, 하고 다 가는 것이다. 군대 나가서도 소크라테스는 뒷산에 가서 우뚝 서 있다. 그러면 다들 그냥 내버려 두었다. 소크라테스는 하나님의 말씀을 듣고 있으니까, 방해하지 말자는 것이다. 어떤 때는 스물 네 시간 서 있던 때도 있었다. 아침에 나갔는데 그다음 날 아침까지 계속 서 있었다. 그런 소크라테스다.

하이데거라는 사람은, 말씀은 존재의 집이다, 라고 했다. 그런데 이 하나님의 말씀을 들은 소크라테스를 무신론자라고 몰아붙여 죽이게 된다. 소크라테스는 일생을 젊은이들보고 너

자신을 알라고 말했고, 젊은이들의 정신을 일깨우기 위해서 정말 일생을 소모한 사람인데 청년들을 타락시켰다고 죽이는 것이다. 이것은 말도 안 된다.

그때 재판은 배심원제니까, 배심원들이 501명인데, 정확히 다 기억 못 하지만 아마 한 300여명이 죽이자고 해서 죽이게 되고 만다. 그러니까 소크라테스 같은 사람이 죽임을 당하는 걸 보면 세상이 정말 얼마나 악한지 알 수 있다. 그렇게 하는 것이 하나님을 섬기는 일이라고 생각한다. 하나님을 위해서 사람을 죽인다고 그렇게 생각한다.

제일 최고의 희생자가 예수다. 예수도 결국 누가 죽이나. 제사장이 죽인다. 제사장은 하나님 제일 가까이 있는 사람인데 예수를 죽인다. 아마 제사장도 하나님을 위한다고 생각했을 것이다. 성경에는, 하나님은 없다, 그런 것이 아니라, 하나님을 모독한다, 그래서 죽인다는 것이다. 왜 하나님을 모독한다고 하나. 예수가 하나님을 아버지라고 하니까 말이 되느냐는 것이다. 하나님 아버지라고 하면 저 녀석이 하나님의 아들이 되니까 교만하다는 것이다. 교만해서 죽여야겠다는 것이다. 그래서 죽이는 것이다.

지금은 2천 년 동안 밤낮 하나님 아버지, 아버지, 그러니까 하나도 죄가 안 되지만 예수 당시에는 하나님 아버지라 그러면 죄라고 했다. 감히 어떻게 사람이 하나님을 아버지라 그러나.

말도 안 된다는 것이다.

하여튼 하나님 섬기는 일을 하고 있기 때문에 사람들이 그런 짓을 한다는 것이다. 예수의 결론은 이것이다.

그들이 이런 일을 할 것은 아버지와 나를 알지 못함이라.

결국 결론은, 예수가 죽으면서, 저 사람들은 몰라서 그렇습니다. 그러니까 저 사람들을 나무라지 않습니다, 라는 것이다. 몰라서 그런 걸 어떡하겠는가. 하나님을 알면, 이 세계는 일가一家인데, 하나님은 한 집의 아버지니까, 하나님 아버지, 하는 것이 세계가 한 집안이라는 말인데, 그것을 모르니까 한 집안을 자꾸 죽이고 마는 것이다.

우리가 체體와 영靈이라는 말을 쓰는데 체라고 하는 것은 뿌리이고, 영이라고 하는 것은 가지다. 뿌리라고 하는 것을 인정 안 하기 때문에 자꾸 가지로만 가는 것이다. 체를 가진, 뿌리를 가진 가지라야 하는데, 뿌리 없는 가지, 이것이 소위 세상이라는 것이다.

'무분별의 분별' 분별하는 것은 좋은데 그 전에 무분별이 있어야 된다. 하나에서 둘이 나와야지, 둘만 가지면 안 된다. 그것이 소위 도道와 체體라는 말이다. 체와 영이라는 말과 같은 말이 아니겠는가.

뿌리를 가지고, 뿌리라는 것은 아버지인데, 아버지를 가지고 우리가 형제가 되면, 이것이 정말 형제다. 그런데 이것이 형제가 안 되고, 원수가 되는 것은 뿌리를 못 가졌기 때문이다. 특별히 지금 근대에 와서 이런 생각을 많이 하게 된다.

왜 이런 생각을 자꾸 하게 되나 하면, 1차 대전, 2차 대전을 통해 사람을 참혹하게 죽인 것이다. 1차 대전에 2천만 명을 죽였다. 우리가 왜 이렇게 죽였느냐. 우리가 한 형제인 줄 알면 이렇게 죽이지 않을 텐데, 형제인 줄 모르고 그걸 자꾸 남이라고 생각한 것이다. 이것이 소위 대상화對象化라는 말이다.

철학에선 대상화한다는 말은 다른 사람을 남이라고 생각하는 것이다. 그게 내 동생인데, 혹은 내 형님인데, 그런 것을 형이라고 생각 안 하고 자꾸 남이라고 생각하는 것이다. 그런데 남이라고 생각하는 것, 대상화하는 것까진 좋다.

그다음에는 요새말로 하면 물건 물物 자, 물화物化라는 것이다. 물건이라고 생각하는 것이다. 남이라고 생각하는 것은 아직도 괜찮은데, 물건이라고 생각하는 것, 이것이 소위 물화物化이다.

그래서 마르틴 부버[5] 같은 사람은 '나, 남, 그것'이라고 하여, 사람은 다 '나'라고 생각하면 되는데, 이것을 '남'이라고 생각하고, '그것'이라고 생각한다는 것이다. 그러니까 사람을 죽여도 '그것'을 죽이는 것이지, '사람'을 죽이는 것은 아니라는 말이다.

4. Martin Buber(1878~1965), 김홍호, 『서양철학 우리 심성으로 읽기: 인물중심의 철학사(경험론 편)』, pp. 355~66, 서울: 사색출판사, 2007. 참조

요새 살인사건이 자꾸 많아진다는 것은 결국은 '남'이라는 생각도 없어지고, '그것'이 되고 말아, "그까짓 것들, 다 죽여 뻐려라, 그 까짓것들"이라고 말한다. 그러니까 우리가 살아가면서 자꾸 '나'에서부터 '남'으로, '남'에서부터 '그것'으로, 이것을 지금 마르틴 부버가 심판하는 것이다. 그래서 백만 명 죽였다 그래도 다들 눈 하나 깜박 안 하는 것이다. '것들'이니까.

히틀러에게 유대 사람들은 '남'도 아니고 '것'이 된다는 말이다. 유대인 놈들, 그까짓 것들 다 죽여 버려라, 이렇게 되는 것이다.

스탈린도 우리 한국 사람들을 연해주인가에서 타슈켄트로 보낼 때, 한국 사람들을 화물차속에 꽉꽉 밀어 넣고서 문 딱 잠그고, 하루 종일 그냥 갔다. 그럼 그 사람들 대소변은 어떻게 하느냐. 먹는 것은 어떻게 할 건가. 그러니까 할 수 없이 서서 대소변 보고, 그런 식으로 갔다. 그래서 타슈켄트인가, 어딘가 갖다 내려놓고, 황무지에 그냥 내버리고선. 이것이 소위 한국 사람이 그 당시에 겪은 운명 아닌가.

가다가, 한 댓 시간 지나면 차를 멈추고 다 내려서 변소가라, 이것도 아니고. 그러니까 대변인들 보았겠는가. 그냥 그저 우리말로 하면 짐짝처럼 꽉꽉, 꽉꽉 실어가지고 가서 20일인가 갖다놔서 굶어 죽는 것들은 다 굶어 죽고. 그러니까 어린애들이 제일 많이 죽고, 노약자들이 많이 죽었을 것이다. 한 20일 굶고서 사는 놈만 살았을 것이다. 그렇게 해서 남은 것이다.

어떻게 보면 아마 스탈린은 그때 한국 사람들을 생각하기에 그건 '것들'이지 '남'이라고도 생각 안했을 것이다. 전쟁이라는 게 그런 게 아닌가.

그러니 일본 사람들이 남경에서 20만 명을 그냥 가스로 죽일 때 그거 뭐 사람이라고 생각했겠는가. 이게 '남'이라고 생각해도 좋은데, '것들'이라고 생각되면, 사람을 죽일 때 하나도 가책도 안 느끼고, 아무것도 없다. 그런 세상이 자꾸 되니까 이게 왜 이렇게 되는가. 우리가 다시 뿌리를 찾아야 되지 않나. 그래서 하이데거 같은 사람은 존재의 망각이란 말을 쓰게 되는 것이다. 우리가 뿌리를 잊어먹어서 이렇게 된 것이 아닌가. 그래서 이 20세기 철학은 전체가 뿌리 찾자는 철학이 되는 것이다.

19세기 이전의 철학이라면 합리론이다. 20세기가 되면 실재론이 된다. 유물철학, 실용주의, 그것도 실재다. 실존주의, 이것도 실재다. 영국의 실재론, 이것도 실재다. 모든 것이 전부 다 뿌리를 찾자는 것이다. 뿌리를 찾자는 말이 무엇인가 하면, 또 다시 우리가 평화를 회복해야 되지 않는가, 이렇게 밤낮 싸우기만 할 것인가, 하는 것이다.

소련 하나가 망했기 때문에 3차 대전이 지금 넘어간 것이다. 누구나 20세기가 오면 3차 대전이 있을 것이라고 생각한 것이 아닌가. 그런데 3차 대전 없이 넘기게 된 것이다.

온 세계가 다시 뿌리를 찾아야 된다. 그렇게 되면 '그것'이 아니고 '남'이다. '남'이 아니고 그게 '나'다. 누구나 다 '나'지 '남'이 아니다.

로마에 갔더니 그곳에 로마 법황이 있었다. 거기에 시스티나 성당이 있었는데 그 시스티나 성당에 미켈란젤로가 위에는 「천지창조」라는 그림을 그려 놨고 앞의 벽에는 「최후의 심판」을 그려 놨다. 그것을 가만히 보니까 천지창조의 인물이 한 2백 명 되는데 그 2백 명 중에 미켈란젤로가 자기 얼굴을 하나 집어넣었다.

그래서 나도 우리 유영모 선생님의 말씀을 풀이했는데, 114개를 풀이하게 됐다. 『제소리』라고 하는 책에 실려 있는데, 그 속의 말씀은 다 유영모 선생님의 말씀이다. 그 속에 내 소리를 하나 집어넣었다. 미켈란젤로를 보고서 아, 미켈란젤로도 거기다 제 얼굴을 집어넣었으니까 나도 선생님 말씀 속에다가 내 말도 하나 집어넣어야겠다, 그렇게 생각하고 집어넣은 것이다.

'나무땜, 불사름, 내가남' 아궁이에 나무를 땐다는 것이다. 그러니까 불이 붙어서 온돌이 따뜻해진다는 말이다. 굴뚝으로 연기가 팔팔 나간다는 것이 '나무땜, 불사름, 내가남' 이것이 내가 발견한 말씀이다. 그런데 내가 유영모 선생님 말씀 속에 이것을 집어넣었다.

물론 내 뜻은 무엇인가 하면 '나무땜' 하는 것은, 유영모 선생님의 유柳 자가 버들 유 자니까 버드나무라는 것이다. 선생님 때문에 '불사름' 내 정신의 불이 살아나게 되었다는 말이다. 그래서 내가 얻은 것이 무엇인가. '나'하고 '남'하고 같다는 것을 알게 됐다. '남'이 '남'이 아니다. 그냥 '나'다. 내가 '남'이다. 그것을 알게 됐다. 뜻은 그 뜻이다. 유영모 선생님 때문에 정말 정신이 살아나서 그 결과는 어떻게 됐나. 남하고 나하고 하나가 된다. 남이 곧 나라는 것을, 그것을 내가 알게 됐다. 선생님의 덕이라면 그게 덕이다. 다른 것은 아무것도 없다. 제일 핵심이 무엇인가. 내가 남이다. 나는 곧 남이다. 남이, 남이 아니다. 그것이 곧 나다.

내가 남, 이것이 내 신앙고백이다. 내 신앙고백은 무엇인가 하면 내가 남이다, 라는 것이다. 그래서 남이 살아있는 동안까지는 나는 안 죽는다. 왜? 그게 나니까. 그렇잖겠는가. 나는 — 영원한 생명이란 그렇게 생각한다 — 남이 있는 동안까지는 안 죽는다. 물론 우리 아들 그러지만, 우리 아들도 내가 낳았지만, 그도 '남'이라고 봐야 되겠다. 그 '남'이 '나'다, 라는 말이다.

가정적으로 생각하면 자식이 있으면 그건 자식이 살아있는 동안까지는 아버지는 안 죽는다는 말이다. 그것 아니겠는가. 아버지의 피가 자식에게 바뀐 것뿐이지 다른 것이 아니다. 그것을 단순히 가정적으로 우리가 생각할 뿐만 아니라 인류적으로 생각할 때 남이 살아있는 동안까지는 난 안 죽는다. 왜? 그게 나니까. 그래서 내가 남이라는 것. 내가 깨달았다면 이것 하나 깨달은 것이다. 다른 깨달은 것은 아무것도 없고, 그것 하나 깨달은 것이다. 내가 곧 남이다.

그래서 우리가 '남'이라는 사상도 없이 하고, '그것'이라는 사상도 없이 하고, 다 같이 한 식구라는 생각으로 살아가야지, 아까도 자꾸 위기爲己, 위민爲民 하는 것이 그것 아니겠는가. 위기라고 하면 다 한 식구지 남이 될 이치가 없다. 한 식구다. 그런데 식구한테 인기를 얻으면 무엇 하나, 라는 말이다. 다 한 식구인데. 세계라고 하는 것이 한 식구라고 하는 것, 그것을 우리에게 가르치신 분이 예수님이다. 그 외에 무엇이 또 있겠는가.

예수님께서는 결국 문제는 무엇인가 했을 때, 하나님을 몰라서 그렇다, 하나님을 몰라서 그렇다는 것은 한 식구라는 것을 몰라서 그렇다, 그러니까 자꾸 '남'이라고 생각하고, '그것'이라고 생각하지, 한 식구라면 내 자식보고 '남'이다, 그럴 수 없잖은가.

중국일인中國一人, 세계일가世界一家, 다 같은 사상이다. 중국은 한 사람이다, 세계는 한 집이다. 모든 종교가 그것이지, 그것을 벗어나서 무슨 종교가 있겠는가. 유교도 그것이고, 불교도 그것이고, 기독교도 다 그것이지, 어디 다른 것이 또 있겠는가. 우리가 다 한 식구인데, 불교 그러면, 기독교의 가장 가까운 친구가 불교지, 불교가 원수가 될 이유가 어디 있는가. 그렇잖겠는가.

네 이웃을 네 몸같이 사랑해야 된다 그러면 나는 불교도佛教徒부터 사랑해야 한다고 그렇게 생각한다. 유교도 우리의 친구지, 왜 내 원수겠는가. 그러니까 다 한 식구지, 남이 어디 있겠는가. 불교도 한 식구고, 유교도 한 식구고, 다 한 식구지, 가톨릭이니, 장로교, 감리교가 또 어디 있겠는가. 다 한 식구다.

예수는 가톨릭도 모르고, 프로테스탄트도 모른다. 프로테스탄트하고 가톨릭하고 30년 전쟁, 100년 전쟁, 그렇게 자꾸 전쟁할 때가 있었다. 쾅 쾅 대포로 교회당을 쏴서 무너뜨리고 그럴 때 칸트가 그랬다. 교회당은 무너지지만 기독교인은 늘어간다. 교회당은 무너지지만 기독교인은 늘어간다. 왜? 진짜 기독교인이 생기는 거지. 가톨릭이라는 집 지어놓고, 프로테스탄트라는 집 지어놓고, 서로 남이라고 하고, 그것이라고 하고 싸우니, 그러는 동안까지는 기독교는 없다, 라는 말이다.

그 울타리가 다 무너지고 이제는 온 인류가 한 가족이 되어야 이것이 기독교인이지, 기독교인이 별건가. 그래서 유명한 칸트의 말이, 교회당이 무너져야 기독교는 살아난다, 라는 것이다.

소크라테스가 죽었다 그러면, 소크라테스가 왜 죽는가 하면, 결국 죽은 원인을 자꾸 따져보면 당파 때문이다. 그때 소위 민주당, 공화당 둘이 있었는데 소크라테스는 절대 민주당에도 가담 안 하고, 공화당에도 가담 안 했다. 가담 안 했는데 민주당 측에서 소크라테스를 자기편에 넣으려고 했는데 안 들어오니까 그냥 죽이고 마는 거다.

북쪽에 가면, 공산주의가 그렇다. 중간이라는 것이 없다. 적이든지 백이든지이지, 중간은 없다. 그것이 소위 계급성이라는 것이다. 계급성, 당파성, 우리당 아니면 죽여라, 라는 것이다. 소크라테스가 죽는 것도 그렇게 돼서 죽는 것이다.

그러니까 예수에게도, 교회도 가지만 자꾸 들판에 나가서 설교를 하니까, 차라리 들판에 나가지 말고 교회에서 해라, 그리고 너도 나한테 인가를 받고 해라, 이랬을 것이다. 그런데 그렇게 안하니까 "에이, 죽여 빼려라" 이렇게 된 것이다.

결국 다 당파 때문에 그러는 건데, 분별 때문에 그러는 것인데, 그 분별이 있기 전에 무분별의 세계가 있다. 그걸 우리가 알아야 된다. 아버지는 한 분이고, 우리는 형제다, 이거 아니겠는가. 아버지가 없어지면, 형제가 없어지면, 그다음에는 남이 되고 만다. 남이 되고, 그다음엔 그것이 되고 만다. 그래서 예수님의 말로 하면 근본을 몰라서 그렇다, 하나님을 몰라서 그렇다, 하나님은 무분별의 세계인데, 라는 것이다.

현대의 철학은 실재론, 실용주의, 실존주의, 전부 다 무분별의 세계다. 무분별의 세계를 붙잡고서 우리가 분별의 세계를 붙잡자 이거다. 무분별의 세계를 못 잡으면 결국은 원자탄으로 남을 죽이게 되는 것밖에 없다. 그러니 과학, 과학은 믿을 수 없다, 라는 것이다. 왜? 갈릴레오가 말했다. 갈릴레오가 "너 지동설 믿느냐" 그러니까 "아, 전 안 믿습니다." 지동설을 주장한 이가 갈릴레오인데 "저는 지동설 안 믿습니다." "아, 그래? 그럼, 살아가라." 그래서 돌아오면서 "난 안 믿지만 지구는 돌아갈 거야." 그랬다는 게 아닌가. 그러니까 지구는 돌아간다는 사실에다가 자기의 운명을 붙일 수는 없다, 라는 것이다. 자긴 자기고, 지구는 지구다, 라는 것이다.

그러나 브르노[6]라고 하는 사람은 같은 지동설인데, "너, 지동설 믿느냐?" "믿는다." "죽인다." "죽이시오." 그래 가톨릭에서 브르노를 불에 태워 죽이고 만다. 거기엔 무엇이 들어 있느냐 하면 진리를 위해서 생명을 바치는 그런 것이 들어가 있는 것이다.

그러니까 죽음이라고 하는 것이 무엇인가 그럴 때 언제나 생각하는 것은 하나님 하고의 관계를 생각하는 것이다. 내가 죽으면, 죽어도 하나님을 배반할 수는 없지 않나. 내가 진리를 배반할 수는 없지 않나. 내가 정의를 배반할 수는 없지 않나. 그러니까 죽는 것보다도 더 중요한 것이 무엇인가. 진리다. 죽는 것보다 더 중요한 것이 무엇인가. 정의다.

소크라테스도 그것 아닌가. 내가 죽는다고 해서 정의를 부

6. Giordano Bruno(1548~1600), 김흥호, 『서양철학 우리 심성으로 읽기: 인물중심의 철학사(합리론 편)』, pp. 225~36, 서울: 사색출판사, 2006. 참조

정할 수는 없지 않나. 또 내가 죽는다고 해서 하나님을 부정할 수는 없지 않나. 그러니 죽으면서도 하나님을 붙잡고 늘어지는 것, 요전에 말했던 증거, 증인, 그런 사상이다.

죽는 것이라고 하는 것은 분별이고 생사니까 죽지 않는 것 — 기독교로 말하면 영생이다 — 영생이 무분별이다. 영생을 붙잡고 생사를 살아야지, 영생을 붙잡지 못하고 생사를 살면 안 된다. 이런 철학이 요새 말하면 야스퍼스의 철학이다.

현대철학은 전체가 다 이 근본을 붙잡자는 것으로 현대철학의 공통된 것이다. 내가 요전에 4차원이라고 썼던 말과 같은 말이다. 4차원 속에 3차원이 있다. 3차원이란 무엇인가. 분별의 세계다. 4차원이란 무엇인가. 무분별의 세계다. 그러니까 우리가 무분별 속에서 분별을 따져야지, 무분별 없이 분별을 따지게 되면 그다음은 살생과 허무밖에 남는 것이 없다. 그것은 아버지를 알아보지 못하고 있기 때문이다.

오직 너희에게 이 말을 한 것은
너희로 그때를 당하면
내가 너희에게 말한 이것을 기억나게 하려 함이요,
처음부터 이 말을 하지 아니한 것은
내가 너희와 함께 있었음이라.

"자, 내가 이런 말을 한 것은 그런 때가 올 때 당신들에게 한 말을 상기토록 할 수 있게 하기 위함이다. 내가 처음부터 이런 말을 하지 않은 것은 당신들과 함께 있었기 때문이다.”[7]

자, 우리 두 달 동안 쉬고, 3월 첫 주에 다시 시작한다.

7. 고병려(1987), p. 53.

부 록
1

요한복음의 목적

요한복음의 목적은 사람들로 하여금 영원한 생명을 얻게 하는 것이다(요 20:31).

하나님이 세상을 이처럼 사랑하사 독생자를 주셨으니 누구든지 저를 믿으면 멸망하지 않고 영생을 얻는다(요 3:16).

하나님을 알고 그리스도를 아는 것이 영원한 생명이다(요 17:3).

내 말을 듣고 나를 보내신 분을 믿는 사람은 영원한 생명을 얻을 것이다. 그 사람은 심판을 받지 않을 뿐만 아니라 죽음의 세계에서 벗어나 생명의 세계로 들어선다(요 5:24).

나는 부활이요 생명이니 나를 믿는 사람은 죽어도 살고(부활), 살아서 믿는 사람은 영원히 죽지 않을 것(생명)이다(요

11:25).

영원한 생명은 영혼불멸이 아니다. 영혼불멸은 사후에 불멸을 말하지만 영생은 죽어도 살고 살아도 사는 부활과 생명의 삶이다(요 11:25).

내 말을 듣고 하나님을 믿는 사람은 심판도 받지 않고 죽음의 세계에서 벗어난다(요 5:24).

나를 믿는 사람은 살아도 살고, 죽어도 산다. 결국 죽음을 초월한 삶이다. 하나님의 아들은 죽음을 초월한 삶이다. 하나님의 말씀을 받은 사람은 신이다(요 10:35).

신에게는 죽음이 없다. 믿는 사람은 하나님의 힘으로 사는 사람이다. 살아도 하나님의 힘으로 살고, 죽어도 하나님의 힘으로 산다.

영생은 살아도 영생이요, 죽어도 영생이다. 영혼불멸은 죽은 후에 사는 것이지만 영생은 죽기 전에도 살고, 죽은 후에도 사는 것이 영생이다. 요한복음은 그리스도가 생명이라고 한다. 그것은 그를 믿는 사람들에게도 주시는 생명이다.

이 생명은 영원한 생명이다. 이 생명은 우리가 타고난 생명과는 전혀 다른 생명이다. 우리 생명은 땅에서 나온 생명이요, 이 생명은 하늘에서 온 생명이요, 이 생명은 죽기 전에도 주어지고, 죽은 후에도 계속 된다. 그래서 죽어도 살고, 살아도 산다고 한다. 이것이 요한복음이 우리에게 가르치는 내용이다.

바울은 예수가 죽은 것은 우리의 죄를 없이 해주기 위해서 죽었고, 예수가 산 것은 우리의 의를 살리기 위해서 살았다고 한다. 십자가는 우리를 위해서 죽었고, 부활은 우리를 위해서 살았다고 한다. 바울은 내가 그리스도와 같이 십자가에 달려 죽었고, 내가 그리스도와 같이 부활해서 살았다고 한다(갈 2:20). 바울은 죽음을 초월하고 생명을 초월하여 영원생명을 산 사람이다. 바울은 살아도 살았고, 죽어도 살았다.

바울은 하나님의 아들이기 때문이다. 영원한 생명은 하나님의 아들이란 말이다. 믿음으로 사는, 하나님의 힘으로 사는 하나님의 아들이다. 하나님의 아들은 하나님과 같이 영원히 산다.

2010년 8월 22일

후 기

요한복음은 나는 누구인가 하고 묻는다. 그리고 그리스도를 통해서 나는 길이요 진리요 생명이다(요 14:6)라고 대답한다. 공자는 아침에 도를 들으면 저녁에 죽어도 좋다(조문도朝聞道 석사가의夕死可矣)고 하였다. 그래서 많은 사람들이 도(길)를 닦았고 진리를 깨닫고 생명을 얻었다.

요한복음은 우리 동양 사람에게는 생소한 복음이 아니다. 사람들이 도를 찾는 것은 죽음 때문이다. '죽음은 끝이다' 라는 생각이 사람에게 절망을 안겨준다. 복음은 '죽음은 끝이 아니다' 라고 가르친다. 죽음은 시작이다. 인생은 죽음으로부터다.

십자가는 끝이 아니라 시작이다. 밀알 한 알이 땅에 떨어져 죽지 않으면 한 알 그대로 있고, 죽으면 많은 열매를 맺는다(요

12:24). 내가 이제 영광을 드러낼 때가 왔다. 죽음은 끝이 아니라 시작이고 그것은 빛이요 영광이다. 씨를 땅에 뿌리는 것은 하나님의 사랑이다. 씨가 싹이 트는 것이 부활이고, 많은 열매를 맺어 곡간에 거두어 들이는 것이 승천이다.

십자가는 사랑이요, 부활은 믿음이요, 승천은 희망이다. 그래서 바울은 자기도 하나님의 사랑으로 십자가에 달려 죽었고, 그리스도의 믿음으로 부활하였으며 성령의 도움으로 승천을 기다리고 있다고 했다.

십자가는 사랑이고, 부활은 믿음이며, 승천은 기독교의 희망이 되었다. 의인은 하늘나라에서 해와 같이 빛난다(마 13:43). 십자가는 하나님의 사랑이요 빛이고, 부활은 믿음이요 힘이요(롬 1:4), 승천은 희망이요 생명(요 5:26)이다.

나는 진리(빛)요 길(힘)이요 생명(숨)이다(요 14:6). 사람은 누구나 머리로 생각하고, 배로 힘을 얻고, 가슴으로 숨을 쉬는 빛(목目), 힘(구口), 숨(비鼻)이다.

빛, 진리를 깨닫고; 힘, 길(도道)에 통하고; 숨, 생명을 얻기 위해서 십자가를 지고 부활하고 승천하는 것이 그리스도다.

오늘도 모든 그리스도인이 진리를 깨닫기 위하여 십자가를 사랑하고, 도에 통하기 위하여 부활을 체득하고, 생명을 얻기 위하여 승천을 희망하고 있다.

양명은 밥을 먹고 잠을 자고 깨어나는 것이 '도'라고 한다.

배고프면 먹고(도道) 고단하면 자고(생명生命), 해가 뜨면 깨는 것(진리), 이것이 동양 사람들의 평상시도平常是道다. 공자도 오도吾道는 일이관지一以貫之라고 한다.

요한복음은 동양 사람에게 한없이 고마운 기쁜 소식이다.

2010년 8월 4일

부 록
2

제1권 차 례

제2권 차 례

제3권 차 례

제5권 차 례

찾아보기

〈인명〉

〈책, 작품명〉

〈용어〉

빛 힘 숨: 십자가 부활 승천

요한복음 강해 4

김홍호 사상 전집 · 성경강해 1

지은이 | 김홍호
발행인 | 임우식
기획 편집 | 임우식 · 이경희

1판 1쇄 발행 | 2011년 2월 7일
1판 3쇄 발행 | 2021년 4월 20일

발행처 | 사색 출판사
전화 | 010-4226-0926 팩스 02-6442-9873
홈페이지 | www.hyunjae.org
이메일 | gabeim@hanmail.net
인쇄 | !nDefine

ISBN 978-89-93994-13-1 04080
ISBN 978-89-93994-10-0 (세트)

*이 책은 〈김홍호 사상 전집〉 제11번째로 출판되었습니다.

*이 도서의 국립중앙도서관 출판시도서목록(CIP)은 e-CIP 홈페이지 http://www.nl.go.kr/cip.php에서 이용할 수 있습니다.(CIP제어번호: CIP2011000098)